북한 기독교

어제와 오늘 그리고 내일

북한 기독교
어제와 오늘 그리고 내일

초판 1쇄 발행 2024년 9월 29일
2쇄 발행 2024년 9월 30일

지 은 이 | 양병희

펴 낸 곳 | 기독교연합신문사(도서출판 UCN)
등록번호 | 제21-347호
등록일자 | 1992년 6월 28일
주　　소 | 서울시 서초구 남부순환로 2221 5층
전　　화 | (02) 585-2754
팩　　스 | (02) 585-6684
이 메 일 | ucndesign@naver.com

디자인&인쇄 | 기독교연합신문사 출판국

ISBN | 978-89-6006-942-8 93230

이 책의 전부 또는 일부를 이용하려면 저자와 도서출판 UCN의 동의를 받아야 합니다.
저작권법에 의하여 보호를 받는 저작물이므로 무단 전재와 복제를 금합니다.

북한 기독교
어제와 오늘 그리고 내일

양병희 지음

기독교연합신문

추천사

양병희 목사님께서 오랫동안 기도하며 준비하신 저서 『북한 기독교 어제와 오늘 그리고 내일』이 출간될 수 있도록 인도하여 주신 여호와 하나님께 감사와 영광을 돌립니다. 영안교회를 이끄시고, 백석대학교 실천신학대학원장으로 수고하시는 바쁘신 중에도 북한 복음화를 위해 기도하시며 귀한 옥고를 집필하신 양병희 목사님께 진심으로 축하의 말씀을 드립니다.

양병희 목사님은 한국교회를 대표하는 영적 지도자이십니다. 예장 백석총회 총회장과 한국교회연합 대표회장, 대한성서공회 이사장을 지내셨으며, 통일을 꿈꾸며 통일부 사단법인 동북아한민족협의회를 설립해 지금까지 북한교회에 대해 연구하며 성경적 통일의 길을 모색하고 계시는 열정의 리더입니다. 일평생 한국교회의 연합과 일치, 성경의 권위를 회복하기 위해 진력해 오신 것은 통일한국의 미래를 준비하는 영적인 혜안이라 생각됩니다.

양병희 목사님의 이러한 북한선교와 통일에 대한 열정은 한국교회를 넘어 세계교회를 감동시켜 지난 2019년에는 미국 고든콜웰 신학대학원에서 명예박사학위를 받으시면서 미국교회와 함께 복음통일을 연구할 기반을 만들어 놓으셨습니다. 이는 한국교회의 자랑이요, 세계교회가 주목할 성과라고 할 수 있습니다.

이번에 출간하는 『북한 기독교 어제와 오늘 그리고 내일』은 북한 동포를 향한 사랑이 식어가는 이때에 통일의 주권은 오직 하나님께 있음을 고백하며 북한에 교회가 다시 세워지고, 북녘 동포들이 예수 그리스도의 소망으로 일어서길 바라는 간절한 마음이 담겨 있는 귀한 책입니다. 특별히 남북 관계가 경색되어 교류가 끊어졌음에도 불구하고 남북 관계 개선을 포기하지 않고 지금도 북한 땅에서 일하고 계시는 하나님을 의지하며 다가올 통일의 소망을 담아냈다는 점에서 큰 의미가 있다고 할 수 있습니다.

오늘 한국교회가 이뤄낸 부흥의 뿌리에는 북한교회가 있습니다. 우리는 원산과 평양의 대부흥운동을 바탕으로 복음의 확산을 이루어냈으며 기도성령운동이 삼천리 방방곡곡으로 퍼져갈 수 있었음을 고백합니다. 그렇게 뜨거웠던 북한교회가 6·25한국전쟁과 공산주의로 탄압을 받고 폐쇄되어 지금은 흔적조차 찾을 수 없는 것은 매우 안타까운 일입니다.

양병희 목사님은 북한학 전공자로서, 오랜 시간 연구를 통해 북한의 정치 상황이 기독교를 어떻게 핍박하고 있는지 비판적인 시각으로 공산정권을 분석하면서도 복음의 불씨는 어떠한 탄압에도 꺼지지 않는다는 확신을 가지고 '가정교회'와 '지하교회'로 힘겹게 이어지고 있는 신앙의 맥을 찾아내셨습니다.

『북한 기독교 어제와 오늘 그리고 내일』이 북한의 정치와 종교를 분석한 다른 책들과 차별화되는 점은 북한선교의 가능성과 북한 기독교의 미래를 성경적으로 전망했다는 사실입니다. 무엇보다 언제나 희망을 말하는 양병희 목사님의 긍정적인 믿음이 저서에 깊숙이 녹아 전능하신 하나님의 손에서는 '통일'도 결코 멀지 않았다는 희망을 갖게 합니다. 개혁주의생명신학으로 민족과 세계를 살리는 일에 앞장서 오신 양 목사님께서 북한교회를 향한 '하나님나라운동'을 펼쳐가고 계심에 깊은 감사를 드립니다.

귀한 저서를 통하여 한국교회가 북한 복음화와 성경적 통일에 다시 관심을 갖고 기도하는 복음통일운동이 확산되길 바랍니다. 통일에 무관심한 다음세대를 깨우고 북한의 형제자매들을 위해 날마다 기도하는 기도의 열정이 되살아나길 소망합니다.

통일의 다음세대를 세우고 북한에 복음의 문이 활짝 열려 죽어가는 영혼을 살리는 일에 양병희 목사님의 저서가 한 알의 밀알이 되길 바라며, 북한 기독교의 흐름을 바로 알고 통일의 비전을 꿈꾸는 분들에게 이 책을 추천합니다. 감사합니다.

백석대학교 설립자·백석대학교 총장
한국교회총연합 대표회장 **장 종 현**

들어가며

한반도가 남북분단이 된 지도 어언간 70여 년이 지났다. 그렇지만 남북 관계는 여전히 개선되지 않고 새로운 냉전시대로 돌아가고 있는 현실이다. 2000년대 몇 차례 북한을 방문하고 북한의 봉수교회, 칠골교회 그리고 가정예배처소에서 북한 주민들과 함께 예배를 드리기도 했던 필자로서는 남북 관계가 냉각되면서 비록 형식적 예배라고 비난을 하지만 북한에 있는 이들을 이제는 다시 볼 수 없게 될지도 모른다는 생각에 마음이 무겁기만 하다.

야곱과 에서가 자주 만나야 하듯이 정치적으로는 냉각기가 되어도 NGO는 끊임없이 남북 교류가 이뤄지고 만나서 서로를 바라보는 관점도 바뀌어야 한다. 필자는 북한 주민들과 함께 가정예배를 드리면서 그들의 가슴 속에 여전히 하나님의 숨결이 살아 숨 쉬고 있는 생명의 그루터기는 남아 있다고 고백하고 싶다. 이것은 하나님만이 아신다. 필자는 북한 기독교 교인들을 만나고 서울에 돌아와 2006년 『북한교회의 어제와 오늘』이라는 책을 낸 적이 있다. 이제 18년 만에

『북한 기독교 어제와 오늘 그리고 내일』이라는 책을 내게 되었다. 지난 18년 동안 필자는 럭비공처럼 어디로 튈지 모르는 남북 관계 상황에서도 제2의 예루살렘이라고 했던 북한에 또다시 생명의 복음이 싹이 나서 하나님의 영광이 재현되기를 포기하지 않고 매일 같이 기도하였다. 어쩌면 내가 살아 있는 동안 이제 다시는 북한 기독교인들과 손잡고 하나님을 간절히 부를 수 없을 수도 있겠다는 생각에 마음이 아프고 무겁고 두렵기도 하다.

6·25 전쟁이라는 비참한 동족상잔과 김일성, 김정일, 김정은 3대 세습으로 인한 독재와 박해, 굶주림에 못 이겨 부모형제와 고향을 등지고 남한 땅에 온 탈북민들은 임진각에서 어렴풋이 보이는 고향 땅을 마주 향해 처절하게 외친다. 죽기 전 한 번만이라도 만나게 해 달라고. 이들 탈북민들의 등이 점점 구부정해지고 있다. 우리 기독교인들은 이들을 외면하면 안 된다. 그래서 우리 기독교인들은 남북 교류의 물꼬가 트이길 간절히 기도하고 또 기도해야 한다.

특히 개혁주의생명신학의 관점에서 하나님이 역사 속에 움직이시는 복음 통일의 시대를 바라 본다.

그동안 사회주의를 고수하고 있는 중국과 베트남뿐만 아니라 사회주의에서 탈피한 러시아나 동유럽 국가들의 종교 변화를 주의 깊게 살펴왔다. 이는 북한 기독교의 어제와 오늘 그리고 미래를 이해하는데 도움이 될 수 있다는 생각에서였다. 그래서 이번 기회에 북한 기독교 역사를 전반적으로 살펴보면서 여러 측면에서 이들 국가들과의 데이터 비교 분석을 통해 북한 기독교의 미래를 그려보았다.

이 책의 내용은 다음과 같다.

제1장에서는 거시적인 관점에서 세계 기독교와 한반도 기독교를 전반적으로 짚어보았다. 세계적으로 기독교가 지난 200년간 어떤 지형 변화를 가져왔으며 한반도 기독교의 역사적 흐름 또한 어떠했는지, 그리고 현재 세계적인 기독교 상황을 파악하고자 미선교 지역과 미선교 지역의 인구 등 구체적인 수치로 살펴보았다.

제2장에서는 해방 이전 북한 기독교에 대해 살펴보았다. 북한에 기독교가 전파되면서부터 평양이 어떻게 '조선의 예루살렘'으로 성장하였는지, 어떻게 한반도 기독교의 부흥을 이끌었는지, 그리고 일제의 강경한 탄압을 받으면서도 기독교인들은 어떻게 굳건히 하나님의 말씀을 붙잡고 신앙을 지켜왔는지 당시의 통계 등을 통해 자세히 살펴보았다.

제3장에서는 해방에서 한국전쟁 기간의 북한 기독교와 사회주의의 갈등을 파헤쳐 보았다. 소련 군정과 김일성의 기독교에 대한 태도와 정책 및 이로 인한 기독교의 사회경제적 기반 상실, 기독교계의 반발과 정치세력화 등을 둘러싼 기독교와 공산정권의 충돌, 북조선기독교도연맹의 출현 등을 다루었다.

제4장에서는 한국전쟁 이후 북한 정권에서의 기독교 상황을 살펴보았다. 스탈린적 전체주의 체제가 강화되면서 기독교의 종교적 공간이 거의 사라지게 된 점, 그리고 구소련의 붕괴 및 사회주의국가들의 개혁 개방으로 일말의 희망이 보이는 듯하였지만 기독교는 여전히 설 자리가 없는 현실을 들여다보았다.

제5장에서는 김일성, 김정일, 김정은 3대 세습으로 이어진 통치권력자의 기독교관을 살펴보았다. 북한 지도 이념이 맑스-레닌주의에

서 주체사상으로 전환하게 된 과정 및 이에 따른 기독교관의 변화, 그리고 최고 권력자의 세대교체에 따른 기독교에 대한 태도 변화를 상세히 짚어보았다.

제6장에서는 현재 북한에 실재하고 있는 그루터기와 지하교회에 대해 살펴보았다. 그동안 북한 정권의 가혹한 탄압에도 어떻게 그루터기가 생존하여 왔는지, 그리고 지하교회가 어떻게 형성, 발전, 확장되고 있는지를 구체적인 통계 수치를 통해 실증하였다.

제7장에서는 북한 기독교의 이모저모를 살펴보았다. 북한 정권의 기독교관 형성에 직접적인 영향을 준 김일성의 가족과 목사들의 생애를 들여다보고 동시에 남북한 교회 예배의 다른 점, 그리고 북한 생활 중에 보고 느낀 북한 기독교의 현주소를 탈북민의 인터뷰를 통해 생동하게 그려보았다.

제8장에서는 북한선교에 대한 이해와 전략을 피력하였다. 선교의 성경적 해석과 북한 기독교의 특수성 등으로 일단 북한선교에 대한 이해도를 높임과 동시에 네비우스 정책과 현실의 구체적인 상황을 결부하여 북한선교의 미래 전략을 구상하였다.

제9장에서는 북한 기독교의 미래에 대해 여러 시각으로 살펴보았다. 우선 남북 관계 개선의 성경적 해법을 들여다보았다. 그리고 비교 차원에서 러시아, 동구권 등 탈사회주의국가 및 중국, 베트남 등 사회주의국가들의 종교 지형 변화를 살펴봄과 동시에 개혁 관련 중국, 베트남, 북한의 변화 진전도와 체제 전환 국가들의 1인당 GDP 등 다양한 측면에서의 비교 분석을 통해 북한 기독교의 미래를 그려보았다.

현재 북한의 복음 통일을 위해 기독교인들은 북한선교에 많은 열정을 쏟아붓고 있다. 하지만 북한선교의 벽은 높기만 하다. 일찍 한반도에 발을 들인 외국 선교사들도 선교 방법을 터득하지 못해 애간장만 태우던 차 네비우스에게 도움을 요청했고 네비우스의 선교 정책을 적재적소에 잘 활용하여 한반도의 기독교는 꽃을 피우고 열매를 맺을 수 있었던 것이다. 현재 우리의 형국과 너무 비슷한 상황에서도 선구자들은 지혜를 찾았던 것이다.

따라서 필자는 한반도에 복음의 씨앗이 뿌려진 최초 과정부터 시작하여 네비우스의 선교 정책이 어떻게 한반도 기독교의 번성을 이끌어 냈는지, 그리고 그동안 북한 정권의 기독교에 대한 인식과 태도의 변화와 기독교인들의 역할에서 북한 기독교의 어제와 오늘, 그리고 내일을 바라보았다. 궁극적인 남북의 복음적인 통일은 역사의 주인 되시는 하나님의 손에 있음을 고백한다. 이 시간에도 북한 정권에서 신음하고 있는 주민들의 신음소리가 귀에 들리는 것만 같다. 평화로운 통일 문제는 보수와 진보를 넘어 다음세대에게 물려줄 역사의 변곡점에서 세계 민족 위에 뛰어날 우리 민족의 역사적 사명이다.

이 책이 나오기까지 아낌없는 도움을 주신 동북아한민족연구소 원장이신 이양호 교수님, 소장이신 오홍엽 박사님, 한안석 박사님, 중앙일보전문위원 정영교 박사님께 깊은 감사를 드린다. 전문 자료와 방향을 제시해 주었다. 이분들의 도움이 없었다면 이 책은 빛을 볼 수 없었을 것이다. 그리고 기독교연합신문사 김진화 부장에게 감사를 드린다.

무엇보다 추천사를 써주신 필자의 스승이요 영적 멘토이신 백석대학교 설립자이시고 백석대학교 총장이시며 한국교회총연합 대표회장으로 한국교회를 넘어 민족의 지도자로 섬기고 계시는 하은 장종현 목사님께 깊은 감사의 말씀을 드린다.

이 책이 언젠가 다가올지 모를 통일 시대를 준비하는데 도움이 되었으면 좋겠다.

2024년 7월 25일

양 병 희

목차

추천사   5
들어가며   8

제1장 기독교의 세계적인 지형 변화와 한반도 기독교의 역사적 흐름   17

세계 기독교의 중심이 서구권에서 비서구권으로 이동   18
세계 미선교 지역에 대한 고찰   20
한반도 기독교의 역사적 흐름   23
한반도 기독교의 흥망과 부침   25

제2장 해방 이전 북한 기독교   29

성경의 전래와 복음의 씨앗   30
기독교의 성장과 네비우스 선교 정책   37
중국이나 일본보다 번성할 수 있었던 배경   51
'조선의 예루살렘' 평양   55
일제강점기 기독교는 결국 파국을 맞아   62

제3장 해방에서 한국전쟁까지 북한 기독교와 북한 정권의 갈등   73

북한 기독교의 재건   74
북한 기독교 정당의 정치세력화 실패   77

김일성 정권의 기독교 경제적 기반 소멸	82
북한 기독교와 김일성 정권의 대표적 충돌 사례	88
김일성 정권의 기독교 장악	94

제4장 한국전쟁 이후 북한 기독교　　101

시대 구분에 대한 고민	102
한국전쟁 이후 ~ 1970년대 초: 기독교의 동면기	104
1970년대 초 ~ 1980년대: 기독교의 소생기	113
1990년대 ~ 현재: 기독교의 요동기	125

제5장 김일성, 김정일, 김정은의 기독교관　　137

북한 지도 이념의 변화와 기독교의 상관관계	138
김일성의 기독교관	148
김정일의 기독교관	167
김정은의 기독교관	174

제6장 북한 정권의 탄압에도 살아남은 그루터기와 지하교회　　183

그루터기와 지하교회에 대한 논란	184
지하교회의 형성: 한국전쟁 이후 ~ 1970년대 초	191
지하교회의 발전: 1970년대 초 ~ 1980년대	197
지하교회의 확장: 1990년대 ~ 현재	203
필자의 북한 가정예배처소 방문기	207

제7장 북한 기독교의 이모저모 — 211

김일성 가계의 기독교적 배경과 주변의 기독교인들 — 212
북한교회의 예배 — 225
탈북민들을 통해 본 북한 기독교 — 229

제8장 북한선교의 이해와 선교 전략 — 231

성경적 선교 — 232
전통적 선교와 통전적 선교 — 239
북한 기독교의 특수성 — 242
북한선교에 대한 이해 — 249
미래 북한선교 전략 — 257

제9장 북한 기독교의 미래 — 283

북한 기독교 흐름에 대한 모델 논쟁 — 284
남북 관계 개선의 성경적 해법 — 291
남북 관계 변화 시나리오와 북한 기독교의 미래 — 295
북한의 개혁 개방 시나리오와 북한 기독교의 미래 — 300
북한의 탈사회주의 시나리오와 북한 기독교의 미래 — 310

나가며 — 314
참고문헌 — 318
표 색인 — 326
그림 색인 — 328

제**1**장

기독교의
세계적인 지형 변화와
한반도 기독교의 역사적 흐름

세계 기독교의 중심이 서구권에서 비서구권으로 이동
세계 미선교 지역에 대한 고찰
한반도 기독교의 역사적 흐름
한반도 기독교의 흥망과 부침

세계 기독교의 중심이
서구권에서 비서구권으로 이동

지난 200여 년간 세계적으로 기독교는 엄청난 지형 변화를 일으켰다. 기독교의 중심이 서구권에서 비서구권으로 이동한 것이다. 이러한 기독교의 지형 변화는 여호수아 프로젝트Joshua Project의 통계 자료에서 잘 나타나고 있다. 여호수아 프로젝트는 그리스도를 따르는 사람들이 가장 적은 세계의 종족 그룹에 대한 연구 이니셔티브로 17년이 넘는 동안 세계에서 가장 소외된 종족 그룹의 정보를 수집, 통합하여 공유하고 있다.[1] 따라서 여호수아 프로젝트의 정확하고 업데이트된 종족 그룹 정보는 대사명을 이해하고 완료하는 데 매우 중요한 기초 자료로 활용할 수 있다.

이러한 여호수아 프로젝트의 자료를 살펴보면 1800년 북미와 유럽 지역 인구의 99%가 크리스천이었지만 이후로 계속 줄어들어 1900년 82%, 1979년 50%로 줄어들었고 2020년에는 33%밖에 안 된다. 이에 반해 글로벌 사우스Global South라고 불리는 아시아, 라틴아메리카, 아프리카를 합쳐 크리스천이 1800년에는 1%였지만, 1900년

---

1) 여호수아 프로젝트는 Ethnologue, SIL, WCD, IMB, COMIBAM, MANI, Asia Harvest, Omid, Finishing The Task(FTT), Jesus Film, Global Recordings, Faith Comes by Hearing, Operation World 등 지역 연구 및 다양한 선교 단체, 현장 사역자, 인구 조사 데이터, 교단 보고서 및 설문 조사를 포함한 다양한 출처에서 데이터를 받고 있다. Joshua Project https://www.frontierventures.org/ministries/joshua-project.

18%, 1979년 50%, 2020년에는 67%로 대폭 늘었다.[2]

위의 통계 수치를 통해 알 수 있듯이 1800년 이후 200여 년이 지난 지금 서구와 비서구 간에 역전 현상이 벌어진 것이다. 이는 기독교의 중심이 서구권에서 비서구권으로 이동하고 있다는 것을 말해주고 있다. 이처럼 지난 200여 년간 세계적으로 기독교는 엄청난 지형의 변화를 가져왔다. 여기서 우리 기독교인들이 주의 깊게 살펴봐야 할 지역이 있다. 바로 10/40 윈도우 10/40 window라는 지역이다.

---

[2] Joshua Project https://www.frontierventures.org/ministries/joshua-project.

세계 미선교 지역에 대한 고찰

세계적으로 미선교 지역으로 10/40 윈도우를 꼽는다. 10/40 윈도우는 북위 10도에서 북위 40도 사이에 있는 지역을 말한다. 이 지역은 선교에 저항한다는 의미로 '저항벨트The Resistant Belt'라고도 불린다. 아프리카에서 일본에 이르는 지역이 여기에 속한다. 북한의 평양은 북위 39도 2분에 위치하고 있어 10/40 윈도우에 속한 지역이다. 이 지역의 특징을 네 가지로 요약할 수 있다.[3]

① 이 지역에는 세계 인구의 3분의 2가 살고 있고 복음화가 덜 된 55개 국가가 자리 잡고 있다. 대부분 이슬람교, 힌두교, 불교, 시크교 신자들 그리고 무신론자들이다.

② 이 지역에 사는 인구의 85%는 세계 빈곤 인구 중에서도 가장 빈곤한 사람들이다.

③ 이 지역 인구의 90%는 복음을 듣지 못했다. 따라서 복음을 전하려는 세계 교회의 이목이 집중된 지역이기도 하다.

④ 정부 규제로 복음의 전파가 어렵고 거의 불가능한 지역이기 때문에 세계 선교의 10%만이 활동하고 있는 지역이다.

이러한 10/40 윈도우의 미선교 지역을 아래 지도에서 살펴볼 수 있다. 아시아 지역에는 북한, 중국, 인도, 일본, 동남아 여러 나라가

---

3) Joshua Project https://www.frontierventures.org/ministries/joshua-project.

포함되어 있다. 중동 지역과 아프리카 북부 지역도 미선교 지역에 들어 있다.

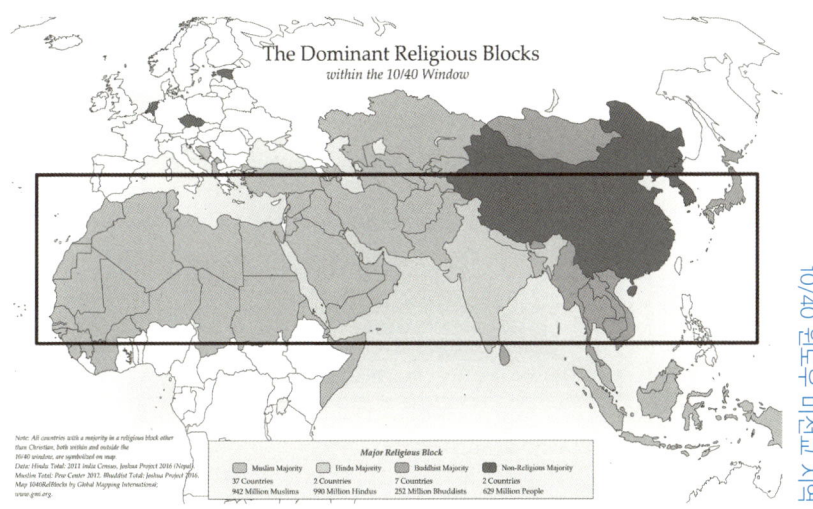

출처: Joshua Project.

10/40 윈도우 지역에는 8,885개 민족으로 이루어진 53억 2천만 명의 인구가 거주하고 있다. 이들 민족 총수의 69.2%에 달하는 6,150개 민족, 그리고 인구 총수의 62%에 달하는 32억 9천만 명은 미선교 상태이다. 여기서 미선교unreached라는 개념은 존스턴Patrick Johnstone이 2011년에 쓴 책 『글로벌 교회의 미래The Future of the Global Church』의 두 개의 차트에서 시작되었다. 즉, 그 지역 인구의 2% 이하의 복음화evangelical, 5% 이하의 크리스천Christian이라는 수치로 미선교 개념을 설정하였다. 그러나 현재 여호수아 프로젝트, 국제선교위원회IMB: Southern Baptist, 세계 크리스천 데이터베이스World Christian Database는 각각 서로 다른 산출 방법으로 미선교 민족 수를 추산하고 있다. 즉, 여호수아 프로젝트는 지역 인구의 2% 이하 복음화, 5%

이하 크리스천 신자로 규정하여 2015년의 경우 미선교 민족 수를 6,571개로 추산하고 있는 데 반해, 국제선교위원회는 2% 이하 복음화로만 규정하여 미선교 민족 수를 6,827개로 추산한다. 세계 크리스천 데이터베이스는 복음화 50%만으로 규정하여 미선교 민족 수를 4,219개로 추산하고 있다.

〈표 1〉 미선교 추산 방법과 미선교 민족 수(2015년)

구 분	산출 방법	미선교 민족 수(개)
여호수아 프로젝트	복음화 2% 이하 기독교 신자 5% 이하	6,571
국제선교위원회	복음화 2% 이하	6,827
세계 크리스천 데이터베이스	복음화 50% 이하	4,219

출처: Datema(2016).

한반도 기독교의 역사적 흐름

한반도에서 프로테스탄트라고 하는 신교가 정착하기 시작한 것은 19세기 말부터였다. 그러나 1900년대부터 일본제국주의의 침탈로 국권을 상실하면서 기독교는 일제에 강력히 저항하였다. 1945년 해방을 맞이하여 기독교는 재건을 기도하였으나 남북이 분단되고 북한에서는 기독교가 다시 탄압받게 되었다.

한반도 기독교의 역사적 흐름을 가톨릭 시기를 포함하면 그레이슨James H. Grayson의 분류처럼 ① 18세기 말 가톨릭과 한국문화의 만남, ② 19세기 초 로마가톨릭교회에 대한 박해 기간, ③ 19세기 말에서 20세기 초까지 프로테스탄트와 한국문화의 만남, ④ 20세기 초중반 한국의 국권 상실에 대한 기독교의 반응 시기, ⑤ 공산주의, 분단, 산업화에 대한 기독교의 반응 시기라는 5단계로 나눌 수 있다.[4]

① 18세기 말 가톨릭과 한국문화의 만남

18세기 제국주의적 침략이 지속되고 사회적으로 각종 혁명이 일어나던 시기로 1789년 프랑스혁명, 1852년 중국 태평천국의 난, 1894년 동학혁명이 일어났고, 유럽 전역에서는 1840년대 감자 잎마름병으로 감자 수확량이 줄어들면서 많은 사람들이 기아를 겪는 감

---

4) Grayson 2006, pp.7-8.

자기근이 있었다. 이 시기 기독교가 전 세계에 퍼지면서 18세기 말 한국에 처음 가톨릭이 들어오게 되지만 제사 등의 문제로 유교와 갈등을 겪었다.

② 19세기 초 로마가톨릭교회에 대한 박해 기간

19세기에는 천주교에 대한 박해가 일어났다. 한국인들은 가치의 갈등을 겪으면서 남녀평등 사상과 천국에서 더 나은 삶을 희망하면서 기독교가 사회 저층에 확산되었다.

③ 19세기 말에서 20세기 초까지 프로테스탄트와 한국문화의 만남

19세기 말에 프로테스탄트가 들어오고 민족 부흥을 위해 젊은 엘리트들이 프로테스탄트를 수용하게 되면서 기독교가 부흥하게 된다.

④ 20세기 초중반 한국의 국권 상실에 대한 기독교의 반응 시기

20세기 일제에 국권을 상실하자 기독교는 독립을 위해 투쟁하였고 일제가 강요하던 신사참배를 거부하기도 하였다. 프로테스탄트가 1905년에는 가톨릭보다도 신자가 적었지만 1907년에 역전되고 1910년에는 완전히 가톨릭 신자 수를 압도하게 된다. 1905년에 프로테스탄트 신자 37,407명, 가톨릭 신자 64,000명이었지만 1907년 프로테스탄트 신자 73,000명, 가톨릭 신자 63,340명이었다가 1910년 프로테스탄트 신자 144,242명, 가톨릭 신자 73,517명이 된다. 3년 만에 완전히 역전된 것이다.[5]

⑤ 공산주의, 분단, 산업화에 대한 기독교의 반응 시기

해방 이후 남북한 분단 상황에서 남북한 기독교의 상황은 너무 대조적이다. 이 책은 북한 기독교를 논하는 책인 만큼 다른 장에서 북한 기독교에 대해 전반적으로 자세히 서술하기로 한다.

---

5) Baker 2006, p.292.

한반도 기독교의 흥망과 부침

『한국교회 100년 종합연구 보고서』에 따르면 한국교회가 급성장한 시기는 ① 제1기 동학 농민혁명 개화운동 시기, ② 제2기 을사조약과 1907년 기독교 부흥 시기, ③ 제3기 3·1운동 시기, ④ 해방 시기로 나누고 있다.[6] 이 기간 중에 한국교회가 급성장한 상술한 시기가 있을 뿐만 아니라 위축된 시기도 교차적으로 있었다.

① 제1기 동학 농민혁명 개화운동 시기

이 시기는 동학혁명에 참여하고 기독교 개화운동을 주도한 시기였다. 1894년 동학혁명, 1894~1895년 청일전쟁, 1894~1896년 갑오경장을 거치면서 지배 계층의 이념과 통치 체제에 위기와 불신이 증가했고 일제에 대한 경각심이 증가했다. 그러면서 기독교와 서구 문명을 이용하여 이러한 위기를 벗어나고자 했고 동학혁명의 원인이 된 가난과 빈곤 그리고 정부의 잔혹한 고문과 착취로 기독교의 힘을 빌려 타파하려고 했던 것이다. 1895년에 신자 수가 급격하게 증가하였던 이유라고 할 수 있다.

② 제2기 을사조약과 1907년 기독교 부흥 시기

1905년 을사늑약 이후 1910년 한일합방의 민족적 위기에 직면하

---

6) 한국기독교사회문제연구원 1982, pp.129-130.

여 한국인들은 기독교와 교회에 희망을 걸었기 때문에 교회는 부흥할 수밖에 없었다. 국가가 1904년 러일 전쟁을 겪고 일제의 식민지가 되면서 기독교는 독립의 아이콘으로 희망을 주는 종교였다. 길선주를 비롯한 기독교인들은 새벽기도 등을 통해 기독교 부흥을 이끌었다.

③ 제3기 3·1운동 시기

1919년 3·1운동 시기에 교회가 성장했다. 일제에 저항하는 독립운동에 적극적으로 참여하면서 기독교는 성장할 수 있었다. 독립선언 33인 중에 기독교인들이 대거 참여하였고 신사참배 등에 저항했기 때문에 기독교가 성장할 수 있었던 것이다. 기독교가 가톨릭보다 신자 수가 적었지만 신사참배를 거부한 기독교가 묵인한 가톨릭보다 신자 수가 훨씬 늘어난 것을 보아도 일제에 저항한 것이 기독교의 성장을 가져왔다고 볼 수 있다. 그러나 일제강점기 일제의 가혹한 탄압으로 기독교는 암흑기를 겪었다.

④ 해방 시기

남한의 부흥과 달리 북한에서는 1945년 광복을 기점으로 자유로운 기독교의 역사는 마감된다. 해방과 더불어 교회가 급성장할 계기가 마련되었지만 북한 지역에서는 사회주의 정권이 들어서면서 다시 완전히 몰락하는 과정을 겪게 된다. 다행히 1980년대에 들어서 겨우 국제적인 해빙무드에 따라 북한에 공식적인 교회가 나타나긴 했으나 이러한 북한의 공식적인 교회에 대해 보여주기식 교회일 뿐이라고 볼 수 있다.

위의 부흥 시기와 교차적으로 위축을 경험한 시기는 1900년 이후, 1910년 직후, 1910년대 후반, 1920년대 후반, 1930~40년대 초로 대부분 일제의 박해를 당했던 시기이다.

팔머Spencer Palmer는 1930년대까지의 한반도 기독교의 부침을 데이터로 표시하고 있다. 1905~1910년, 1919~1923년에 성장을 경험

〈그림 1〉 한반도 장로교와 감리교의 교세 증감표(1895~1930년, 단위: 명)

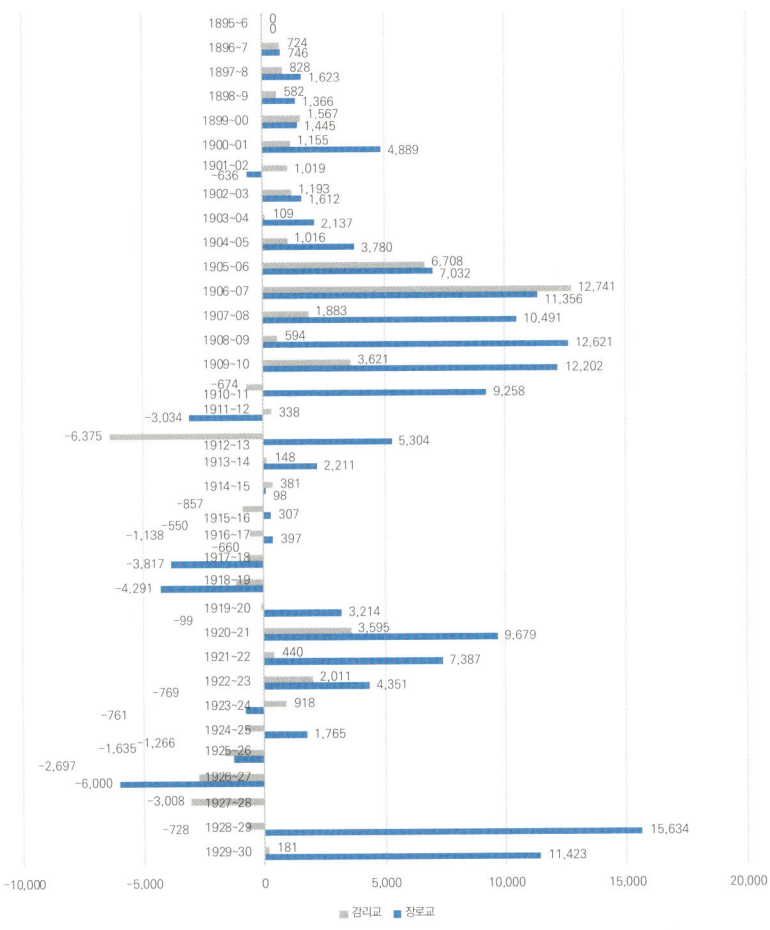

출처: Palmer(1986). 1927~1928년 장로교는 통계 수치가 없으며 1928~1929년 통계 자료는 1927~1928년보다 증가한 수치를 표시.

했고 1911~1912년, 1925~1929년 쇠퇴를 경험했다고 볼 수 있다.

한반도의 기독교는 부침을 거듭하였지만 결코 쓰러지지는 않았다. 일제의 탄압에도 당당히 맞서 싸웠고 공산정권의 탄압도 받았지만 1980년대에 들어서 북한에서도 어느 정도 해빙무드가 이뤄지면서 봉수교회, 칠골교회, 제일교회가 세워졌다. 가정예배처소에서도 예배가 이루어지고 있다. 봉수교회, 칠골교회, 가정예배처소에 관한 내용은 다른 장에서 상세하게 다루고자 한다.

제**2**장

해방 이전 북한 기독교

성경의 전래와 복음의 씨앗
기독교의 성장과 네비우스 선교 정책
중국이나 일본보다 번성할 수 있었던 배경
'조선의 예루살렘' 평양
일제강점기 기독교는 결국 파국을 맞아

성경의 전래와 복음의 씨앗

기독교 선교사들이 처음 조선에 관심을 가지게 된 것은 1818년 맥레오드John M'Leod가 쓴 『알세스트호의 조선 해안을 따라 류큐까지 항해 및 좌초에 대한 평가Voyage of His Majesty's Ship Alceste, along the Coast of Corea to Island of Lewchew with an Account of her Subsequent Shipwreck』에서 한반도에 대한 이야기가 나오면서부터였다.[1] 이 책에는 알세스트호가 1816년 조선에 성경책을 전해준 이야기가 나온다. 영어 성경의 한반도 최초 전래로 기록되는 장면이다. 영국 정부를 대표해서 중국에 통상문제를 논의하는 외교관들을 수행하던 해군 선장 맥스웰Murray Maxwell이 서해안 탐사차 성경책을 조선 정부 관리에게 전해준 최초의 역사적인 일이다. 이 책에는 영어 성경책을 전해주는 생생한 장면이 기록되어 있다.

> 그[조선 관리]는 나이가 70세쯤으로 보였다. […] 그의 옷은 연한 남색 옷이었고 소매가 느슨하였다. 허리는 담황색의 가죽 띠로 묶었다. […] [그의] 말은 많았는데 [우리는] 한마디도 알아듣지 못했다. 우리 배의 중국 통역이 자국어[중국어]를 쓸 줄 몰랐다. 조선인 몇몇 사람은 말할 줄은 몰라도 쓸 수는 있었다. […] 우리는 먹고 마실 것이 있다는 표시를 했다. … 그는 자기 목 주위에 손을 그으면서 눈을 감았다. 마치 "내 목이 날아갈 판인데 당신들의 좋은 식사가 무슨 의미가 있느냐"고 하는 것 같았다. […] 맥스웰(Maxwell) 선장은 (도시에 들어가겠다고 고집하지 않는 것에 그가 감사하고 있다고 생각하며) 그에게 성경책 한 권을 주었고 그는 성

---
1) Ion 1993, p.82.

경책을 받았다. 그는 조심스럽게 공식 교환 문건인 것처럼 성경책을 육지로 가져갔다. 이 사람들은 책에 대해 너무 존경심이 커서 책들을 구매하는 행위(act of purchasing)가 사실 종교적 의식이라고 한다.[2]

2016년 9월 5일 한국 성경 전래 200주년을 맞아 최초로 성경이 전래된 곳이 마량진 갈곶이라 하여 충청남도 서천군 서인로 89-16^{충청남도 서천군 서면 마량리 137}에 〈성경 전래지 기념관〉이 문을 열었다.

출처: M'Leod(1818)에서 캡처.

기념관에는 마량진 첨사 조대복趙大福에게 성경이 전달된 이야기를 비롯한 당시 상황을 여러모로 자세히 설명하고 있다. 성경 전래의 역사를 연구, 전시 교육 그리고 체험함으로써 국가와 세대를 넘어 바른 가치를 전달하고자 설립되었다. 기념관에는 기념사진을 찍을 수 있는 포토 존도 있고 주변에는 성경 전래 기념비와 영국 범선 조형물 등이 비치된 야외 기념공원도 있다.

영어 성경책이 전래된 후 거의 15년이 지난 1832년 첫 프로테스탄트 선교사 귀츨라프Karl Friederich August Gützlaff가 조선인들에게 성경책을 주었다고 기록하고 있다. 이는 1832년 한역漢譯 성경이 최초로 개신교 선교사 귀츨라프에 의해 한반도에 전래되는 기념비적 사건이다. 이는 귀츨라프가 1834년 출간한 『1831년, 1832년, 1833년

---

2) M'Leod 1818, pp.43-51.

세 차례 중국 해안 방문기 Journal of Three Voyages along the Coast of China in 1831, 1832, and 1833 with Notices of Siam, Corea, and the Loo-choo Islands』에서 찾아볼 수 있다. 이 책에는 조선인들에 대한 재미있는 이야기가 기록되어 있다. 조선인들은 맹독을 가진 뱀을 무서워하며 이들은 우상을 숭배하나 불교를 싫어하고 도교를 모르고 있다. 그렇지만 집에는 우상숭배의 흔적을 발견할 수 없었고 종교적 의식을 하는 것을 보지 못했다. 모든 면에서 비종교 민족처럼 보였고 생사에 위안을 주는 구원론을 결코 알고 싶어하지 않는 것처럼 보였다. 그러면서 1832년 7월 27일 한역 성경책을 조선인들에게 준 당시 상황을 다음과 같이 이야기하였다.

> 우리는 그들에게 기독교 시대의 시초를 설명하면서 인류의 구세주(Redeemer)에 대해 그들에게 자주 말할 기회가 있었다. 그들[조선인]이 만물을 지배하는 신, 예수 그리스도가 그들의 구세주라는 것을 반복해 듣고 읽었지만 아무런 감흥이 없었다. 그렇게 가슴이 냉정한 것은 지적인 무관심으로 조선인들의 특성으로 보였다. 그러나 나는 복음을 받으려 하는 사람들에게 책들을 주었고 그들은 그 주제[복음]에 어느 정도 관심을 가지며 책들을 아주 조심해서 보관하겠다고 약속했다. […] 가장 하층민도 책을 읽을 수 있고 독서를 즐긴다는 것을 알게 되어 아주 흥미가 있었다. […] 사람들이 그들의 대장이 책들을 받자 자기들도 앞다투어 선물을 받으려 했다. 이것은 우리로 하여금 종교가 없는 민족에게 복음을 전하는 방법을 다시 고안하도록 용기를 준다. 우리의 전능하신 하나님은 정치적 장애물을 제거해 주시고 우리에게 이 약속의 땅에 들어오게 하실 것이다.[3]

현재 충남 보령시 오천면 고대도에는 개신교 최초의 선교 성지로 귀츨라프를 기념하는 고대도 선교센터와 기념교회가 있으며 기념공원에는 칼 귀츨라프 선교 기념비도 있다.

---

3) Gutzlaff 1834, pp.276-278.

영어 성경책에 이어 한역 성경책의 전파로부터 거의 30여 년이 지난 1865년 중국에 선교사로 가 있던 토머스Robert James Thomas 목사가 조선 남부 해안의 백령도에서 몇 개월 보냈다. 다음 해인 1866년 토머스 목사는 미국 제너럴셔먼호General Sherman를 타고 조선에 들어왔다.[4] 토머스 목사는 스코틀랜드성서공회Scotch Bible Society의 권서인colporteur 자격으로 황해도 해안을 따라 성경을 반포시켰다. 권서인이란 매서인이라고도 하는데 서적[특히 성서] 행상인을 일컫는 말이다. 1866년 런던선교회London Missionary Society 소속으로 제너럴셔먼호를 타고 한문 성경책을 가지고 평양에 도착했던 것이다. 그러나 조선민병대와의 접전에서 셔먼호가 불에 타면서 제너럴셔먼호 선원들뿐만 아니라 토머스 목사도 순교하게 된다. 다행히도 토머스 목사는 순교 전 항해 과정에서 자기가 가지고 있던 신약 성경책을 이미 반포했다. 이렇게 1866년 개신교 최초 순교자 토머스 목사의 한문 성경 반포가 이루어진 것이다. 이후 마펫S. A. Moffett에 따르면 당시 신약 성경책을 받은 사람들을 만났고 초기에 받아들인 교리문답자들catechumens 중에는 자기 아버지가 이 성경책들을 집에 오랫동안 갖고 있었다는 사람도 있었다.[5]

북한은 셔먼호를 물리쳤다고 전시해 놓고 교육한다(대동강에서 피를 흘리며 순교한 토머스 선교사가 탔던 셔먼호). 오른쪽이 필자.

'선전용 '셔먼호 기념비'

---

4) Ion 1993, p.82.
5) Moffett 1909, p.14.

토머스를 개신교 최초 순교자라고 함은 1927년 순교기념사업전도회가 발족되고 5월 쑥섬에서 첫 순교 추모예배를 드린 후 9월 총회 때 토머스를 '한국 개신교 최초의 순교자'로 공식 천명했기 때문이다.[6)]

역사의 아이러니일지 모르겠지만 김일성의 증조할아버지 김응우가 제너럴셔먼호 사건 때 배를 수장시키는 데 역할을 한 것으로 알려져 있다. 토머스 목사가 타고 있었던 바로 그 배였다. 김일성은 『세기와 더불어』에서 증조할아버지 때의 일을 아래와 같이 이야기한다.

> 증조할아버지는 남의 묘를 봐주는 산당지기였으나 나라와 향토를 사랑하는 분이였다.
> 미제 침략선 〈샤만〉호가 대동강을 거슬러 올라가 두루섬에 정박하고 있을 때 증조할아버지는 마을 사람들과 함께 집집에 있는 밧줄을 다 모아 곤유섬과 만경봉 사이에 겹겹이 건너지르고 돌을 굴리면서 해적선의 앞길을 가로막았다.
> 〈샤만〉호가 양각도 밑에까지 기여들어 대포와 총을 쏘아대면서 시민들을 살해하고 제물들을 략탈하고 부녀자들을 겁탈한다는 소리를 들었을 때에는 마을 사람들을 데리고 그다음으로 평양성에 들어갔다. 그때 성안 사람들은 관군과 함께 나무단을 가득 실은 매생이 여러 척을 련결시켜 불을 지르고 〈샤만〉호 쪽으로 띄워 내려보내여 배도 해적들도 모조리 수장해 버리였는데 증조할아버지도 여기서 한몫 단단히 하였다.[7)]

왜 만주에서 선교사들이 한반도에 왔는지 살펴볼 필요가 있다. 1844년 중국 정부는 서구 열강과 5개 항을 개방하는 조약을 체결했고 선교도 허용되었다. 1860년 중국에는 50명의 프로테스탄트 선교사가 있었고 1865년에는 108개의 선교지부에 84명의 선교사로 규모가 증가하였다. 20년 후에는 프로테스탄트 선교사가 308명으로 증

---

6) 옥성득 2018, p.14.
7) 『세기와 더불어 1』, p.8.

가하는데 이 중 영국인 150명, 미국인 141명, 독일인 17명이었다.[8] 만주에도 선교사들이 많았고 지리적으로 가까워 조선에 선교를 오게 된 것이다.

1873~1881년 만주에 살고 있던 스코틀랜드 연합장로교회United Presbyterian Church of Scotland 선교사들은 조선에 관심을 가지게 되었으며 조선에도 이들에 의해 복음의 씨앗이 뿌려졌다.[9] 1874년 스코틀랜드 만주선교부 연합장로교회United Presbyterian Church of Scotland Manchurian mission의 로스John Ross 목사가 조선에 도착했고 그 뒤를 이어 선교사들이 속속 조선에 도착했다. 이들은 조선에 기독교를 확산시키는 데 큰 역할을 하였다. 선교사들의 역할을 세례, 성경 번역, 기독교 공동체 설립 등 세 가지로 요약할 수 있다.

선교사들은 조선인들에게 세례를 주어 그들을 기독교로 개종시켰다. 1876년 매킨타이어John McIntyre 목사는 의주 출신의 첫 조선인 개종자들에게 세례를 주었고 이 중 한 명인 이씨 성의 사람은 1883년 로스 목사와 누가복음을 번역했고 신약 전체를 1886년 번역하여 1887년에 출간하였다.

1887년 성서 번역이 다시 시작되었고 로스의 번역본을 수정하기로 하여 언더우드, 게일, 미국 북장로회의 레이놀드W. D. Reynolds, 트로로프M. N. Trollope 등이 임명되어 작업에 착수하였다. 1895년에는 마태복음을 출간하고 1900년에 신약성서가 완성된다. 1902년 이전의 번역판 수정으로 1904년 새로운 형태의 신약이 출간되기도 한다.[10]

성서 번역은 한반도 기독교 전파에 커다란 파급력을 행사했다.

---

8) Stark and Wang 2015, p.15.
9) Moffett 1909, p.14.
10) Soltau 1932, pp.84-85.

1882년 조선과 미국과의 조약으로 외국 선교사들이 들어올 수 있게 되면서 이들은 로스 목사의 성경 번역본으로 도착 즉시 선교에 착수할 수 있었던 것이다.[11]

로스 목사는 압록강 북안을 따라 북한 지역의 북서 지방에 기독교 공동체들을 세웠다. 로스 목사의 생각은 해외선교사보다 자생적인 기독교인들에 의해 기독교가 가장 잘 전파될 수 있다고 믿었다. 로스와 함께 한 권서인 중 한 명의 이야기가 있다. 성서를 가지고 들어가다 압류될 것 같아 갖고 있던 성경책들을 모두 압록강에 던져버렸다. 그래서 압록강 주변에 교회들이 번성한 것도 이런 이야기에 기반하고 있다.[12]

한국인 스스로 세운 최초 교회는 로스 목사와 함께 성서 번역에 전념했던 서상륜과 그의 동생 서경조가 1883년 5월 16일 황해도 송천리에 세운 소래교회이다. 소래교회는 원래 초가집이었고 1895년에 기와집으로 예배당을 건축했다. 1893년에는 평양에 장대현교회, 평원에 한천교회, 재령에 신환포교회, 1894년 평원에 자덕교회, 구성에 신시교회 등이 세워졌다.

교회 건물의 건립과 운영은 특히 장로교 지역에서 자립적으로 행해졌다. 평양 등에서 봉헌된 블록 구조물들은 2~3만 엔이 들었고 기독교인 자신들에 의해 모금되었다.[13]

---

11) Ion 1993, p.83.
12) Soltau 1932, pp.81-87.
13) Soltau 1932, p.29.

기독교의 성장과 네비우스 선교 정책

조선시대 샤머니즘이 증가하게 되고 기독교는 당시 천도교보다 여러 가지 이점을 갖고 있었다.

조선시대 샤머니즘이 만연하게 된 이유는 조선 중기까지 지식인들이 공직에 있거나 재산이 있을 때에는 유교를 신봉했지만 야인이 되고 권력을 잃었을 때는 도교에서 위안을 찾았기 때문이라고 보여진다. 19세기에는 도시 상업의 발달로 도성 밖에서는 종교 자유가 관용되자 상인조합이나 보부상, 천민인 광대 등은 관우나 제갈공명 등을 모시거나 굿판을 열기도 했다. 19세기 후반에 이르러 유교가 쇠퇴하면서 샤머니즘이 증가한 것이다.[14]

팔머는 1967년에 쓴 『한국과 기독교 Korea and Christianity: the Problem of Identification with Tradition』라는 책에서 당시 한반도에서 샤머니즘 신봉자들의 증가가 기독교에 유리하게 작용했다고 보고 있다. 당시 기독교 기반이 조성되었음을 세 가지 측면에서 찾아볼 수 있다.[15]

첫째, 조선시대 불교가 쇠락하면서 유교가 들어왔고 조선시대 중반 유교는 이데올로기나 문화에서는 지배적인 지위를 유지했지만 공허한 독트린에 그치게 된다.

둘째, 유교는 양반 자신들의 정치 사회적 지위를 합리화시키는 체

---

14) 옥성득 2018, pp.613-617.
15) Palmer 1986, pp.15-18.

면치레 수단으로 전락하였고 교육받지 못한 하층민들은 과거시험에서 배제되어 샤머니즘이 증가한다.

셋째, 샤머니즘을 신봉하는 사람들이 조선시대 말기에는 5,000명이 넘지 않았지만 20세기 초에 12,390명으로 증가했으며 샤머니즘의 증가는 기독교에 유리하게 작용하였다. 이는 유일한 신인 하나님Hananim이라는 개념이 유교나 불교보다는 기독교와 비슷했기 때문이다.

사실 조선인들은 처음에는 기독교를 두려워했다. 프로테스탄트가 가톨릭과 구별이 되지 않았고 1866년 천주교 박해 학살에 대한 기억이 여전히 남아 있었기 때문이다. 1888년 무렵에는 새로운 조약에서 아직 선교 활동을 할 수 있는 권리가 허용되지 않고 있었고, 미국 정부는 한국 정부의 요청으로 미국 선교사들에게 기독교 교육을 하지 않도록 권고했다. 당시 선교사들이 아이들을 납치하여 눈을 빼간다는 악성 소문도 나돌았다. 그러나 점차 선교사들과 조선 사람들의 직접적인 접촉이 늘어나면서 이러한 공포는 사라졌다. 게다가 천도교의 동학난이 기독교 선교에 유리한 환경을 조성하게 된다. 동학난이 '신비한 보이지 않는 세계'의 도움을 받을 수 있는 새로운 종교 사상들과 방법들이 있다는 것을 보여줬기 때문이다. 동학난은 지금까지 시도하지 않았던 '신비한 보이지 않는 세계'와의 협력에 사람들의 눈을 돌리게 하였고 기독교의 개념을 친근하게 만들었던 것이다. 아울러 청일전쟁에서 중국이 패배하자 "중국의 신은 한국의 신인데 중국이 패배했다"라는 차원에서 서구 문명이 부각되면서 기독교에 유리해진 것이다.[16]

---

16) Wasson 1934, p.47.

기독교는 천도교에 비해 세 가지 이점이 있었다.[17]

첫째, 기독교가 북한 지역에서 강력한 지지를 받았다. 이는 서울의 양반에 대해 오랫동안 반감을 가지고 있었기 때문이었다. 북한 지역에서는 유교 원칙들이 지켜지지 않았고 기독교는 북한 지역에 기존의 이해관계를 가지지 않았기 때문에 기독교가 강력하게 지지받았다.

둘째, 기독교는 몇몇 서울의 양반 자제들인 청년들을 사로잡았다. 서울에 있는 양반들의 자제들은 유교의 엄격한 규율을 따르기 어려웠으므로 이들 양반 자제들인 개혁파들은 사실상 권력 진입을 노리는 보수주의자들로 외국의 종교를 통해 권력에 진입할 수 있을 뿐만 아니라 외국을 알 수 있는 이점이 있다고 생각했다.

셋째, 기독교 교회에 참여한 한국인들은 고민을 떨어버리고 싶어 했지만 이성으로 완화될 수 없었고 종교적 신념으로 가능하다고 생각했다. 고통으로부터의 해방, 억압으로부터의 해방을 원했던 것이다. 1907년 평양에서의 부흥에서 메시아적 희망messianic hope을 보았던 것이다.

로스 목사가 조선에 도착한 지 10년 후인 1884년 미국 북장로교 소속의 알렌Dr. Horace N. Allen, 1885년 언더우드 목사, 1885년 헤론J. W. Heron 박사가 조선에 도착하였다. 1886년에는 미국 감리교 소속의 아펜젤러H. G. Appenzeller, 스크랜턴W. B. Scranton, 1889년에는 호주 장로교 소속의 데이비스J. H. Davies가 각각 조선에 들어온다. 한미조약 이후 선교사들이 합법적으로 입국하여 합법적으로 전도하였던

---

17) Palmer 1986, pp.93-94.

것이다.

알렌의 입국 후 특정 지역의 집중화를 막고 효과적인 선교 사역을 위해 선교 지역을 분담하게 된다. 장로교가 가장 적극적이었다. 1892년 미국 북장로교와 남장로교에 이어 그 후에 호주 장로교회와 캐나다 장로교회 모두 한국에서 하나의 장로교회를 세우도록 힘쓴다는 점에 합의한다. 1905년에는 미온적이었던 감리교와도 장감 연합공의회가 조직되어 1909년 9월 16일과 17일 양일간 '지역분담 협정위원회'에서 분담협정을 체결하는데 이 협정을 '예양협정禮讓協定'이라고도 한다. 몇 차례의 조정이 뒤따랐으나 대략 다음과 같이 분할되었다.

> 미국 북장로교는 강계 선천 평양 재령 서울 청주 안동 대구 등 평안도 황해도와 충청북도 일부 지역과 경상북도 지방을 맡았고 미국 남장로교는 전주 군산 목포 광주 순천 등 전라도와 대전 부여 등 충청남도 일부와 제주도를, 캐나다 장로교는 함경도 지방을, 그리고 호주 장로교 선교부는 부산 진주 마산 거창 통영 등 경남지방을 맡았다. 미 북감리교 선교부는 영변 해주 평양 서울 인천 원주 영월 충주 원주 등 평안도 황해도 경기도 충북 강원도 일부 지역을, 남감리회는 원산 서울 송도(개성) 춘천 등 함남 경기 강원 일부 지역을 각각 담당하였다. 이상에서 본 바처럼 서울 평양 원산 등 세 도시 지역은 두 개 이상의 선교부가 공동으로 선교한 곳이고, 나머지 지방은 대체로 중복을 피하도록 했다. 다른 교파들, 곧 침례교 성결교 구세군 그리고 성공회 등은 동참하지 않았고, 이들 교파는 자유롭게 선교하였다.[18]

1911년 교회당 수를 보면 총 781개의 교회당에서 미국 장로교와 감리교가 모두 583개로 대다수를 차지하고 있었으며 선교사도 총 307명 중 176명이었다.

---

18) 이상규 2011b.

<표 2> 1911년 교파별 교회당, 강의소, 기타 집회소 및 선교사 수

교파별	교회당 (개소)	강의소 (개소)	기타 집회소 (개소)	영국인 선교사(명)	미국인 선교사(명)	프랑스인 선교사(명)	기타 외국인 선교사(명)	선교사 (명)
영국성공회	34	17	26	18	-	-	-	18
영국복음교회	1	3	-	-	-	-	-	-
프랑스천주공교	113	46	116	1	1	56	-	58
대한기독교회	-	-	2	-	-	-	-	-
미국북장로교회	350	95	250	4	65	1	1	71
미국남장로교회	114	59	135	1	35	-	-	36
미국북감리파	50	38	145	-	34	-	-	34
미국남감리파	69	52	138	5	30	-	-	35
미국기독강감포교회	5	2	1	-	9	-	-	9
러시아희랍교회	4	1	2	-	-	-	3	3
미국침례교회	-	3	1	2	-	-	-	2
호주장로교회	3	8	60	8	1	-	5	14
캐나다장로교회	24	35	57	11	1	-	-	12
원산신파기독교회	-	-	3	-	-	-	-	-
영국구세군	14	3	23	11	4	-	-	15
총계	781	362	959	61	180	57	9	307

출처: KOSIS.

교파별 선교지 분할은 장단점이 있었다. 장점으로는 교파 간에 선교 경쟁과 갈등을 유발하지 않고 지역을 맡아 책임지고 선교하였다는 데서 효과적이었다. 선교지부 설립과 선교 사역에 유리했고 선교 자금을 집중시킬 수 있었다. 한 지역의 경험이 다른 지역의 선교에 도움이 되기도 했다. 이런 조치는 기독교 신자의 증가에 큰 역할을 하게 된다. 이러한 장점이 있는 반면 단점으로는 교파 간 서로 협력하면서도 지역 간 차이로 인해 인구 밀집 지역을 선교하는 교파가 유리할 수밖에 없었다. 장로교와 감리교가 주도적인 역할을 했기 때문에 소수 종파에 불리할 수밖에 없었던 측면도 있었다.

전도 방식은 순회전도, 사랑방전도, 문서전도 등 다양하였으며 특히 사경회査經會는 한국교회 성공의 비결이라고 할 수 있으며 권서인과 전도부인의 역할도 간과할 수 없었다.

순회전도

당시 순회전도, 여행전도는 길이 멀고 시골 오지도 갔기 때문에 많은 시간을 할애해야 했다. 장거리 여행이다 보니 말을 이용했고 거기에 식량을 준비해야 할 뿐만 아니라 가는 길에 강도들도 있어 총을 준비하여야 했다. 선교사는 말 양쪽 등에 얹을 수 있는 두 개의 작은 나무 상자와 간이 침대를 준비했다. 상자에는 식량, 책, 소책자, 취사도구, 침구를 넣었다. 한 번 장거리 여행에 6주나 걸리기도 했다.[19]

1911년 기독교 각 파 조선포교 구역도(基督敎各派朝鮮布敎區域圖)

출처: https://ko.wikipedia.org/wiki/파일:기독교_각파_조선포교_구역도.jpg

사랑방전도

사랑방과 같은 소규모 모임과 비공식적 만남이 전도에는 매우 효과적이었다. 선교에서 길거리 전도 street preaching 는 큰 영향력이 없었다. 조선인들에게 영향을 미친 것은 개인이나 소규모 집단과의 '매일매일 일정하고 지속적인 자연적인 비공식 대화 daily, constant, natural and informal conversation'였다.

---

19) Wasson 1934, p.23.

1893년 스왈른(William Swallon), 이길함(Graham Lee), 마펫(Samuel Moffett)이 서울에서 평양으로 선교여행 떠나는 사진.

출처: Moffett Korea Collection, https://commons.ptsem.edu/moffett.

주막, 거리, 마을, 특히 정치, 경제, 사회 문제를 토론하기 위해 사람들을 모으는 관습을 가진 사랑방이 전도에 매우 큰 역할을 하였다. 미국 북장로교 베어드 William M. Baird 선교사는 남녀칠세부동석 男女七世不同席이라는 한국문화를 이해하고 1892년 남녀 각각의 사랑채를 지어 기도 모임을 가졌다.[20] 사랑방에서는 개인들이 전도하는 방식인데 남성들이 개종시킨 인원수가 여성들보다 많았다.[21]

문서전도

문서전도는 성경이나 소책자를 전하여 선교하는 방법이다. 1890년 헤론 J. W. Heron 선교사의 제안으로 서울 선교 회의에서 소책자협회 The Tract Society가 만들어지게 된다. 소책자협회는 수천 권의 복음 소책자를 제작했고 소책자 중에는 언더우드의 소책자들, 마펫 박사

---

20) 교회용어사전 https://terms.naver.com.
21) Moffett 1909, p.17.

제2장 해방 이전 북한 기독교 43

의 『두 친구The Two Friends』, 『구원에 관한 이야기Discourse on Salvation』가 있었고 밀러F. S. Miller의 소책자, 존Griffith John의 중국어 소책자들이 있었다. 이런 소책자들은 복음 전파에 아주 큰 영향력을 미쳤다.[22]

사경회(査經會)

클라크 선교사는 성경공부의 강조가 자립, 자치, 자전보다도 훨씬 더 큰 한국교회 성공의 비결이며, 사경회 제도가 한국교회를 세계 극소수의 정예 교회 중의 하나로 훈련시켰다고 주장했다.[23] 사경회를 성경반 또는 사경반査經班이라고도 한다. 조선에서 기독교 발전에 가장 중요한 역할을 한 것은 성경공부와 훈련반The Bible Study and Training Classes이었던 것이다.

마펫은 성경훈련반과 관련해 처음에는 1890년 언더우드의 집의 남서쪽 코너의 작은 방에 7명이 있었는데 2명이 북한 지역에서 왔고 2명은 황해도의 소래에서 왔고 3명은 서울에서 왔다고 기억했다. 여기서도 북한 지역 인원이 서울보다 많은 것을 알 수 있다. 교육은 기포드Gifford가 맡았고 2주간의 학습을 마치면 조사助事, Helper들은 사역을 맡았다. 전체 교회 구성원들은 나이에 상관없이 그리고 문맹에 상관없이 체계적으로 훈련반에서 교육받았고 교재는 성경이었다. 성경공부가 목적이었지만 기도와 축호전도逐戶傳道와 노방전도 등 실제적 복음 활동이 사역의 부분이기도 했다. 교회를 하나님의 말씀 사용에 능숙한 군대army로 만들었던 것이다.[24] 이러한 사경회가 크게 발전할 수 있었던 것은 인구 대부분이 농민으로 농번기에 성경공

---

22) Moffett 1909, p.16.
23) 최재건 2021.
24) Moffett 1909, pp.18-19.

부에 참여할 수 있게 되었기 때문이기도 했다.[25]

이 이후로 '성경훈련반 체제Bible Training Class system'가 점차 발전해 갔다. 1909년 재령에는 262개 사경회가 있었고 등록 인원수는 13,680명이었다. 평양에는 292개 사경회에 13,967명이 등록하였으며 선천에는 111개 사경회가 있었다. 다른 선교지부의 사경회까지 합하면 800개 사경회에 등록 인원수는 50,000명 이상에 달하였다. 1907년 부흥하게 된 원인도 이들 사경회의 역할이 컸다고 볼 수 있다.[26]

권서인과 전도부인(Bible-woman)

권서인의 역할도 컸다. 전국을 돌아다니면서 성경과 소책자를 팔았던 남자들이었다. 이들을 선교사가 고용하고 성서공회에서 자금을 지원하며 권서인은 신교사에게 정기적으로 보고하는 시스템이다. 권서인은 기독교운동의 전위였고 마을에서 개종한 사람들 대부분은 이들의 영향이 컸다.[27]

전도부인의 역할도 무시할 수 없었다. 선교사의 역할은 전도부인들을 고용함으로써 배가되었다. 이들은 집집마다 방문하여 복음 이야기를 하고 복음서를 팔고 소책자를 나누어 주었다. 이들은 선교사에게 매일매일 결과를 보고하였다. 회중이 열리고 나면 이들은 회중에 참여한 여성들을 찾아가 성경을 읽어주고 가르치기도 했다. 1901년 서울에서는 전도부인에 의해 2,632명이나 개종했다. 차골 Cha-Kol에서 사역한 두 명의 전도부인은 2,540명 여성들에 전도를 했으며 김 씨라는 전도부인은 1903년 9월부터 1904년 9월까지 1년 동

---

25) Wasson 1934, p.55.
26) Moffett 1909, pp.19-21.
27) Wasson 1934, p.25.

안 6,912명에게 전도했다고 한다. 전도부인의 역할이 대단히 컸다는 것을 보여준다.[28]

당시 한반도에 온 미국 선교사들은 대부분 젊은 데다가 열정은 많은데 경험이 없고 성숙하지 못해 시행착오를 거듭했다. 이런 와중에 네비우스를 초청해 네비우스 정책을 채택하게 된 것이다.[29] 1890년 언더우드 박사는 장로교 선교사 네비우스 박사를 초청하여 한국 선교사들에게 자전, 자립, 자치의 선교 방법을 설명하게 하였다. 네비우스는 자신의 25년간 경험을 이야기한다.[30]

네비우스의 선교 원칙은 원래 영국의 벤Henry Venn과 미국의 앤더슨Rufus Anderson이 토착교회 설립을 위해 제시했던 삼자원리를 네비우스가 한반도에 적용했던 원칙이다.[31]

네비우스의 삼자원리 즉, 자전, 자립, 자치는 한반도 기독교의 부흥에 결정적인 역할을 하게 된다. 자전은 현지인 교회 스스로가 선교사의 도움이 없이도 복음을 전파하고 증식할 수 있어야 한다는 것이며, 자립은 현지 교회가 선교사들의 선교 자금에 의존하지 않고 재정적으로 독립되어서 운영되어야 한다는 것이며, 자치란 선교사들의 지도력을 벗어나서 현지인 지도력에 의해서 교회가 운영되어야 한다는 것이다.[32] 한반도에 기독교가 정착할 수 있도록, 그리고 외국 선교사들의 힘을 빌리지 않고도 하나님의 영광이 한반도에서 지속적으로 계속될 수 있도록 기반을 닦아 놓았던 것이다. 이러한

---

28) Wasson 1934, pp.25-26.
29) 안교성 2013, p.109.
30) Moffett 1909, p.18.
31) 김은수 2008, p.7.
32) 김은수 2008, p.8.

기반의 형성을 조성한 것이 당시 네비우스가 제시한 10개 선교 방법을 통해서 이루어진다.

① 노동자 계급에게 우선 전도, ② 가정주부의 개종 중시, ③ 지방에 소학교 세워 기독교 교육, ④ 한국인 교역자 양성, ⑤ 성경 번역, ⑥ 모든 종교 서적의 한글 출판, ⑦ 자급 자치의 교회 만들기, ⑧ 신자는 누구나 전도자, ⑨ 의료선교, ⑩ 지방 환자의 경우 지방까지 심방이다.

그러면서 1902년 초에는 선교사들이 첫해에 읽어야 하는 책 목록에 네비우스의 『선교방법Methods of Mission Work』이 들어가게 된다.[33]

언더우드는 네비우스의 선교 정책을 네 가지로 요약하면서 교회의 설립과 운영에 대해서 보다 구체적으로 언급한다.[34]

첫째, 한 사람을 그리스도에게 인도하면 그를 떠나지 말고 끝까지 가르쳐서 그가 개인 전도하는 일꾼, 즉 자기의 직업에 종사하면서 이웃에게 그리스도를 전할 수 있을 때까지 인도한다.

둘째, 교회의 운영과 기구 조직은 그 교회가 자체적으로 감당할 수 있는 범위 안에서 기획하고 실천하여 발전시켜 나간다.

셋째, 교회의 전도 사업을 감당할 만한 인물이 나오거나 재정을 지원할 수 있는 유자격자가 생기면 그들을 선임하여 교회의 일꾼으로 세워서 육성한다.

넷째, 교회당 건축은 가능한 교인들 자신의 힘으로 하게 하되, 건축의 구조나 모양은 한국 고유의 양식으로 혹은 지방의 교회답게 건축하게 한다.

네비우스 삼자원리 중 자전의 대표적인 사례로 평양신학교의 설

---

33) Wasson 1934, p.29.
34) 김은수 2008, p.9.

<표 3> 교회, 교인 및 주일학교 통계(1884~1909년, 단위: 개소, 명)

기간	정규회중장소	조직된 교회	자립 교회	전체 입교자 수	연중 추가된 입교자	명부 등재 세례 아동	신자	명부 등재 교리문답자	평균 예배 참가	주일 학교	주일학교 구성원
1884~5	-	-		-	-						-
1885~6	1	-		9	9						-
1886~7	1	-		25	20						-
1887~8	-	1		65	45						-
1888~9	-	1		104	39						-
1889~0	3	1		100	3						-
1890~1	5	1		119	21						2	54
1891~2	5	1		127	17					2	40
1892~3	5	1		141	14					2	40
1893~4	7	1		236	76					2	35
1894~5	13	1		286	50					3	115
1895~6	26	10	15	530	210					3	115
1896~7	73	10	40	932	347		6,800	2,344	4,800	9	545
1897~8	205	24	170	2,079	1,153		7,500	2,800	5,200	165	1,139
1898~9	261	261	230	2,804	841		9,634	3,426	6,500	225	4,302
1899~0	287	253	255	3,690	1,086		13,569	4,000	9,114	250	5,000
1900~1	300	268	270	4,793	1,263		13,694	4,480	10,865	250	8,678
1901~2	340	3	295	5,481	970		16,333	5,986	13,836	237	1,816
1902~3	372	3	302	6,491	1,436		22,662	6,197	15,306	290	5,834
1903~4	385	7	353	7,916	1,876	486	23,356	6,295	16,869	316	15,407
1904~5	418	10	329	9,756	2,034	410	30,386	7,320	22,121	361	17,894
1905~6	628	20	480	2,546	2,811	1,059	44,587	11,025	35,262	491	20,689
1906~7	767	29	619	5,153	3,421	1,009	54,987	16,721	46,235	596	36,975
1907~8	809	42	787	9,654	5,423	2,078	73,844	19,336	58,308	793	49,545
1908~9	971	57	965	25,057	6,532	3,163	96,443	23,885	72,676	942	87,177

출처: Presbyterian Church in the U.S.A Korea Mission (1909).

립을 들 수 있으며 자립으로는 교회와 초등학교를 설립한 점, 그리고 자치는 한국 장로교회의 최초의 직분론을 규정한 〈북장로교회 선교회 규범과 세칙〉에서 잘 드러난다.

 네비우스의 삼자원리 중 자전의 실행은 신학 교육을 통해 한국인 전도자를 양성하여 자체 전도를 하는 것이 급선무였다. 1901년 한국 장로교회의 첫 신학교인 대한예수교장로회신학교가 평양에서 마포삼열마펫, Samuel A. Moffett:1864~1939에 의해 설립된다. 평양신학교로도 불렸는데 마포삼열이 초대 교장을 맡았다. 그러나 1930년 일제의 신사참배 요구를 거부하였기에 강제 폐교된다.

한국 최초의 자생自生 교회인 소래교회는 일찍 1884년 기독교가 본격적으로 전파되면서 1885년 서상륜·서경조 형제가 건립한다. 소래교회는 처음에 초가집이었다.

1906년 무렵 조선인들은 스스로 자체 교회와 초등학교를 건설하였다. 840개 교회 빌딩 중 20개는 외국 펀드로 만들어졌고 매우 큰 빌딩 몇 개는 비용의 3분의 1 이하의 외부 지원을 받았다. 589개 초등학교 건물 중 대부분은 조선인 펀드로 만들어졌다.[35] 당시 급료를 받는 307명의 교회 지도자가 있었고 이 중 246명 즉, 80%는 교회 자체에서 지급되었다. 이외에도 교회가 급료를 주는 745명의 학교 교사가 있었다. 학교 교사를 포함해 자립률 percentage of self support은 94.2%였다.[36]

〈북장로교회 선교회 규범과 세칙〉을 살펴볼 필요가 있다. 네비우스의 선교 방법에서 자치 원리가 가장 잘 드러난 것이 바로 이 규범과 세칙 중 '영수'제도라고 할 수 있다. 1891년에 한국 장로교회의 최초의 직분론을 규정한 7조 59항의 〈북장로교회 선교회 규범과 세칙〉 Presbyterian Northern Mission Rules and By-Laws, 1891을 채택하게 된다. 현지 대리인의 첫 번째 직분으로 영수가 등장한다. 영수는 서리제도로서 장로가 피선되기 전에 그 역할을 맡는 것으로 사실상 교회 개척에 있어 조사와 함께 중추적인 역할을 하게 된다.[37]

이런 규정은 선교 초기에 아직 조직 교회를 이루지 못한 미약한 교회를 염두에 둔 것으로 영수는 교역자, 즉 조사가 없을 경우 영수를 임명하여 주일예배를 주관하게 하되 사례금은 받지 않는 제도였

---

35) Moffett 1909, p.23.
36) Clark 1909, p.128.
37) 임종구 2022, p.280.

〈표 4〉 기독교 학교 및 학생 통계(1884~1909년, 단위: 개소, 명)

기간	신학교	목사반 학생들	대학반 학생들	고등학교	학생		기타 (초등학교)	학생		신학생을 포함한 교육생	완전 자립 학교
					남학생	여학생		남학생	여학생		
1884~5	-	-	-	-	-	-	-	-	-	-	-
1885~6	-	-	-	-	-	-	-	-	-	-	-
1886~7	-	-	-	-	-	-	-	-	-	-	-
1887~8	-	-	-	1	25	-	-	-	-	25	-
1888~9	-	-	-	2	36	3	-	-	-	39	-
1889~0	-	-	-	2	15	9	-	-	-	24	-
1890~1	-	-	-	2	24	10	-	-	-	34	-
1891~2	-	-	-	2	9	13	-	-	-	23	-
1892~3	-	-	-	2	13	16	2	15	-	44	-
1893~4	-	-	-	2	46	16	5	60	-	122	-
1894~5	-	-	-	2	46	16	5	60	-	122	-
1895~6	-	-	-	2	46	17	7	141	26	230	-
1896~7	-	-	-	2	46	17	14	252	80	405	-
1897~8	-	-	-	2	47	19	25	170	63	309	-
1898~9	-	-	-	2	50	19	19	140	72	281	-
1899~0	-	-	-	2	55	20	28	485	112	672	-
1900~1	-	2	-	2	60	22	48	544	109	737	-
1901~2	1	2	-	3	67	24	63	845	148	1082	50
1902~3	1	6	-	3	85	27	75	1033	300	1450	36
1903~4	1	7	-	3	115	69	84	1031	240	1462	64
1904~5	1	20	-	5	151	118	115	1451	387	2147	85
1905~6	1	43	15	7	255	125	208	3116	795	4399	188
1906~7	1	58	12	9	603	146	344	5649	1093	7579	334
1907~8	1	82	15	8	503	165	457	9315	2165	12264	454
1908~9	1	120	23	16	982	233	589	10916	2511	14858	588

출처: Presbyterian Church in the U.S.A Korea Mission(1909).

다. 또한 현지 대리인에는 영수, 장로, 집사, 조사, 전도부인, 강도사, 전도사, 목사 등이 포함되어 있고 다른 항목에서는 매서인과 서리집사가 등장한다. 교회의 직분을 세우는 것을 매우 신중하고 까다롭게 규정하였는데 장로와 집사의 경우 만장일치로 선출되고도 선교지부의 승인을 받고, 또 6개월의 교육을 거쳐야만 안수를 받을 수 있었다. 그러나 선교 초기의 상황을 벗어난 후 영수와 전도부인, 매서인은 사라지고 서리집사는 그대로 존속하게 된다.[38]

---

38) 임종구 2022, p.267.

중국이나 일본보다 번성할 수 있었던 배경

팔머는 1895~1910년에 보다 많은 한국인들이 다른 어느 기간보다 기독교 운동에 적극 참여하게 된 요인에 대해서 중국과 비교의 관점에서 분석하였다.

이 무렵 사회적 위기가 계속되어 상실감과 수치심에 대한 감정이 전국에 확산하였고 유토피아를 찾으려는 노력이 일어나면서 기독교에 대한 태도에 영향을 미쳤다. 사회적 문제에 대한 스트레스는 한국이나 중국이나 마찬가지였다. 중국에서는 맑스-레닌주의로, 한국에서는 기독교로 가게 된 것이다. 한국에서 기독교가 중국보다 번성할 수 있었던 배경에 대해 다섯 가지로 요약할 수 있다.[39]

첫째, 무질서와 위기에 대해 중국의 태평천국[40]이나 의화단 사건[41]이 모두 초자연적 해법으로 유토피아를 찾으려 했다면 한국인들은 혼탁한 세상에서 심리적 구원을 찾으려 했다.

둘째, 중국 공산주의자들에게는 맑스-레닌주의가 전 세계 해방을 가능하게 할 것으로 생각되었지만 한국은 중국과 달랐다. 서구 문명이 들어오기 전 한국에는 팽창적이고 자족적인 문명이 없었기 때문

---

39) Palmer 1986, pp.91-96.
40) 태평천국(太平天国, 1851~1864년)은 중국 청나라 말기에 홍수전이 세운 기독교적인 이념의 신정(神政) 국가였다.
41) 청나라 말기인 1900년 중국 산둥성(山東省)에서 일어난 반기독교 폭동을 계기로 화북(華北) 일대에 퍼진 반제국주의 농민투쟁이다.

에 기독교에 사람들이 매료될 수 있었다.

셋째, 중국에서는 기독교가 들어올 때 서양의 상업 확장이 있을 무렵이었기 때문에 서구 권력으로 인식되어 적대적으로 인식된 반면 한국에서는 기독교가 이미 19세기 말에 들어와 있었기 때문에 상대적으로 우호적인 이미지였다.

넷째, 중국에서는 프로테스탄트 선교사들과 왕실 간에 교류가 없었지만 한국에서는 우호적이고 지속적인 관계를 유지하고 있었다.

다섯째, 중국에서는 기독교가 민족주의의 비판 대상이었지만 한국에서는 일제가 비판의 대상이었다. 한국에서는 서구 즉, 기독교가 비판 대상이 아니었고 오히려 기독교는 전통적 민족주의를 지지하였다.

이온A. Hamish Ion은 1993년에 쓴 『십자가와 떠오르는 태양 The Cross and the Rising Sun: The British Protestant Missionary Movement in Japan, Korea, and Taiwan, 1865~1945』이라는 책에서 한국에서 일본보다 기독교가 더 번성할 수 있었던 이유로 세 가지를 들고 있다. 구체적으로 의료선교와 교육선교의 이점, 낙후한 경제 수준, 국가 종교의 부재라는 세 가지 선교 이점이 있다고 볼 수 있다.[42]

첫째, 의료선교와 교육선교의 이점이 있었다.

한국에서 기독교 운동이 활발히 전개될 수 있었던 것은 일본에 비해 한국에 선교적 이점이 있었기 때문이다. 당시 한국의 의료 수준이 일본에 비해 낙후한 것이 오히려 선교에는 장점이 되었다. 일본에서는 이미 서양의 의료 기술을 받아들여 의료선교가 별로 의미가 없었다. 반면에 조선은 의료 수준이 낙후하여 의료선교가 효과를 발

---

42) Ion 1993, p.83-85.

휘할 수 있었다. 교육도 마찬가지로 일본에서는 정부 학교와 경쟁이 될 뿐 이점이 없었지만 한국에서는 1910년 전에는 경쟁이 없었기 때문에 교육도 선교에 역할을 했다. 일본과는 달리 한국에서의 낮은 문자해득률도 기독교 전파에 도움이 되어 한국선교가 이점을 가지고 있었다. 기독교가 문자해득률을 높이는 것과 밀접한 연관성을 갖고 있기 때문이다. 선교사들 입장에서는 한국에 있는 선교사들은 재빠르게 한글을 배워 이점을 가지고 있었던데 반해 일본에서는 선교사들이 히라가나Hiragana를 사용하려 했으나 조롱의 대상이 되자 포기하게 된다. 한글은 비교적 배우기 쉬웠고 로마자에 비해 한글이 이점이 있었기 때문이다.

둘째, 낙후한 경제 수준 역시 선교의 이점으로 작용했다.

한국에서의 빈곤도 기독교 전파에 도움이 되었다. 기독교가 사회 경제적으로 정치적으로 탄압받는 사람들에게 호소력이 있었기 때문이다. 이들에게 예수의 고통은 쉽게 이해되었던 것이다. 많은 한국 기독교인들은 가난한 농민들이었다. 따라서 사후 구원이 아주 강력한 믿음이 되었다. 보통의 경우 한국인들은 기독교 신학의 지적인 해석에는 관심이 거의 없었다. 한국 기독교인들은 교회가 음식과 일자리를 제공하기 때문에 교회에 나오는 '쌀 기독교신자rice Christians'라는 문제가 제기되기도 했다.

셋째, 국가적 종교가 없다는 이점이 있었다.

한국인들은 불교, 샤머니즘, 도교, 유교 등을 상호 양립 불가능한 신앙으로 보지 않았다. 단, 조상 숭배가 기독교에 대한 장애였다. 그렇지만 한국에는 국가 종교가 없었기 때문에 기독교가 싹을 틔울 수 있었던데 반해 일본의 신사는 일제 왕가와 연계된 종교였기 때문에 기독교가 기반을 다지기에 어려웠다는 점에서 차이가 있었다.

〈표 5〉 의료 통계(1884~1909년, 단위: 개소, 명, 미국 금화)

기간	병원	총병상 수	진료소	총환자 수	외국인 급료를 제외한 이사회 보조금	외국인 급료를 제외한 총비용	총수입
1884~5	-		1				
1885~6	-		1				
1886~7	-		1				
1887~8	-		1				
1888~9	-		1				
1889~0	-		1				
1890~1	-		1				
1891~2	-		2				
1892~3	-		2				
1893~4	-		3	1,398			
1894~5	-		3	4,466			
1895~6	-		3	4,866			
1896~7	-		3	10,308			
1897~8	-		3	24,161			
1898~9	-		3	22,372			
1899~0	-		4	21,801			
1900~1	-		4	19,993			
1901~2	1	15	4	27,225	421.28	613.12	1,036.40
1902~3	1	15	5	12,824	1,973.85	3,678.57	1,704.72
1903~4	1	15	5	32,629	1,655.39	3,394.90	1,739.51
1904~5	2	55	5	21,737	1,807.48	5,924.90	4,116.83
1905~6	4	95	5	36,656	1,968.05	7,949.90	5,931.00
1906~7	5	112	6	41,787	2,753.05	8,200.00	9,111.25
1907~8	6	126	6	47,649	2,334.68	13,592.42	15,604.85
1908~9	6	137	9	56,763	2,272.58	16,081.44	16,008.49

출처: Presbyterian Church in the U.S.A Korea Mission(1909).

'조선의 예루살렘' 평양

북한 지역은 사회경제적으로 남한과 차이가 있었다. 앞서 언급한 요인들 즉, 서울 양반에 대한 반감, 양반 자제들이 유교의 엄격한 규율을 따르기 싫지만 권력을 위해 기독교로 전향, 고통과 억압으로부터의 해방 등이 주요 요인이었다. 이런 요인들 외에 기독교가 북쪽 지역에서 번성할 수 있었던 결정적인 이유는 성경책과 사역자의 역할이었다고 볼 수 있다.

북쪽 지역에서 기독교가 더 크게 성장할 수 있었던 배경에 대해서 세 가지로 요약할 수 있다.[43]

첫째, 1893년부터 평양이 북쪽 지역에서 기독교 중심이 되는데 이는 미국 장로회의 마펫이 1893년부터 평양에서 살았고 그가 한 기여가 컸기 때문이다. 미국 장로회에 가입한 신도 수만 해도 3,000명 이상이었다.

둘째, 평양에 기독교가 부흥할 수 있었던 것은 지리적으로 가까운 만주로부터 로스의 복음서Gospel 사본을 들여온 것도 있다.

셋째, 북쪽이 남쪽보다 사회경제적으로 빈곤할 뿐만 아니라 지리적으로도 정치적인 수도인 서울로부터 고립되어 있었기 때문이다. 결과적으로 선교사들이 시작한 교육과 의료 사업의 영향이 1890년

---

43) Ion 1993, p.85.

대 남쪽보다 훨씬 더 컸다.

20세기에 들어 대표적인 3대 부흥운동으로 1903년 원산 부흥운동[44], 1907년 평양 대부흥운동, 1909년의 백만인 구령운동[45]을 꼽는다. 원산 부흥운동이 평양 대부흥운동의 기원이라면 백만인 구령운동의 골격을 제공해 준 것은 1907년 평양 대부흥운동이라고 볼 수 있다.

평양 대부흥운동은 1907년 1월 2일부터 15일까지 평양 장대현교회에서 평안남도 도사경회가 열리는 동안 마지막 14일과 15일 이틀 동안에 발흥했다. 길선주와 사경회에 참석한 모든 선교사들은 14일 정오기도회에 모여 하나님 앞에 간절히 기도했다. 길선주는 많은 회중들 앞에 공개적으로 자신의 죄를 고백했다. 1년 전 세상을 떠난 친구의 재산을 정리하면서 당시 100달러에 해당하는 거금을 착복한 은밀한 죄가 있었는데 성령께서 심령을 비추시자 견딜 수가 없었다고 하였다. 그의 회개는 마치 뇌관에 불을 당긴 것처럼 그곳에 모인 온 회중들의 회개로 이어졌다. 회개를 동반한 강력한 성령의 역사는 모인 이들 모두가 처음 체험하는 강력한 부흥이었다. 평양 대부흥운동은 사도행전 이후 가장 강력한 성령의 역사로 평가받는다. 장대현교회에 임한 성령의 역사를 경험한 길선주, 헌트, 블레어, 이길함, 스왈른, 편하설은 부흥의 불을 가지고 한반도 전역으로 흩어졌고, 성령께서는 이들을 도구로 사용하셔서 한반도 전역에 부흥의 불을 지피셨다.[46]

평양 대부흥운동으로 고백과 뉘우침, 새로운 삶을 선언하는 운동

---

44) 원산 대부흥운동은 신앙부흥운동의 시작으로 1903년 당시 한국선교 13년 차였던 남감리회 선교사 로버트 하디(R. A. Hardie)가 선교 실적 부진으로 고민하던 중 한국인 회중 앞에서 자신의 교만과 실수를 공개적으로 자복함으로써 한국 교인들의 공개 자백을 이끌어내면서 시작된다.
45) 1909~1911년 100만 명 신자 달성을 목표로 전개한 초교파적 부흥운동이다.
46) "평양대부흥운동," http://www.1907revival.com/news/articleView.html?idxno=10047.

이 전국 교회로 확산되면서 조선의 기독교인 수가 폭발적으로 늘어났다. 평양 대부흥운동은 한국교회의 오순절로 평가된다.

아직도 '동양의 예루살렘' 평양이라는 말이 많이 사용되지만 사실 해방 이전 자료에는 이 용어가 등장하지 않는다. 그 대신 '조선의 예루살렘 평양'이라는 표현은 1934년 선교 희년 기념식 때 '동아일보'에서 처음 사용하였다. 그러나 1925년 '예루살렘의 조선' 담론에서 보듯이 '조선의 예루살렘 평양'이라는 말은 이미 널리 쓰였다. 1925년 인구 비율로 볼 때 기독교가 가장 왕성한 도시는 선천, 재령, 평양, 경성 순이었는데 이에 따라 선천은 '기독교 왕국', 재령은 '기독교 천하', 평양은 '기독교 수도' 또는 '조선의 예루살렘'으로 불렸다. 확실히 평양은 소돔에서 예루살렘으로 성장하였던 것이다.[47]

이덕주는 "민족사로 교회사 읽기"라는 논문에서 평양의 장대현교회, 산정현교회, 남산현교회에 대해 다음과 같이 평한 바 있다.

> 해방 전 '조선의 예루살렘'이라 불렸던 평양에 언덕 '현'(峴) 자로 이름이 끝나는 대표적인 교회가 셋 있었다. 장대현교회(章臺峴敎會)와 산정현교회(山亭峴敎會), 그리고 남산현교회(南山峴敎會)가 그것이다. 모두 평양 시내가 한눈에 내려다보이는 '언덕 위'에 위치하였던 교회로서 평양지역뿐 아니라 한국 교회사에서도 뚜렷한 위치를 차지하고 있다. 장대현교회는 1907년 길선주 장로의 '평양 대부흥운동'의 시발점으로, 산정현교회는 일제 말기 주기철 목사의 신사참배 거부 투쟁과 순교로 유명한 교회가 되었다면 남산현교회는 한말과 일제강점기 '민족운동의 요람'이 된 교회로 유명하다.[48]

당시 선교적 차원에서 여러 가지 제도가 창출되면서 입교인의 숫자가 급증한다. 대표적으로 교리문답자 catechumenate 제도, '권찰

---
47) 옥성득 2018, pp.9-11.
48) 이덕주 2015, p.305.

Kwon Chals' 제도, '길선주 방법'으로 새벽기도, 통성기도의 제도화를 들 수 있다.

교리문답자 제도의 창출

교리문답 제도는 로마가톨릭에서 유래되었다. 신자와 예비 신자를 구별하기 위한 것이었다. 그러나 중세에 교리교육 제도가 사라졌다. 교리문답의 질문과 답변 형식은 프로테스탄트에서는 어린이들을 교육할 목적으로 종교개혁 시기에 사용되기도 했다. 이런 교리문답 제도가 평양에서 부활한 것이다.

1890년 세례 후보자는 세례를 받으려면 시험을 통과한 후 세례를 받기 전 2주 동안 개인 선교사들에게 맡겨져 특별 교육을 받았다. 1891년 15명의 교리문답자가 보고되었고 이 아이디어가 발전하여 1893년에는 교리문답자가 평양에서 공식적으로 등록되면서 교리문답 제도가 정착되기 시작하였다. 1896년까지 교리문답자에 대한 통계는 없지만 1894년 평양에서 40명이 보고되었고 1895년 180명으로 보고되면서 이 제도가 정착된 것이다. 1896년 2,000명, 1902년 5,968명, 1906년 11,025명, 1909년 23,800명이 등록하였다. 처음에는 2주 초기 교육 과정을 이수하면 세례를 받을 수 있었지만 차츰 3개월 교육 과정을 이수해야만 세례를 받을 수 있었다. 점차 교육 기간이 6개월로 연장되었고 나중에는 1년, 2년까지 연장되었다. 1909년 경에는 세례를 받는 데 2년 또는 4년이 걸렸다. 교리문답자 제도는 교회에서 새로운 신자를 받아들이기 전에 완전한 교육을 시행했던 제도인 것이다.[49]

---

49) Moffett 1909, p.24.

'권찰(Kwon Chals)' 제도의 창출

권찰 제도는 '10명의 리더Leaders of tens' 제도라고도 하는데 이 제도가 생기면서 기독교가 비약적 성장을 하게 된다. 원래 이 제도는 미국 필라델피아에서 워너메이커Wanamker 선생의 성경반에서 제안된 것으로 1901년 3월에 실험적으로 실시된 권찰 시스템이다. 권찰은 10여 명 그룹의 지도자로서 영적인 문제에 대해 감독하고 이를 교회의 장로회Elders나 사무실에 보고하는 제도이다. 한국에서 전국의 큰 교회에 잘 정착되었다.[50] 사실 이 제도는 지금도 다른 국가들에는 존재하지 않는다.

2013년 6월 그린빌에서 열린 미국 장로교 41차 총회 회의록을 보면 권찰은 디모데전서 5:3-11에서처럼 명부에 등록된 과부와 비슷하다고 명시하며 디모데전서에서 유래를 찾고 있다. 디모데전서에는 "과부로 명부에 올릴 자는 나이가 육십이 덜되지 아니하고 한 남편의 아내였던 자로서 선한 행실의 증거가 있어 혹은 자녀를 양육하며 혹은 나그네를 대접하며 혹은 성도들의 발을 씻으며 혹은 환난 당한 자들을 구제하며 혹은 모든 선한 일을 행한 자라야 할 것이요"디모데전서 5:9-10라고 되어 있다. 권찰은 신자들의 집을 방문하고 목사에게 보고하는 사람이다. 권찰은 이전의 남장로교의 목사의 보조자로 나이 든 여성으로서 목사와 젊은 여성들을 방문하거나 여성과 아이들을 방문하고 목사에게 보고를 하는 여성이라고 하고 있다.

'길선주 방법'으로 새벽기도, 통성기도의 제도화

기독교의 부흥을 평양에서 이끌어 냈던 것은 '길선주 방법'이었다.

---

50) Moffett 1909, pp.24-25.

평양에서 청일전쟁 등 암울했던 시기 기독교의 불꽃을 다시 지핀 것은 평양을 중심으로 한 길선주였다. 길선주는 기독교 토착화 과정에서 새벽기도, 통성기도라는 새로운 제도적 창출을 하게 된다. 세계 어느 교회에서도 시행하지 않던 새벽기도와 통성기도를 제도화함으로써 평양에서 기독교의 부흥을 이룰 수 있었다. 19세기 후반 영미에서 기독교인들이 조용하게 행하던 '아침 묵상Morning watch'이 선도仙道의 새벽기도 전통과 어우러진 것이다. 길선주는 개종 전에 선도를 수행하던 도인으로 하루 세 차례 기도했고 100일 수련 기간 금식기도, 통성기도, 새벽기도를 했으며 이를 교회 차원으로 발전시켰다.[51] 새벽기도, 통성기도라는 새로운 제도가 기독교의 토착화 과정에서 만들어진 것이다. 이로써 1907년 대부흥운동이 시작된 것이다.

옥성득은 2020년에 쓴 『한국 기독교 형성사: 한국 종교와 개신교의 만남, 1876~1910』에서 평양에서 왜 기독교가 부흥할 수 있었나를 분석하면서 길선주에 주목하였다. 특히 도교에서 기독교로 개종한 평양 개신교 장로들이 토착적인 선도의 새벽기도, 통성기도, 철야기도, 금식기도를 기독교에 접목시켜 제도화시킨 것이 평양 부흥을 이끌었다고 보았다. 당시 19세기 말과 20세기 초는 유교의 쇠퇴로 유교를 대신해서 유불선과 기독교를 통합하거나 대종교, 원불교 등이 등장한 시기였고 사적 공간에서는 무교巫敎와 선도가 성행하여 무당 등의 종교 활동이 증가했다. 당시 로스 목사는 만주 도교의 최고의 신인 상제를 기독교의 하나님과 유사하다고 보았고 한글 성경 번역에서 도교의 상제와 동등한 언어인 순수 한국어 '하나님'을 채용했다. 그래서 평양의 초기 개신교 신자들 중 도교에서 개종한 사람

---

51) 옥성득 2020, pp.648-658.

들이 도교의 상제에 대한 기도를 기독교의 하나님에 대한 기도로 연결시켰다고 보는 것이다. 1890년대 초 선도 수행자들인 송인서, 김종섭, 길선주, 김성택, 옥경숙, 정익로, 이기풍 김찬성 등이 도교에서 기독교로 개종했는데 이들은 신흥 중산층으로 상인과 객주, 하급 관리나 몰락한 양반, 한의사였다. 옥성득은 길선주의 도교에서 기독교로의 개종을 바울의 유대교에서 기독교로의 개종에 비유할 정도로 길선주를 높이 평가하고 있다.[52] 1907년 평양을 중심으로 전국 교회로 확산되는 한국교회의 대표적 부흥운동이 일어나면서 입교인이 급증하게 된다.

한국에서 세례를 받은 사람은 처음 12년에 모두 530명뿐이었다. 이후 1897~1909년 13년 동안 연평균 입교인의 순 증가율은 38%로 이 시기 미국 교회의 순 증가율 5%보다 훨씬 높았다.[53]

〈표 6〉 입교인 순 증가율(1897~1909년)

연도	1897	1898	1899	1900	1901	1902	1903	1904	1905	1906	1907	1908	1909
순증가 수(명)	402	1,147	725	886	1,103	688	1,010	1,425	1,840	2,790	2,607	4,501	5,346
순 증가율(%)	75	123	35	31	30	14	18	22	23	28	21	29	27

출처: Clark(1909).

〈표 7〉 입교인의 숫자(1886~1909년, 단위: 명)

연도	1886	1887	1888	1889	1890	1891	1892	1893	1894	1900	1905	1909
입교인	9	25	65	104	100	119	127	141	236	3,690	9,756	25,057

출처: Moffett(1909)에 나온 내용을 표로 작성.

---

52) 옥성득 2020, pp.612-645.
53) Clark 1909, pp.127-128.

일제강점기 기독교는 결국 파국을 맞아

일제강점기 한국 기독교는 일제의 가혹한 탄압을 받았다. 민경배 교수는 한일합방을 '십자가를 걸머지는 한국교회'라고 표현하였다.[54] 일제는 1930년대와 1940년대 초 기독교에 대해 조직적으로 탄압함으로써 기독교의 씨를 말리려고 하였다.[55] 일제의 기독교에 대한 탄압이 〈포교 규칙〉으로 직접적으로 이루어졌다면 〈개정 사립학교 규칙〉은 기독교 학교의 건학이념과 정체성을 말살시키려 한 것으로 기독교의 근간을 흔들어 놓았다고 할 수 있다.

1915년 8월 공포된 〈포교규칙〉조선총독부령 제83호은 1945년 해방까지 존속된 기독교 통제의 기본법으로 기독교 단체의 조직과 운영 등 전반적인 활동을 규제했던 법이다. 총독부 경무국을 필두로 경찰력은 포교자의 선출로부터 법령 시행의 제반 사항에 간섭하였기 때문에 자격을 갖춘 포교자 숫자의 급격한 감소 등으로 신도 수의 증가율도 둔화되는 침체 양상이 나타나게 되었다.[56]

1908년 공포된 사립학교령은 기독교 학교에서 부르던 '십자가 군병들아'와 같은 찬송가 부르는 것을 금지시키기도 하였다. 이로 인해 1910년 사립학교 수가 1,973개교이던 것이 1914년 1,240개교로 줄

---

54) 민경배 1993, p.300.
55) 한국기독교사회문제연구원 1982, p.130.
56) 안유림 2008, p.35.

어들고 종교계 사립학교도 1910년 746개교에서 1914년에는 473개교로 감소하게 된다.[57]

1915년 공포된 개정 사립학교 규칙은 기독교 학교에 치명타였다. 성경, 지리, 한국사, 종교의식 금지, 일제의 국민의례와 신도사상 교육이 골자였다. 장로교는 기독교 학교의 건학이념 구현을 가로막는 성경 교육 및 예배의식 금지 자체를 문제시하고 강력하게 저항하였다.[58]

〈표 8〉 1905~1912년 장로교 종합 교육 통계(단위: 명)

구분	1905	1906	1907	1908	1909	1910	1911	1912
목사	46	46	49	60	63	75	95	128
교인도합	37,407	56,943	72,968	94,981	119,273	140,470	144,265	127,228
대학교	0	0	0	2	1	1	1	2
중학교 남(여)	0	0	0	11(6)	19(6)	22	23	25
소학교 남(여)	139	238	405	542	694(84)	684	631	539
대학생	0	0	0	30	21	37	49	83
중학도 남(여)	0	0	0	683(202)	1,332	1,442	1,474	1,778
소학도 남(여)	2,730	5,124	8,615	10,191(2,644)	15,673	14,863	13,608	12,943
예배처소	417	584	785	1,119	1,580	1,632	1,685	2,054

출처: 박상진(2012).

기독교는 '105인 사건', 3·1운동, 신사참배 문제에서 일제에 강력히 저항했지만 모두 수포로 돌아가면서 추락의 길을 걷게 된다. 히틀러의 나치는 가톨릭교회가 폴란드에서 정신적 지주였기 때문에 대부분의 폴란드 교회를 폐쇄한 적이 있다.[59] 한국에서도 기독교가 독립의 대명사였고 정신적 지주였기 때문에 일제도 히틀러의 나치처럼 기독교에 대해 탄압과 박해를 가했던 것이다.

---

57) 박상진 2012, pp.81-83.
58) 박상진 2012, pp.81-87.
59) Gárdonyi 2021, pp.57-58.

'105인 사건'

1910년의 '105인 사건'은 기독교 탄압의 대표적 사례이다. 일명 신민회 사건이라고도 한다. '105인 사건'이라는 명칭은 제1심 재판에서 105명이 유죄 판결을 받은 데서 비롯되었다. 조선총독부는 초대 총독 데라우치가 압록강 철교 개통식에 참석하기 위해 평양, 선천, 신의주 등을 시찰할 때 암살 시도가 있었다면서 암살 시도를 했다는 이유로 '105인 사건'을 조작했던 것이다. 이 사건으로 체포된 상당수가 기독교인이라는 점에서 볼 때 일제는 교회를 타깃으로 이 사건을 조작한 것이었다. 일제는 '105인 사건'을 조작하여 교회를 통제하에 두려 하였다. 이 사건은 독립운동에 적지 않은 타격을 주었고 기독교인들의 발목을 잡은 사건이었다.

3·1운동

기독교인들은 1919년 3·1운동에 적극 참여하였다. 1919년 1월 6일 YMCA에서 이종근, 윤창석, 최근우, 전영택 등은 독립운동에 참여하여 2월 8일 조선청년독립단대회를 개최하여 결의문을 채택하였다. 3월 1일 3·1운동에서는 최남선이 작성한 독립선언서에 33명이 서명하였고 이들 중 16명은 기독교인이었다. 북쪽 지역에서의 3·1운동은 의주, 선천, 평양 등에서도 일어났다. 평양에서는 장대현교회에서 봉도식에 이어 수천 명이 모여 독립을 기도하였다. 3월 2일 평양에서는 군경이 교회 예배를 해산하고 강규찬, 김선두 등 목사와 교역자 30명을 체포하였다. 함경도 성진에서는 2,000여 명이 태극기를 휘날리며 경찰과 충돌하였다. 원산에서는 정춘수 목사, 곽명리 전도사, 이가순 등이 시위를 주도하여 2,000여 명이 모였고 500여 명은 일본인 거리를 누비며 만세를 불렀다. 『한국독립운동사』에 따르면 3월 한 달 동안 북쪽 지역에서의 시위 횟수는 황해도 24회, 평안남도 10회, 평안북도 16회, 함경북도 11회, 함경남도 13회였다.[60] 3·1운동으로 체포된 사람들을 보면 장로교 2,486명, 감리교 560명이었고 천도교 2,283명, 가톨릭 55명이었다.

〈표 9〉 3·1운동 체포자의 종교 교파별 분류(단위: 명)

종교	남성	여성	합계
천도교	2,268	15	2,283
시천교(侍天敎)	14	-	14
불교	220	-	220
유교	346	-	346
감리교	518	42	560
장로교	2,254	232	2,486
조합(組合)	7	-	7
기타 프로테스탄트	286	34	320
가톨릭	54	1	55
다른 종교	21	-	21
무종교	9,255	49	9,304
모름	3,809	98	3,907
합계	19,054	471	19,525

출처: Palmer(1986).

신사참배 문제

신사참배 문제는 기독교와 일제가 첨예하게 대립했던 문제였다. 한일합방 이후 신사참배의 문제가 제기되었다. 1921년 선교사들은 신사참배는 기독교에서 불가능하다고 진정서를 냈지만 1925년 10월 남산 중턱에 조선 신궁朝鮮神宮이 준공되면서 일제는 신사참배를 강요하기 시작하였다. 물론 1924년에도 강경에서는 신사참배를 하지 않은 학생들과 교사들이 퇴출당하기도 했던 사실이 있었다. 1930년대에 신사참배가 심하게 강요되면서 1935년 평양 숭실대학교와 숭

---

60) 민경배 1993, pp.333-339.

의여고가 신사참배를 거부하자 평안남도 지사 安武直夫는 숭실대학교 교장 매큔G. S. McCune과 숭의여고 교장 스누크V. L. Snook를 면직시키고 미국으로 쫓아냈다. 이 시기 선교사들 사이에 교회를 폐쇄할 정도로 신사참배를 거부할 필요가 있는지 논란이 일었다.[61]

일제는 1931년 만주사변을 일으키고 신사 정책을 대대적으로 추진했고 1936년 전후에는 '일읍면 일신사―邑面 ―神祠' 정책을 실시하여 한국인들에게 의무적으로 신사참배를 강요하였다. 이러한 일본의 신사참배에 대해 다수의 기독교인들은 순순히 응할 수 없었고 결국 기독교계는 양분되었다. 평양의 숭실학교, 장로교 신학교 등은 기독교를 지키기 위해 폐교당한 데 반해 언더우드의 연희전문은 신사참배를 받아들여 학교는 보존되었다. 1938년 평북노회, 1939년 장로교 총회는 신사참배를 받아들였고, 1940년에는 장로교 목사 206명이 한국기독교의 황도화皇道化를 선언했다. 1940년까지 300여 명의 목사와 교인들이 구속되기도 했다.[62]

일본은 중앙복음전도관中央福音傳道館을 통해 한국 기독교 세력을 약화시키려 했다. 일본의 조합교회는 1911년 서울에 한양교회, 평양에 기성교회를 설립했고 이후 전라도, 평북, 충남 등에 교회를 설립했으며 1914년에는 전국에 45개 교회와 4천 명의 교인이 있었다.[63]

일제는 한국 기독교를 약화시키기 위해 선교사들을 내쫓았다. 일제는 조선인의 기독교를 만들어야 한다는 그럴듯한 명분으로 외국 선교사들을 내쫓기 시작하였고 선교재단을 적산敵産으로 처리하여

---

61) 민경배 1993, pp.479-480.
62) 김명구 2018, pp.522-531.
63) 민경배 1993, pp.303-314.

총독부가 몰수하였다. 결국 1940년 미국 영사 마쉬G. Marsh는 선교사의 완전 철수를 명령하였고 선교사의 약 56%에 해당하는 219명이 본국으로 송환 당했다.[64]

1941년 11월 24일부로 문부대신이 일본기독교단을 승인함으로써 같은 계통에 속하던 일본기독교회, 일본메소티스트교회, 일본조합기독교회, 깨끗한교회, 일본성교회 5개 파는 합동하여 일본기독교단의 산하에 들어갔다.

1943년 4월 일제는 조선혁신교단을 조직하고 유태 민족에 관계된 부분을 개편하거나 삭제하든지 아니면 먹으로 칠해서 보이지 않게 하라고 지시했다. 1945년 7월 19일에는 일본기독교조선교단으로 조선의 교파들이 통합된다. 장로교 대표 27명, 감리교 대표 21명, 구세군 대표 6명, 소교파 5개의 대표자 각 1명으로 통합이 발표되었다.[65] 이런 상황에서 일제에 저항하는 기독교 세력은 조국 해방을 염원하며 지하교회로 갈 수밖에 없었다.

이 시기 기독교와 사회주의 세력의 충돌이 있었지만 사실 처음에는 기독교와 공산주의가 적대적이지 않았다. 이동휘는 기독교 신자이면서 1918년 조선사회당을 창당했고 1919년 4월 25일 고려공산당을 만들었다. 김규식은 1922년 여운형과 1922년 모스크바에서 열린 제1차 극동 피압박 민족대회에 기독교도 동맹의 이름으로 참석하였다.[66]

그러나 점차 기독교와 사회주의는 다른 길을 걷기 시작하였다. 일제의 수탈과 폭정으로 인한 농민들의 빈곤화 등 사회문제가 심각해

---

[64] 민경배 1993, p.493.
[65] 민경배 1993, p.506.
[66] 민경배 1993, p.377.

졌기 때문이다. 당시 소작과 소작쟁의는 심각한 문제였다. 소작농은 1913~1917년 39.5%였다가 1928~1932년 50.2%로 증가하였다. 자작 겸 소작농을 합하면 거의 80% 이상이 소작이었다.

〈표 10〉 조선 농민의 궁핍화 과정(1913~1932년, 단위: 천 호)

연대	자작농		자작 겸 소작농		소작농	
	호수	%	호수	%	호수	%
1913~1917	555	21.7	991	38.8	1,008	39.5
1918~1922	529	20.4	1,015	39.0	1,098	40.6
1923~1927	529	20.2	920	35.1	1,172	44.7
1928~1932	497	18.4	853	31.4	1,360	50.2

출처: 민경배(1993).

3·1운동 직후인 1920년대 말부터 사회운동이 활발하게 일어났지만 교회는 '사회운동으로부터 후퇴'하여 신뢰를 잃어가기 시작했던 것이다. 3·1운동 이후 교회가 '보수화되고 내향화'하면서 교회에 대한 신망은 급속하게 추락하였고 1920년대 말에는 '한국교회의 청년운동이 거의 모두 사라졌다.' 1890년대부터 1910년대까지 한국교회가 '눈부시게 성장'했다면 1920년대 교회 상황은 '암울했고 절망적'이었다는 평가도 있다.[67]

1925년부터 공산주의자들은 기독교에 대해 전면 도전하기 시작했다. 한양청년동맹이 1925년 10월 조선주일학교 대회가 열렸을 때 바로 옆에서 반기독교 대회를 개최했다. 그러면서 1925년을 기점으로 기독교는 사회운동에 관심을 가지게 된다. YMCA가 농촌문제에 관심을 가지기 시작한 것이다. 1929년 한국 기독교의 경제적 각성이 절정을 이루었다고 민경배 교수는 평가하였다. 농촌문제, 산업사회

---

67) 권진관 1992, pp.13-15.

의 선교 문제 등에 관심을 가지게 된 것이다. 이렇게 해서 만들어진 것이 신우회信友會였다. 민경배 교수는 이것을 '코페르니쿠스적 전환'이라고 평가하였다.[68] 권진관은 1920년대, 1930년대 상황을 그동안 강조하던 복음주의적 절제 운동이 한계를 보이고 교회의 사회경제적 문제에 대한 접근 방식이 '복음주의evangelism에서 사회복음Social Gospel으로' 방향이 바뀌게 되었다고 이야기한다.[69]

기독교와 사회주의 세력은 1926년 〈정우회[70] 선언〉으로 일단 봉합되고 사회주의자들은 기독교를 민족주의 세력으로 인정하고 반기독교 노선을 '제휴 기독교 노선'으로 전환하였다.[71] 1932년 평양에 모인 예수교 연합공회에서 김활란 위원장은 '사회신조'를 통과시킨다. 하나님의 사랑과 정의와 평화가 사회의 기본적 이상理想으로 유물사상, 계급투쟁, 혁명 수단에 의한 사회개조와 반동적 탄압에 반대한다는 내용과 기독교 전도와 교육, 사회사업을 확장한다는 내용이었다. 12개 항으로 되어 있는 이 '사회신조'는 일본 교회 사회신조와 비슷하다고 민경배 교수는 지적하였다. 결국 1937년에 총회 농촌부는 폐지되고 연합공의회도 해체되었다. 결국 교회의 사회운동은 종식된다.[72]

일제강점기 남북한 기독교 교인 수 및 교회당 수를 살펴볼 필요가 있다. 대표적으로 장로교와 감리교를 살펴보자. 미감리교회와 남감리교회는 1930년 통합하여 기독교감리교회로 조직되었다. 장로교와

---

68) 민경배 1993, p.384.
69) 권진관 1992, p.17.
70) 정우회는 1926년 화요회가 주도하여 북풍회, 조선노동당, 무산자동맹과 합동으로 발족한 사회주의 조직이었다.
71) 강원돈 1992, pp.33-40.
72) 민경배 1993, pp.381-385.

〈그림 2〉 남북한의 예수교장로회와 감리교의 신자 비교(1925~1941년, 단위: 명)

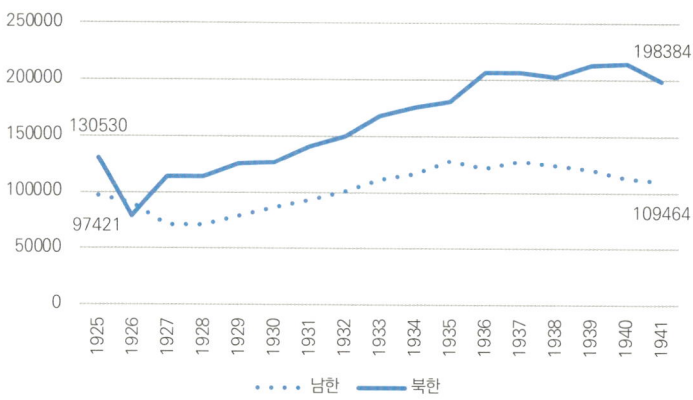

출처: 朝鮮ニ於ケル宗敎及享祀一覽(1926~1928년 각 연호); 朝鮮に於ける宗敎及享祀一覽(1929~1937년 각 연호); 朝鮮に於ける宗敎及享祀要覽(1938~1939년 각 연호); 朝鮮の宗敎及享祀要覽(1940~1941년 각 연호). 강원도는 통계에서 제외하였음.

감리교 교인들을 합하면 북한에는 약 20만 명이었다. 남한은 약 11만 명으로 북한이 남한 신자 수의 약 2배에 달했다.

북한 내에서는 장로교와 감리교를 합한 교인들의 수는 평안북도가 가장 많았고 평안남도, 황해도, 함경남북도 순이었다. 1941년의 경우 평안북도가 71,567명, 평안남도 59,558명, 황해도 44,552명, 함경남도 15,908명, 함경북도 6,799명으로 평안북도가 가장 많았다.

그러나 교회 숫자로 보면 남한이 북한보다 많았다. 1916년 장로교와 감리교를 합하여 1,147개 교회가 있었고 1931년 만주사변 발발 이후 꾸준히 증가하여 1943년 1,830개 교회에 달했다. 북한의 교회 숫자는 남한에 비해 200~300개 적었고 1943년에는 거의 비슷해진다.

일제 탄압 시대에 북한 지역에서 기독교가 번성했던 이유는 북한 지역이 만주 지역의 항일 거점들과 가까웠을 뿐만 아니라 경제적으로 남한 지역보다 상황이 좋았기 때문이다. 앞의 장로교와 감리교

〈그림 3〉 북한 지역의 장로교와 감리교 교인 숫자(1925~1941년, 단위: 명)

출처: 朝鮮ニ於ケル宗敎及享祀一覽(1926~1928년 각 연호); 朝鮮に於ける宗敎及享祀一覽(1929~1937년 각 연호); 朝鮮に於ける宗敎及享祀要覽(1938~1939년 각 연호); 朝鮮の宗敎及享祀要覽(1940~1941년 각 연호).

〈그림 4〉 남북한의 예수교장로회와 감리교의 기독교 교회당(포교소 및 강의소 포함) (1916~1943년, 단위: 개)

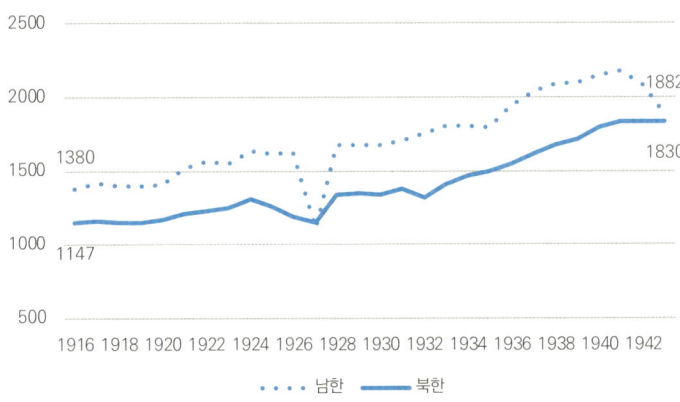

출처: KOSIS. 강원도는 통계에서 제외.

신자 수와 북한의 1인당 GDP를 연도별로 보면 1930년대 이후 모두 꾸준한 증가세를 보이는 그래프가 아주 유사한 것에 놀랍다.

일제 탄압 시대에도 권서인의 역할은 컸다. 일제강점기 성경 관련

<그림 5> 일제강점기 남과 북의 1인당 GDP(1911~1943년, 단위: 2010년 가격으로 1만 원)

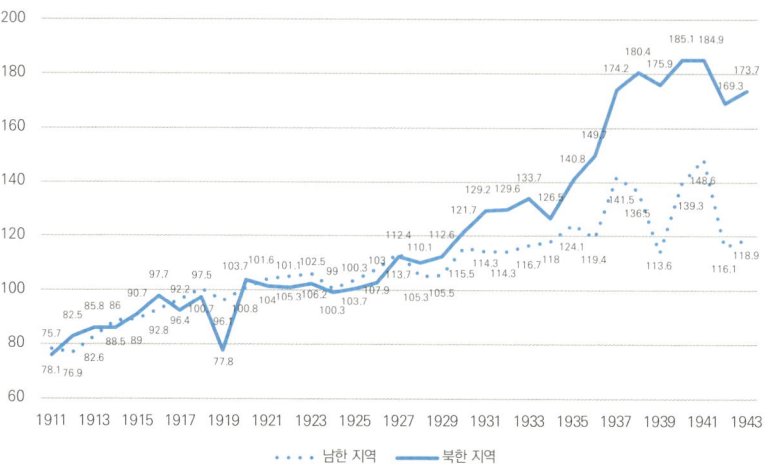

출처: Kim(2022).

서적이 꾸준히 출간되었다. 1928년에는 평양장로신학교에서 성경사전을 출간하였다. 1930년 보고서에 따르면 기독교문학회Christian Literature Society는 성경 관련 출간본 약 140만 권, 출간된 페이지 수 약 340만 페이지, 배분된 본 수 약 153만 권, 새로운 제목으로 재출간 88권으로 총 수익은 약 6만 엔이었다. 기독교문학회는 총 4억 2천 페이지의 책을 출간했다.[73]

<표 11> 출간 내역 및 수익(1930년 보고, 단위: 권)

내용	권수
출판본	1,392,973
출판 페이지	33,938,544
배분본	1,532,481
새 제목 재출간	88
판매로 인한 수익	63,985엔(Yen)

출처: Soltau(1932).

---

73) Soltau 1932, pp.61-62.

제3장

해방에서 한국전쟁까지 북한 기독교와 북한 정권의 갈등

북한 기독교의 재건
북한 기독교 정당의 정치세력화 실패
김일성 정권의 기독교 경제적 기반 소멸
북한 기독교와 김일성 정권의 대표적 충돌 사례
김일성 정권의 기독교 장악

북한 기독교의 재건

8·15 광복 직후 한반도의 교회 재건은 한국교회의 중심지였던 평양을 선두로 한 관서關西 지방 즉, 북한이 남한보다 일찍 시작되었다. 그 이유는 신사참배를 끝까지 거부하고 평양감옥에서 7~8년의 옥고를 치른 이기선, 채정민 목사를 포함한 20여 명의 교직자들이 출옥되었고 또한 지하에 숨어 있던 지도자들이 기독교 재건의 선봉에 나섰기 때문이었다. 출소 직후 이들은 옥중에서 순교한 주기철 목사가 봉사하던 평양 산정현교회에 모여 한국교회의 재건을 논의한 후 1945년 9월 20일경 신사참배에 참여한 목사 및 장로는 최소한 2개월간 휴직, 속죄해야 한다는 내용을 골자로 한 한국교회 재건의 기본 원칙을 발표한다. 당시 일찍 교회 성지로 알려진 선천읍을 중심으로 한 평북노회 등은 끝까지 일본기독교조선교단에 가입하지 않았기 때문에 산하에 있던 수백 개 교회는 재건의 필요조차 없었다. 감리교를 포함한 작은 교파들까지도 9월 말까지는 모두 복구 재건되었다.[1]

한국교회 재건 기본 원칙은 다음과 같다.

> 1. 교회의 지도자(목사 및 장로)들은 모두 신사에 참배하였으니 권징(勸懲)의 길을 취하여 통회(痛悔) 정화(淨化)한 후 교역에 나아갈 것.

---

1) 김양선 1956, pp.44-45.

2. 권징은 자책 혹은 자숙(自肅)의 방법으로 하되 목사는 최소한 2개월간 휴직하고 통회 자복(自服)할 것.
3. 목사와 장로의 휴직 중에는 집사나 혹은 평신도가 예배를 인도할 것.
4. 교회 재건의 기본원칙을 전한(全韓, [한반도]) 각 노회 우(又, [또는])는 지교회(支敎會)에 전달하여 일제히 이것을 실행케 할 것.
5. 교역자 양성을 위한 신학교를 복구 재건할 것.[2]

소련 군정의 태도가 점차 완강해지고 기독교인들에 대한 감시와 통제가 강화됨에 따라 1945년 12월 초 평양 장대현교회에서 5도연합노회가 급속히 만들어졌다. 5도연합노회는 다음과 같은 결정을 하였다.

1. 북한 5도연합노회는 남북통일이 완성될 때까지 총회를 대행할 수 있는 잠정적 협의기관으로 한다.
2. 총회의 헌법은 개정 이전의 헌법을 사용하되 남북통일 총회가 열릴 때까지 그대로 둔다.
3. 전 교회는 신사참배의 죄과를 통회(痛悔)하고 교직자는 2개월간 근신할 것.
4. 신학교는 연합노회 직영으로 한다.
5. 조국의 기독교화를 목표로 독립기념 전도회를 조직하여 전도 교화 운동을 대대적으로 전개한다.
6. 북한 교회를 대표한 사절단을 파견하여 연합국 사령관에게 감사의 뜻을 표하기로 한다.[3]

기독교와 공산정권의 충돌은 불가피하였다. 당시 기독교의 중심은 남한이 아니라 북한이었다.[4] 김양선이 지적하는 것처럼 북한에서 대부분의 정치, 사회 활동은 기독교를 중심으로 이루어지고 있었기 때문이다.

---

2) 김양선 1956, p.45.
3) 김양선 1956, pp.47-48.
4) Grayson 2006, p.19.

> 북한은 도시와 지방을 막론하고 교회가 중심이 되어 8·15 해방을 맞이하였으며, 지방마다 자발적으로 일어난 자치회라든지 건국준비회라든지 기타의 모든 정당단체에 있어서도 기독교인이 중심이 되어 있었다. 이 사실은 북한에 있어서의 기독교의 위치를 잘 말해주는 것이었다.[5]

당연히 북한에서는 일당독재를 추구하는 공산정권과 기독교의 갈등은 첨예할 수밖에 없었다. 김일성은 기독교 세력이 민주통일전선에 참여해 주기를 바랐으나 기독교 세력은 정당을 만들어 정치세력화하려 하였고 통일전선에 참여하기를 거부하였다. 연합정부를 만들려는 김일성의 구상은 타격을 입게 된다.

---

5) 김양선 1956, p.62.

북한 기독교 정당의 정치세력화 실패

당시 기독교 정당인 기독교사회민주당, 기독교자유당, 그리고 조선민주당은 모두 정치세력화에 실패하게 된다. 기독교 정당의 조직 과정과 실패하게 된 요인에 대해 살펴보자.

기독교사회민주당과 신의주 학생 사건

기독교사회민주당은 1945년 9월 초 신의주 제1교회 윤하영 목사와 제2교회 한경직 목사를 중심으로 평북 기독교인을 기반으로 창당되었다. 민주주의 정부의 수립과 기독교 정신에 입각한 사회 개량을 정강으로 한국 최초의 기독교 정당으로 출현한 것이다. 농민, 노동자, 일반 사회 집단을 끌어들이기 위해 나중에 사회민주당으로 개명하였다.[6]

당시 지방에 있는 교회를 중심으로 지부를 조직하였기 때문에 세력이 강력해지기 시작하자 소련은 함경도로부터 파견된 한인 공산당원들을 동원하여 지방의 불량배들을 매수하고 노동자와 농민을 충동질하여 탄압하기 시작한다. 결국 11월 16일 용암포에서 열린 지부조직대회에서 공산당원들은 경금속 공장 직공들을 충동질하여 위원장 장원봉 집사 이하 모든 간부들을 폭행하게 한다. 장로 1명은 즉

---

6) 사와 마사히코 1992, pp.39-40.

석에서 타살되고 교회당과 당 간부들의 주택은 전부 파괴되었다. 이에 의주시 중·고등학교의 기독교 학생들은 이들의 폭력 행동을 제지하려다가 양측간에 충돌이 일어나 다수의 부상자가 발생한다. 분노한 의주시와 인근의 약 5천 명에 달하는 중·고등학생들은 시위를 벌였고 11월 23일 12시 정각에 공산당 본부와 인민위원회 본부, 그리고 보안서를 습격하기에 이른다. 이들은 행동을 취하기 전 대표 3명을 기독교사회민주당 본부로 보내 시위 계획을 보고하고 수습을 부탁하였다. 당 간부들도 사태의 심각함을 인지하고 곧장 습격 예정지로 달려갔으나 이미 한발 늦었다. 인민위원회 본부에서는 공산당원들이 쏜 기관총탄에 수십 명이 학생들이 일시에 쓰러졌고 보안서 앞과 공산당 본부 앞에서도 수십 명의 학생들이 총에 맞아 쓰러졌다. 시외에서 합류하려 시내로 진입하는 학생들의 행렬에는 공중에서 소련군 비행기가 기총사격을 가하였다. 50명의 사상자와 80명의 검속檢束자를 내고 시위는 일단락되었지만 같은 날 소련군은 계엄령을 내리고 기독교민주당 간부들을 총검거한다.[7] 결국 한경직 목사가 남하하자 해체된다.[8]

기독교자유당

기독교자유당은 1947년 2월 15일 평양 장대현교회에서 시국 간담회가 열리고 결성되었다. 창당 목적은 공산당에 대항하는 친기독교 정당을 표방하는 것이었다. 장로교의 김화식, 김관주 목사, 감리교의 신석구, 송정근, 배덕영이 중심이 되어, 황봉찬, 우경천 등과 함께 고환규 장로를 당수로 하여 1947년 11월 19일 창당하기로 되어

---

7) 김양선 1956, pp.62-64.
8) 사와 마사히코 1992, pp.39-40.

있었으나 하루 전에 40여 명의 교회 지도자들이 투옥되면서 기독교자유당은 실패한다.[9)]

물론 기독교자유당의 창당 시도는 1945년 11월 초로 거슬러 올라간다. 평북 정주에서 김화식, 이유택, 김관주, 황봉조, 우경천 등 장로교 목사들이 모여 기독교자유당 결성을 논의했다. 통일에 대비해 기독교를 널리 전파하기 위해 기독교자유당이 필요하다는 것이었다. 그러나 창당 논의는 중단되고 1947년에 다시 시도했던 것으로 1946년에 장로교는 기독교자유당, 감리교는 기독교민주당의 창당을 생각했으나 1947년에 장로교와 감리교 양파의 지도자들이 기독교자유당을 결성하려고 했던 것이다.[10)]

조선민주당

1945년 11월 3일 조만식에 의해 민주당이 창당되었다. 주로 기독교인, 상인, 이전 지주로 이루어진 정당이었다. 조만식은 민족주의자로 '한국의 간디'로 알려져 있었다. 일본이 항복할 당시 조만식은 평양에 있지 않았고 소식을 접하자 바로 평양으로 돌아왔으며 1945년 8월 17일 평남건국준비위원회를 결성하였다. 일본도 철수를 위해 안전이 필요했기 때문에 암묵적 합의하에 조만식을 인정하였다. 치스티아코프 장군은 조만식에 대해 "대화 중에 조만식은 의자에 앉아 움직이지 않고 자는 것처럼 눈을 감고 있었다"라고 회상하고 가끔 고개를 끄덕였고 말수가 적을수록 권위가 있는 것처럼 보였다고 회상하였다. 소련군은 조만식을 자주 만났고 설득하려 했다. 사실 조만식이 민주당을 창당할 때 소련의 압력으로 조만식의 학생이었던

---

9) 전봉준 2017, pp.239-240; 강석진 2020, p.129.
10) 김명배 2019, p.365.

최용건을 부당수, 김책을 비서장에 임명하였다. 이 두 사람은 김일성과 함께 소련의 88여단에서 함께 게릴라 활동을 했던 사람들이다. 그러나 1945년 12월 모스크바 삼상회의 결과 신탁통치가 결정되면서 1946년 초부터 갈등이 폭발하였던 것이다. 조만식이 신탁통치에 반대했기 때문이다. 1월 초 조만식이 신탁통치를 반대하자 조만식을 포함하여 민족주의자들을 체포하였고 설득하지 못하자 1950년 10월 평양에서 철수할 때 모든 정치범을 스탈린식으로 총살하고 이름이 없는 무덤에 묻었다.[11]

당시 북한에서 공산주의자들은 민족주의자 조만식에 비해 열세에 있었다. 소련의 보고서에 의하면 민주당의 당원은 1946년 5월 초 141,000명으로 공산당 43,000명에 비해 훨씬 많았다.[12] 조만식은 남한 정부와 접촉했고 일본 경찰과 비밀리에 협력했다는 죄명이 씌워져 당수직에서 내쫓겼다. 결국 최용건이 당수를 맡게 되면서 위성정당으로 변질되었다.

기독교 정당 정치세력화의 실패 요인

북한에서의 기독교는 유럽의 공산주의 국가나 중국의 종교들과는 달랐다. 한반도에서는 기독교가 전복된 정권인 일본과 아무런 관계가 없었고 오히려 항일에 적극적이었던 것이 기독교였다.[13] 그럼에도 이런 정당들을 불법화하거나 해산시킨 것은 일당독재에 방해가 되기 때문이었다. 특히 북한의 기독교 세력이 막강하게 뒷받침하고 있는 기독교사회민주당, 기독교자유당을 허용할 수 없었고 조선민

---

11) Lankov 2002, pp.10-24.
12) Lankov 2001, p.106.
13) Salát 2019, p.112.

주당을 위성 정당화하려고 하였다. 소련 군정으로서는 민주민족통일전선에 참여하여 위성 정당의 역할만 하는 정당 이외에는 허용할 수 없었던 것이다.

1945년 북한을 점령한 소련 당국은 조선민주당에 대해 상대적으로 온건한 태도를 취했다. 1945년 12월 27일의 모스크바 삼상회의 이후 소련의 태도가 달라진 것이다. 소련은 조만식으로 하여금 신탁통치를 찬성하도록 압력을 가했으나 1946년 1월 2일 민주당 중앙위원회 전체 회의에서 신탁통치안은 거부되었다. 여기에는 최용건이나 김책은 참여하지 않았다. 1946년 1월 5일 32명의 위원 중 16명은 공산주의자, 16명은 다른 당으로 구성된 인민위원회에서 대립되고 조만식은 신탁통치에 반대하고 인민위원회 의장직에서 사임하였다.[14] 사임 후 조만식은 1946년 1월 초 소련군에 의해 체포되어 처음에는 고려호텔에 감금되었다가 감옥으로 이송되었으며 1950년 10월 중순 다른 구민족주의자들과 함께 총살당했다.[15]

1946년 1월 29일 공동성명이 발표되면서 최용건이 당 대표가 되고 조만식은 배신자로 낙인찍힌다. 1946년 2월 8일 북조선임시인민위원회가 평양에서 발족되었으며 명목상 연합정부였다. 조선민주당의 최용건과 강량욱이 들어가 있었기 때문이다.

---

14) Lankov 2001, p.107.
15) Lankov 2001, p.108.

김일성 정권의 기독교 경제적 기반 소멸

김일성 정권은 해방 초기부터 토지개혁, 국유화, 화폐개혁, 농업 집산화 등 다양한 개혁을 단행한다. 비록 기독교계의 거센 반발이 있었음에도 불구하고 이러한 정책은 성공적으로 이루어지게 되며 결국 기독교의 경제적 기반은 소멸된다.

토지개혁

북한은 북조선임시인민위원회 이름으로 1946년 3월 5일 토지개혁에 관한 법령을 공포하였다. 〈북조선토지개혁령北朝鮮土地改革令〉 1946.3.5. 제1조에 "북조선 토지개혁은 역사적 또는 경제적 필요성으로 된다"라고 규정하여 "토지개혁의 과업은 일본인 토지 소유와 조선인 지주들의 토지 소유 및 소작제를 철폐하고 토지 이용은 경작하는 자에게 있다. 북조선에서의 농업 제도는 지주에게 예속되지 않은 농민의 개인 소유인 농민 경리에 의거된다"라고 규정하였다. 몰수하여 농민에게 소유로 분배하는 토지는 1개 농가에 5정보 이상 소유한 조선인 지주 소유지, 자경하지 않고 전부 소작주는 소유자의 토지였다. 문제는 5정보 이상으로 소유한 성당, 승원 기타 종교단체의 소유지도 포함된 것이다. 지주들의 토지를 몰수하고 농민에게 나누어 준다는 취지였지만 이러한 조처는 종교단체들의 경제적 기반도 박탈한 것이었다.

교회도 당연히 토지 몰수의 대상이었다. 5정보를 초과하는 토지를 소유하고 있는 교회, 사찰 및 여타 종교기관도 모든 토지를 몰수당했다. 단, 교회, 사찰 및 여타 종교기관들이 자신의 힘으로 경작하는 토지 부분은 몰수하지 않는다고 규정하였다.

커밍스Bruce Cumings는 토지개혁이 순조롭게 진행된 이유를 두 가지로 들고 있다.[16]

첫째, 한국 지주들이 월남하였고 일본 지주들도 이미 북한을 떠난지 한참 되었다.

둘째, 북한 지역에서는 황해도와 평안남도가 소작tenancy이 심했지만 북한의 농민들은 이미 소작농small-holder이어서 계급 갈등이 적었다.

1946년의 북조선 토지개혁에 관한 법령 6조는 자기 노력으로 경작하려는 지주들은 "농민과 같은 권리로써 다만 다른 군에서 토지를 가질 수 있다"라고 규정하였다. 이것은 지주들에게도 어느 정도 출구를 마련해준 것으로 보인다.

국유화

1946년 8월에 공포된 국유화도 기독교의 경제적 기반을 싹부터 잘라낸 조처였다. 〈북조선임시인민위원회의 산업, 교통 운수, 체신, 은행 등의 국유화에 관한 법령〉1946.8.10.에서 북조선임시인민위원회는 조선 인민들의 노동력을 착취하고 그들의 부를 탈취하기 위해 일본이 조선 영토에 만들어 놓은 산업기업소, 발전소, 탄광, 광산, 철도 등은 조선 인민들에게 속해야 하며, 북한의 발전과 조선 인민들

---

16) Cumings 1981, p.416.

의 복지를 위해 이용되어야 한다고 주장하며 김일성과 강량욱 명의로 이전에 일본 국가, 일본인, 일본법인, 그리고 조선 인민의 반역자들이 소유했던 모든 산업기업소, 탄광, 광산, 발전소, 철도 및 해상운수, 통신, 상업 및 문화기관, 은행을 무상으로 몰수하고 조선 인민의 재산으로 즉, 국유화할 것을 선언한다고 공포하였다.

화폐개혁

기독교에 가장 타격이 심했던 것은 화폐개혁이었다. 화폐개혁은 〈조선인민위원회 법령제30호〉에 의하여 12월 6일부터 12월 12일까지 7일간 실시되었다. 일제강점기 발행되었던 구조선 은행권과 '붉은군대사령부'가 발행한 소련군 군표가 북조선중앙은행이 발행한 신권과 일대일로 교환하는 것이다. 신권은 1원, 5원, 10원, 100원권 네 종류였다. 화폐개혁의 동기는 민주개혁과 자주적 화폐제도 수립에 있다고 말하고 있으나 신구 화폐의 일대일 교환은 소유 형태에 따라 화폐 교환의 한도에 차별을 두어 상공업자, 종교집단 등의 화폐 자산을 몰수한 조치로 토지개혁, 국유화령 등에 이어 유산계급의 물적 토대를 최종적으로 박탈한 조치라고 할 수 있다. 이번 조치로 종교단체 화폐 교환 비율은 전체 계층별 화폐 교환에서 8%에 그쳤다.[17]

화폐는 12월 3~5일에 철도의 특별열차로, 자동차로, 비행기로 각 지방으로 공급되었고 교환이 개시되는 시점에 25억 7,159만 8,200원이 교환소에 공급되었다. 종교단체, 절, 수도원의 경우 보유 화폐에 대해, 단 1947년도 월 평균 지출액의 50%를 초과하지 않는 범위 내에서 교환을 실시하였다. 1947년 12월 12일까지 교환을 신

---

17) 국사편찬위원회 2006, pp.245-246.

청하지 않은 구화폐 등은 폐기된 것으로 간주하였다.[18]

예측과 실제 교환액은 차이가 있었다. 종교단체, 절, 교회의 경우 실제는 예측의 44.2%에 불과했으며 구화폐의 요구 총액도 실제는 예측의 45.7%에 불과했다. 대체로 기업이나 단체, 종교단체 등이 예측에 비해 지급액, 구화폐의 교환 요구 총액이 적었다.

〈표 12〉 북한 화폐 교환의 예측과 실제(1947년, 단위: 명, 원)

구분	교환소에서의 화폐 교환 인원수		교환소에서의 지급액		등록된 동결계좌와 예금		구화폐의 교환 요구 총액	
	예측	실제	예측	실제	예측	실제	예측	실제
종교단체, 절, 교회	2,393	1,930	12,000,000	5,309,111	30,000,000	13,890,207	42,000,000	19,199,319
계획의 실행도	100%	80.7%	100%	44.2%	100%	46.3%	100%	45.7%

출처: "북조선 화폐개혁의 총결보고," http://waks.aks.ac.kr.

기독교계는 기독교의 경제적 기반을 없애버린 토지개혁, 국유화, 화폐개혁에 대해 강력히 반발하였다. 특히 화폐개혁에 대해 반발이 심했다.

> 최초 3일간 우익 기독교도들의 반발도 매우 적극적으로 이루어졌습니다. 그들이 자행한 반동 행위는 주로 시행되는 시책을 보이콧하라고 호소하는 삐라의 살포, 인민위원회 결정에 대해 논의하기 위한 회합을 무산시키려는 시도, 사적 대화에서의 노골적인 주장 등의 형태로 나타났습니다. […]
> 황해도에서는 기독교 목사들 중 일부가 교회에서 "돈을 바꾸지 마라. 3월에 단일정부가 수립될 것이고, 그때 단일화폐가 발행될 것이다"라고 요구하는 연설을 하였습니다. 같은 도에서 반동분자들의 방해로 인해 1개 촌락에서 농민회합의 개최가 취소되었습니다.[19]

---

18) "북조선 화폐개혁의 준비 및 시행 결과보고서," http://waks.aks.ac.kr.
19) "북조선 화폐개혁의 준비 및 시행 결과보고서," http://waks.aks.ac.kr.

기독교와 우익 세력은 화폐개혁을 거부하자는 호소가 담긴 삐라를 뿌리며 반발했다. 그리고 기독교 목사들은 "화폐를 교환하지 마십시오. 3월에 통일 정부가 수립되면 단일화폐가 만들어질 것입니다"라고 했다. 목사들 중 일부는 화폐개혁에 관한 인민위원회 결정이 적힌 플래카드들을 파손하였다. 목사들은 신도들에게 화폐개혁을 지지하지 말라고 설득하였다.

> 이것은 모두 공산주의자들의 짓입니다. 화폐 교환은 군표를 몰수하고 조선에 적게 지불할 목적으로 소련군사령부의 지시에 따라 시행되고 있습니다. 조선에 통일 정부가 없는 까닭에 돈은 쓸 데가 없습니다. 새 정부가 수립되면 새 화폐도 있을 것입니다.
> […] 재령, 신천, 안악군에서 개신교 목사들이 "천벌을 받을 것"이라고 협박하며 신자들의 화폐 교환을 막으려고 했습니다.[20]

농업집산화

농업집산화를 통해 사회 전체를 통제하는 방향으로 진행되었고 기독교에 부정적 영향을 미쳤다. 1953년 8월 공산정권은 농업집산화를 시작하여 1954~1956년 농업집산화를 거의 마무리했다. 1953년 말 농민의 1.2%가 집산화되었지만 1956년 80.9%, 1957년 96.5%까지 집산화되었다. 1958년 말경에는 북한의 거의 모든 농민이 집산화되었다. 김일성은 집산화collectivization라는 말보다 협동화cooperativization라는 말을 선호했다.[21] 1946년 76%의 농민이 자영농private farmer이었지만 1949~1953년 66~69%가 자영농이었다. 농업집산화로 자영농은 1954년 44%에서 1957년 3%로 줄어들었다.[22] 농

---

20) "북조선 화폐개혁의 총결 보고." http://waks.aks.ac.kr.
21) Schwekendiek 2011, p.133.
22) Schwekendiek 2011, p.123.

업집산화로 기독교 공간이 소멸되었다.

〈표 13〉 농업협동화(1953년 말~1958년 말)

연도	조합 수 (개)	가입 농가 수(호)	총 농가에서 차지하는 비율(%)	조합 경지면적 (만 정)	총 경지에서 차지하는 비율(%)
1953년 말	806	11,879	1.2	1.1	0.6
1954년 말	10,098	332,662	31.8	57.6	30.9
1955년 말	12,132	511,323	49.0	88.5	48.6
1956년 말	15,825	864,837	80.9	139.7	77.9
1957년 말	16,032	1,025,106	95.6	168.4	93.7
1958년 8월	13,309	1,055,015	100	179.1	100
1958년 말	3,843	?	100	?	100

출처: 梶村秀樹(1966).

북한 기독교와 김일성 정권의
대표적 충돌 사례

　북한 기독교와 김일성 정권 간의 충돌은 끊이지 않았다. 대표적인 사례로 1946년 3·1절 기념행사와 1946년 11월 인민위원회 선거를 들 수 있다.

1946년 3·1절 기념행사
　기독교와 김일성 정권의 첫 번째 충돌은 1946년 3월 1일 3·1절 행사였다. 광복 후 처음 맞이하는 3·1절이라 기독교인들은 한껏 마음이 부풀어 있었다. 당시 북조선인민위원회는 평양역 광장에서 행사를 치르려 했다. 그러나 기독교인들은 단독으로 3·1절 기념예배를 드리려 했던 것이다. 북조선임시위원회에서는 교회의 단독 기념행사 금지령을 내렸지만 평양에서는 장대현교회, 의주에서는 동교회東教會에서 성대한 기념행사를 거행하게 되는데 행사장에서 양측의 충돌이 발생하게 된다.

　평양시 교역자회는 2월 21일 서문외西門外교회에 모여 3·1절 기념예배 절차를 결정하였다. 이에 내무서는 25일 평양 시내 교역자들을 마포기념관에 모이게 하고 교회의 단독 행사를 중지하고 정부의 기념행사에 합류할 것을 강요하였다. 교역자들은 3·1절은 기독교인들이 중심으로 일으킨 애국 운동이기 때문에 교회의 기념 예배를 역설하였다. 이로 인해 26일 새벽 평양 시내 교역자 60여 명이 검거되기도 한다. 그럼에도 불구하고 3월 1일 오전 10시 계획대로 신도 약 만명이 장대현교회로 모여들었다. 내무서원은 예배의 중지를 강요하였으나 수천 명 기독교 청년의 호위 하에 기념 예배는 진행되었다. 김길수 목사의 사회에 이어 신탁 없는 독립을 절규하는 황인균 목사의 강연이 끝나고 기도가 시작되었다. 그러나 기도 도중 내무서원이 달려들어 황 목사를 검거하여 밖에 대기하던 자동차에 태웠다. 신도들은 찬송가를 부르며 대항하였고 이에 무장경비대는 실탄 사격을 준비하였으나 소련군정관의 명령으로 중지되었다. 의주교회에서도 평양교회 못지않은 탄압을 받았다. 김석구 목사를 체포하여 '민족 반역자', '미국의 주구' 등의 문구를 적은 팻말을 목에 걸고 시내를 일주하는 모욕을 가하였다.[23]

1946년 11월 인민위원회 선거

기독교와 김일성 정권은 1946년 11월 3일 선거를 둘러싸고 또다시 충돌이 일어난다. 1946년 11월 3일 도·시·군 인민위원회 선거는 기존의 북조선 임시인민위원회를 합법화시켰고 입법기관인 인민회의의 창설에까지 이르게 한 중요한 선거로 평가받는다. 이 선거 실시에 관해서는 1946년 7월 말 모스크바에서 김일성과 박헌영이 스탈린과의 면담에서 구체화되었고 9월 5일 북조선 임시인민위원회 제2차 확대위원회에서 채택되었다. 후보는 '북조선민주주의민족통일전선'에서 공동후보를 추천하되 선거구마다 입후보자를 2명 혹은 1명으로 제한하는 조치로 일부 지역을 제외하고는 대부분 선거구에

---

23) 김양선 1956, pp.66–67.

서 아예 유일 후보가 추천되었다.[24] 선거 방법은 한 후보자에 백색, 흑색 투표함 두 개를 놓고 백색 투표함에는 찬성표, 흑색 투표함에는 반대표를 넣는 방식이었다.

문제는 1946년 11월 3일은 주일날로 기독교계가 주일날 선거를 반대하게 된 것이다. 그러나 김일성은 오히려 선거 참여를 적극 독려하였다.

> 지금 일부 기독교인들 속에는 남조선의 미군정과 그 앞잡이들에게 일정한 기대를 가지는 경향이 있다고 볼 수 있는데 우리는 그것이 이번 선거 사업에 크게 정치적 후과를 미치리라고 보지 않습니다. 그것은 기독교인들도 다 같은 조선 사람으로서 참말로 조선을 사랑하고 나라의 자주독립을 원한다면 우리 민족의 력사에서 커다란 의의를 가지는 선거 사업에 적극적으로 참가할 것이라고 믿기 때문입니다(1946년 10월 10일 김일성의 "신문 ≪민주조선≫ 기자가 제기한 질문에 대한 대답").[25]

주일날 선거 시행과 관련해 5도연합노회는 1946년 10월 20일 5개조의 결의문을 채택하고 임시인민위원회에 전달하였다. 일요일에는 예배 이외의 어떠한 행사도 참가하지 않는다. 교회는 예배 이외의 어떤 목적으로도 사용할 수 없다는 내용이었다.

> **결의문**
> 북한의 2천 교회와 30만 기독교도들은 신앙의 수호와 교회의 발전을 위하여 다음 5조항의 교회 행정의 원칙과 신앙생활의 규범을 결정 실시 중에 있사온 바 자(玆)에 귀 위원회의 적극적인 협조를 바라 마지않는 바입니다.
> 첫째, 성수 주일을 생명으로 하는 교회에서는 주일에는 예배 이외에 어떠한 행사에도 참가하지 않는다.

---

24) 조성훈 1999, pp.439-450.
25) 『김일성 저작집 2(1946.1-1946.12)』, pp.488-490.

> 둘째, 정치와 종교는 이를 엄격히 구분한다.
> 셋째, 교회당의 신성을 확보하는 것은 교회의 당연한 의무요 권리이다. 예배당은 예배 이외에는 여하한 경우도 이를 사용함을 금지한다.
> 넷째, 현직 교직자로서 정계에 종사할 경우에는 교직을 사면해야 한다.
> 다섯째, 교회는 신앙과 집회의 자유를 확보한다.[26]

기독교 지도자들은 1946년 10월 25일 소련 군정을 방문하여 면담하였다. 그러나 로마넨코 소장은 이야기하는 것을 거부하고 선거는 인민위원회의 일이라고 말하며 회피하였다. 로마넨코의 보고에 의하면 개신교 목사들이 1946년 10월 25일 로마넨코를 찾아와 다음과 같은 결정이 채택되었다고 알려왔다.

> 1. 교회를 국가로부터 분리하라.
> 2. 신자들은 정치활동과 시위에 참가하지 않는다.
> 3. 학교에서 반종교 학습을 실시하지 마라.
> 4. 선거일을 변경하거나 투표를 4일로 연기하라.[27]

1946년 10월 26일에는 개신교 대표 8명과 김일성과의 면담이 있었다. 이 자리에서 개신교 대표들은 선거일이 주일날이라며 항의했고 이에 대해 김일성은 민주개혁을 방해하지 말고 선거에 참여하도록 경고했다. 『쉬띄꼬프 일기』는 다음과 같이 적고 있다.

> 오전 9시에 개신교회의 대표 8명이 김일성을 방문했다. 그들은 인민위원회가 항상 기독교 신자들을 전혀 고려하지 않고 개신교회의 종교적인 제일(祭日)인 일요일에 자신의 정치적 행사를 치르고 있다고 말했다. 그들은 11월 3일의 인민위원회 선거일을 실례로 들었다. 그들은 기독교 신

---

26) 김양선 1956, p.68.
27) 『쉬띄꼬프 일기』, p.32.

자들은 일요일을 마땅히 하나님께 바쳐야 한다고 말한다. 김일성은 목사들을 다음과 같이 질책했다.

> 종교는 민주개혁 사업에 방해가 되어서는 결코 안 된다. 우리 북조선에는 신자들도 많을뿐더러 종교들도 많다. 그러나 개신교 신자들을 제외하고는 어느 누구도 민주개혁 사업을 방해하지 않는다. 김일성은 목사들을 엄중히 꾸짖고 그들이 투표에 신자들의 참여를 보장할 조치를 취하도록 경고했다.[28]

로마넨코 소장의 1946년 10월 30일 및 31일 보고에 따르면 선거 반대 전단들이 배포되는 곳이 있고 목사들이 전술을 수정하여 투표는 하되 투표용지를 모두 검정색 투표함에 넣을 계획이다. 게다가 서울에서 온 목사를 체포하여 경찰서에 억류했는데 그는 선거를 파탄시키라는 지령을 하달한 사실을 시인했다.[29] 그러나 결국 선거는 큰 무리 없이 진행되었다.

김일성은 1946년 11월 25일 〈민주선거의 총화와 인민위원회의 당면 과업〉이라는 북조선림시인민위원회 제3차 확대위원회에서 한 연설에서 선거 방해와 '흑함운동'을 비판했다. 김일성은 민주주의 민족통일전선을 공격하는 반동분자들은 가장 믿음성이 있다고 생각한 타락한 일부 기독교 목사들을 간첩으로 들여보냈다고 하면서 기독교 목사들이 반동분자들에 이용당하고 있다고 말한다.

> 반동분자들은 또한 가장 비렬한 수단으로 여러 정당들 사이에 리간을 조성하여 민주주의 민족통일 전선을 마스려고 하였습니다. 그들은 《공동 후보는 필요 없다. 자유경쟁이라야 정말 민주주의 선거다.》,《선거 결과는 모모 당이 독판치게 한다.》,《모모 당은 이번에 세력을 잡지 못하면 사멸이다.》라고 하면서 온갖 중상과 비방을 다하여 민주주의 민족통일 전선을 마스고 이번 선거를 파탄시키려고 날뛰였습니다.

---

28) 『쉬띄꼬프 일기』, pp.33-34.
29) 『쉬띄꼬프 일기』, pp.35-36.

그리고 반동분자들은 생활이 넉넉치 못한 로동자들을 매수하여 보려고 하였으며 학생들을 추겨서 선거 사업을 파탄시키려고 하였습니다. 심지어 《토지를 도로 찾아준다.》는 엉터리없는 거짓말로써 이전 지주들을 충동하여 보려고도 하였습니다. 반동분자들은 가장 믿음성이 있다고 생각한 타락한 일부 기독교 목사들을 간첩으로 들여보내여 선량한 교인들을 끌어내 보려고 모든 책동을 다 하였던 것입니다.

반동분자들은 마지막으로 이른바 《흑함운동》을 일으켰습니다. 다시 말하여 선거에는 참가하되 검은 통에 넣으라는 것입니다. 신의주 같은 곳에서는 반동분자들이 뒤골목으로 숨어 다니면서 부인들을 붙잡고 립후보를 찬성하면 검은 통에 넣으라고 기만 선동을 하였습니다(1946년 11월 25일 김일성의 북조선림시인민위원회 제3차 확대위원회에서 한 연설 "민주선거의 총화와 인민위원회의 당면 과업").[30]

---

30) 『김일성 저작집 2(1946.1–1946.12)』, pp.547–548.

김일성 정권의 기독교 장악

북한식 종교정책 - 신앙 자유 보장, 종교 자유 불허

김일성은 기독교적인 집안에서 자랐지만 종교를 아편으로 생각하는 사회주의 사이에서 갈등이 있었을 것이다. 결국 어머니 강반석을 기념하기 위해 나중에 칠골교회를 복원했다고 볼 수 있다. 김일성이 북한에서 권력자가 됨에 따라 김일성의 기독교에 대한 태도도 중요할 수밖에 없다. 김일성 정권의 기독교에 대한 태도는 1948년 3월 23일 방송 연설을 통해 발표한 〈20개조 정강〉이 말해주고 있다. 제3항에서 "전체 인민에게 언론, 출판, 집회 및 신앙의 자유를 조장할 것"이라고 밝히고 제5항에서 "전체 공민들에게 성별, 신앙 및 재산의 유무를 불문하고 정치, 경제생활에서 동등한 권리를 보장할 것"이라고 밝혔다.[31]

1948년 9월 8일 채택된 북조선 헌법 제14조에는 "공민은 신앙 및 종교의식 거행의 자유를 갖는다"라고 규정하였다. 따라서 신앙의 자유를 보장하였지만 종교의 자유를 허용한 것은 아니라는 비판도 있다. 내면적 신앙 및 교회당에서의 종교의식 거행의 자유는 인정되지만 밖에서의 전도 및 선교 활동은 이 보장에는 없는 것으로 확인된다.[32]

---

31) 『김일성 선집 1』, pp.54-57.
32) 김흥수 1992, p.21.

1950년 5월 5일 자로 공표된 북한 형법 제257조에는 "종교단체에 기부를 강요한 자는 2년 이하의 징역에 처한다", 제258조에는 "종교단체에서 행정적 행위를 한 자는 1년 이하의 교화 노동에 처한다"라고 규정함으로써 종교행사 자체를 금지시켰다.[33]

사실 대부분의 사회주의국가들에서 종교는 마약처럼 간주되어 기독교가 설 자리가 없었던 것이 일반적이었다. 특히 통일전선에 참여하여 사회주의 정권에 협조하였든 하지 않았든 간에 사회주의 체제가 농업집산화 등을 추구함에 따라 기독교인들은 핍박을 받았다고 할 수 있다.

서울 주재 중화민국 총영사로 있던 류위완劉馭萬은 1947년 8월 13일 난징 정부의 외교부 제3차장에 북한 기독교 박해 상황을 담은 전보문을 보낸다. 북한에서 천주교와 달리 기독교에 대한 박해가 갈수록 심해지고 있다는 내용이다. 이 전보문에서는 다음과 같이 기술하였다.

> 북한 기독교는 온갖 고통을 겪고 있습니다. 천주교는 비교적 괜찮습니다. 그나마 남은 목숨을 겨우 부지하고 있습니다. 장로교회 신도들은 완고합니다. 갈수록 박해가 심합니다. 북한에는 30만 명에 달하는 장로교회 신도들이 있습니다. 이들은 문화 수준이 비교적 높습니다. 적화에 저항하는 의지도 강합니다. 한반도 민주전선 중에서 가장 희망적인 사람들이라고 인정됩니다. 이들을 급히 구원해야 합니다.[34]

북조선기독교도연맹의 출현과 정착

3·1절 이후 북한 정권은 중요한 행사는 반드시 주일에 거행하여 기독교인의 참석을 강요하고 교회당에서의 정치 강연을 강행하는 등

---
33) 김병로 2002, p.10.
34) 韓國情報 第43號 電文, 臺灣中央硏究院近代史硏究所.

조치만으로 미흡하다고 판단하고 기독교도연맹을 출현시킨 것이다.

북조선기독교도연맹은 김일성이 주도하여 강량욱을 지목하여 만들어진 사회단체였다. 1946년 10월 26일 김일성은 기독교 목사 10명을 소집해서 선거에 기독교 신자들의 참여를 보장할 계획을 세우도록 촉구했다. 목사들은 강량욱을 의장으로 하여 5명으로 구성된 기독교분리파위원회를 조직했다.[35]

일단 신앙심이 두텁지 못한 교인들을 매수하여 그들에게 교권을 부여함으로써 이들 교회에 내분을 일으켜 자멸시키는 것이다. 곽희정, 이웅, 신영철, 심익현, 라시산, 배덕영, 김치근 등을 중심으로 결성하였으나 평양 시내 교역자들이 별로 참가하지 않는 바람에 한독당韓獨黨 사건으로 신변의 위험을 느낀 황해도 인민위원회 중요 직에 있는 전 목사 김응순과 전 중국 산동 선교사였던 박상순과 전 원로 목사 김익두를 끌어들여 박상순을 위원장으로 추대하여 권위를 세운다.[36]

이북5도연합노회가 1946년 11월 3일 선거와 관련해 주일날 선거를 반대했지만 강량욱 등은 주일날 선거를 지지하는 성명을 냈다.

 1. 우리들은 김일성 정권을 절대 지지한다.
 2. 우리들은 이남 정권을 인정하지 않는다.
 3. 교회는 민주의 지도자가 되는 것을 공약한다.
 4. 그러므로 교회는 선거에 솔선 참가한다.[37]

이후 1946년 11월 28일 강량욱 목사가 주도하여 북조선기독교도

---

35) 『쉬띄꼬프 일기』, pp.33-34.
36) 김양선 1956, p.69.
37) 김기달 1993, p.40.

연맹이 조직되었고, 1974년 조선기독교도연맹, 1999년 조선그리스도교연맹으로 개칭된다.

북조선기독교도연맹은 위원장 강량욱, 부위원장 김치근, 김응순, 배덕영으로 하였고 상무위원으로 강량욱, 김치근, 김응순, 이성희, 송정근, 홍기황 외 4명으로 하고 다음과 같은 강령을 채택하였다.

1. 기독교의 박애적 원칙에 기초하여 인민의 애국열을 환기하며 조선의 완전한 독립을 위하여 건국 사업에 일치 협력할 것.
2. 민주조선 건국에 해독인 죄악과 항쟁하고 도의 건설을 위하여 분투할 것.
3. 언론, 출판, 집회, 결사와 신교(信敎)의 자유를 보장하기 위하여 진력할 것.
4. 기독교의 발전을 위하여 매진할 것.[38]

강량욱이 김일성의 인척이라는 측면도 있지만 기독교 세력 간에 서로 다른 영향력을 가지고 있기 때문인 점도 있었다. 함경도의 교회는 황해도와 평안도의 교회와 차이가 있었다. 사와 마사히코澤正彥는 황해도와 평안도의 교회는 평양신학교를 중심으로 철저한 미국적 보수주의의 영향 아래 있었던 데 반해 함경도는 조선신학교 계통 및 캐나다 선교부의 영향 아래 있었기 때문이며, 이외에도 황해도와 평안도 사람들은 열광적이고 단결심이 강한데 반해 함경도 사람들은 냉정하고 이지적이며 개인주의 성향이 강하다는 점을 들었다.[39]

북조선기독교도연맹이 순조롭게 정착한 것은 북한 내 민주 진영 대숙청과 공산정권에 반대하는 세력들이 대거 남하했기 때문이라고 볼 수 있다.

---

38) 변진홍 1988, p.445.
39) 사와 마사히코 1992, p.33.

민주 진영 대숙청

이 시기 특히 정치 탄압이 심했다. 정치 탄압의 경우 1948년 안보국이 1,248건에 2,734명을 조사하였고 1949년 전반기에 665건에 2,781명을 조사하였다. 이 중 622명이 테러, 356명이 간첩 행위, 212명이 전향, 11명이 사보타지, 221명이 정부 전복, 66명이 반역, 1,133명이 적대적 선동이었다. 헝가리에서도 2,166명이라는 비슷한 수치의 사람들이 1951년 1월에서 1953년 6월까지 체포되었는데 정치범죄로 체포된 사람이 헝가리보다 3.5배 더 많았다.[40]

대표적인 기독교 인사들로 5도연합노회의 회장 김진수 목사를 비롯하여 중요 간부인 김인준, 김철훈, 이유택, 허천기, 김길수 목사 등도 투옥된다.[41] 김화식은 1947년 11월 체포당하여 얼마 후 순교하고, 평양신학교 교장이던 김인준은 1947년, 김철훈은 1948년, 이유택도 1949년에 순교한다.[42]

〈표 14〉 6·25 전쟁 전후 기독교 피해 상황

	장로교	감리교	성결교	구세군
희생된 교역자	약 300명 (남 40, 북 260)	약 80명 (남 30, 북 50)	약 20명	8명
전소(全燒)된 교회당	약 1,113개 (남 113, 북 약 1,000)	약 200개 (남 84, 북 120)	약 60개 (남 27, 북 30)	-
반소(半燒)된 교회당	428개	155개	79개	4개

출처: 김양선(1956).

1945년 10월부터 1947년 12월 사이에 북한에서 남한으로 넘어온 사람은 약 86만 명이었다. 전체 남한 인구의 5.4%를 차지하였다. 가

---

40) Szalontai 2021, p.17.
41) 김양선 1956, p.70.
42) 민경배 1993, p.516.

장 많이 남한에 유입된 인구로는 일본 약 110만 명이었고 다음에 북한 약 86만 명에 이어 만주로부터 약 30만 명이 유입하였다.

〈표 15〉 남한으로의 인구 유입(1945년 10월~1947년 12월)

유입 원천	북한	만주	일본	중국	기타
유입자(returnee) 수(명)	859,930	304,391	1,110,972	71,611	33,917
남한 인구에서 차지하는 비율(%)	5.4	1.9	7.0	0.5	0.2

출처: Cumings(1981).

이 중 기독교인은 대략 3~10만 명으로 추정된다. 장금현은 1947년 8월경까지 월남한 기독교인은 3~5만 명 정도였다고 평가하였다.[43]

그러면 북한에는 어느 정도의 기독교인들이 남아 있었는지 살펴보자. 『조선중앙년감 1950』에서 당시의 기독교 상황을 언급하고 있다. 기독교 교회 수 2,000개에 신도 약 20만 명이다. 아마 이것이 1950년 가장 공식적인 통계일 것으로 보인다.

> 기독교는 구교 신교가 있는데 구교에는 천주교(카롤릭)와 성공회(영국 정교) 두 가지 종파가 있으며 신교(更正教)에는 장로교, 감리교, 성결교, 안식교, 구세군 등의 각 종파가 있고 장로교에는 해방 후 다시 소위 재건파, 혁신복구파라고 하는 두 파가 파생하였다. 현재 북반부 기독교 각 파 중에서 제일 큰 세력을 가지고 있는 것은 장로교이며 구세군은 극소수이다.
>
> 그리고 북반부에 기독교 교회 수는 약 2,000을 산(算)하며 교도는 신교만 약 20만 명에 달한다. 신교에서 현재 장로 수는 2,142명이며 목사 수는 410명, 전도사 수는 498명이다. 북조선 기독교도들은 자기들의 단체로서 북조선기독교도련맹을 가지고 있다.[44]

---

43) 장금현 2018, p.110.
44) 『조선중앙년감 1950』, p.365.

기독교신학교 설립

북한 정권은 평양신학교를 눈에 든 가시로 여겼다. 드디어 이북 5도연합노회를 중심으로 운영되던 평양신학교를 폐쇄하는 작업에 착수한다. 장로교 신학교인 평양신학교와 감리교 신학교인 성화신학교를 강제로 통폐합하여 북조선기독교도연맹 산하의 기독교신학교를 설립한다. 당시 장로교 신학교인 평양신학교에 등록한 학생 수는 600여 명이었다. 1946년 9월 창립된 성화신학교에도 600여 명의 학생들이 등록되어 있었다. 김일성은 이 두 개 신학교의 학생 수를 각각 60명으로 줄이고 1950년 3월 두 학교를 통합하여 기독교신학교를 만들었다.[45]

기독교신학교의 교장은 당시 평양신학교 교장이던 이성휘 목사가, 부교장은 당시 성화신학교의 이사장인 송정근 목사가 맡았다. 교수로는 장로교회 최지화 목사, 감리교회 박대선 목사를 임명하였다. 그러나 학교의 실권은 북조선기독교도연맹 소속의 김응순 목사가 갖고 있었다. 얼마 지나지 않아 북한 정권은 김응순 목사를 교장 자리에 앉힌다. 6월 25일 새벽 이성휘 교수는 반동분자로 몰려 정치보위부에 연행되며, 평양 탈환 직전 우익인사 대학살 시 순교한 것으로 추정된다. 어용 신학교였던 기독신학교는 1950년 7월 5일 첫 졸업생을 배출하고 문을 닫는다. 첫 졸업생으로 노재남, 안병무, 장승찬, 최용문 등이 있다.[46]

---

45) 민경배 1993, p.516.
46) 하경택 2009.

제**4**장

한국전쟁 이후 북한 기독교

시대 구분에 대한 고민
한국전쟁 이후 ~ 1970년대 초: 기독교의 동면기
1970년대 초 ~ 1980년대: 기독교의 소생기
1990년대 ~ 현재: 기독교의 요동기

시대 구분에 대한 고민

필자는 북한 기독교의 변화를 어떤 식으로 쓰면 한눈에 알아보기 쉬울까 하고 고민을 많이 하였다. 시간의 변화에 따른 연대로 시대 구분을 할 것인지, 아니면 김일성, 김정일, 김정은의 3대 세습에 따른 권력자의 정권 교체로 시대를 구분할지, 아니면 분단 후 최초의 1972년 7·4 남북공동 발표 등 굵직한 공식 행사의 개최로 북한 종교 단체의 활동이 언론에 등장한 것으로 구분할지, 아니면 1987년 착공에 들어가서 1988년 봉수교회의 설립으로 북한에 첫 공식적인 종교 시설이 등장함으로써 제도 안에서 기독교의 허용으로 설명할지, 또 아니면 그동안 여러 번 개정된 헌법에서 종교 관련 문항의 변화 또는 종교 관련 용어의 사전적 해석 변화에 따라 구분해야 할지 고민이 많았다.

역사적으로 종교 문제에는 정치 지도자들의 입김이 결정적으로 작용해 온 것을 볼 수 있다. 16세기부터 잘 알려진 '종교원칙principle of cuius regio eius religio'이 바로 그 예이다. 신교와 구교 간에 갈등이 심해졌을 때인 1555년 아우스부르크에서 종교회의가 열리고 신·구교의 선택은 자유이지만 거주 지역의 왕이 선택한 종교를 가져야 한다는 것이다.[1]

---

1) Simons and Westerlund 2015, p.210.

그동안 북한에서도 마찬가지로 권력자가 종교를 좌지우지하여 왔다. 유물론적 사고방식의 사회주의 체제를 줄곧 고수하고 있는 북한은 종교에 대해 배타적인 원칙을 고수하여 왔던 것이다. 종교 자유라고 대외적으로 표방하고는 있지만 국제 정세의 변화에 따라 종교에 대해 고삐를 조였다 풀었다 하면서 체제 안정에 종교를 이용해 왔을 뿐이다. 이는 한국전쟁 이후 북한의 종교정책이 큰 틀에서 변화가 없었고 다만 국제 종교기구와의 교류와 기독교인들 간의 교류가 활성기와 휴면기를 반복한 데서 잘 나타난다.

그동안 북한 기독교를 연구하는 많은 학자들은 북한 기독교의 변화를 시대 구분으로 해석해 왔다. 그러나 김흥수·류대영이 지적하는 것처럼 "북한의 종교정책은 단 한 번도 공개적으로 천명된 바 없음"을 알 수 있고 북한 정권의 종교정책 시행은 역사 해석의 문제로 귀결될 수밖에 없다.[2]

그러나 북한 기독교의 변화를 한눈에 알아보기 쉽게 설명하려면 시대를 구분할 수밖에 없는 아이러니한 상황이기도 하다. 그래서 필자도 나름대로 북한 기독교의 변화를 시대 구분으로 설명하고자 한다. 한국전쟁 이후 기독교의 변화를 대체로 3단계로 나누려고 한다. 즉, 한국전쟁 이후~1970년대 초, 1970년대 초~1980년대, 1990년대~현재로 크게 세 개 기간으로 시대를 구분하여 설명하고자 한다.

---

[2] 김흥수·류대영 2002b, pp.53-54.

한국전쟁 이후 ~ 1970년대 초: 기독교의 동면기

종교인을 적대계층으로 분류한 성분제의 도입

북한은 1950년대 전후 체제의 안정을 도모하기 위해 본격적으로 사회주의 제도개혁을 단행하게 된다. 안정적인 체제 구축을 위해서 주민들의 사상을 통제할 수 있는 기반을 마련하는 것은 아주 중요한 작업이기 때문이다.

〈표 16〉 주민성분 조사사업 및 주민통제 조치

구분	시기	내용
중앙당 집중지도사업	1958.12 ~ 1960.12	불순분자 색출 처단 및 산간벽지 강제 이주
주민재등록사업	1966.4 ~ 1967.3	100만 적위대의 사상결속을 위한 주민성분 분류 (직계 3대·처가·외가 6촌까지 내사)
3계층 51개 부류 구분사업	1967.4 ~ 1970.6	주민재등록사업 결과를 토대로 전 주민을 핵심계층, 동요계층, 적대계층으로 구분, 이를 다시 세분하여 51개 부류로 구분

출처: 『북한 개요 2000』

『조선중앙년감 1950』에 따르면 당시 기독교 교회 수 2,000개에 신도 약 20만 명이었다. 그러나 주민성분 조사의 첫 번째 시기인 1958~1960년 당중앙상무위원회가 종교인과 그 가족을 분류할 때 종교인 가족 약 10만 가구, 종교인 수 약 45만 명으로 집계하였다.[3] 북한 정권이 실시한 세 번의 주민성분 조사사업이 기나긴 10여 년이 걸려 완성된 1970년에는 51개의 하위 성분 체제가 만들어졌다. 기독교 신자 등 종교인들은 적대계급으로 분류되었다.

통일부가 『북한 개요 2000』에서 1970년 당시 북한의 주민 재등록 사업 결과를 토대로 분류한 북한의 성분 분류 및 대우는 다음과 같다.

〈표 17〉 북한에서의 과거 성분 분류

계층	부류	대우
핵심계층	노동자, 고농(머슴), 빈농, 사무원, 노동당원, 혁명유가족, 애국열사유가족, 8·15 이후 양성된 인테리, 6·25 피살자 가족, 전사자 가족, 후방가족, 영예군인 등	- 당·정·군 간부 등용 - 타 계층과 분리 특혜 조치(진학, 승진, 배급, 거주, 진료 등에서 특혜 조치)
동요계층	소·중상인, 수공업인, 소공장주, 하층 접객업자, 중산층 접객업자, 월남자 가족(제2, 3부류), 중농, 민족자본가, 중국귀환민, 일본귀환민, 8·15 이전 양성된 인테리, 안일·부화·방탕한 자, 접대부 및 미신숭배자, 유학자 및 지방유지, 경제사범 등	- 각종 하급간부 및 기술자 진출 - 극소수 핵심계층으로 승격
적대계층	8·15 이후 전락노동자, 부농, 지주, 친일·친미주의자, 반동관료배, 천도교 청우당원, 입북자, 기독교 신자, 불교 신자, 천주교 신자, 출당자, (철직자), 적기관 복무자, 체포·투옥자 가족, 간첩 관계자, 반당·반혁명 종파분자, 처단자 가족, 출소자, 정치범, 민주당원, 자본가, 월남자 가족(제1부류) 등	- 유해, 중노동에 종사 - 입학, 진학, 입당 봉쇄 탄압 - 제재·감시·포섭 대상으로 분류 • 제재: 강제 이주 격리수용 • 감시: 지정하여 항시 동태 감시 • 포섭: 집중적 교양 - 극소수 기본계층으로 재분류(자녀)

출처: 『북한 개요 2000』

성분제와 관련해 사실상 북한에서는 이미 노동자 국가가 되어 있어서 그렇게까지 필요는 없었다. 1953년 노동자가 공청단의 120만 명 중 10%를 차지했고 농민이 56%, 지식인 7%, 피고용인 14%, 상

---

3) 조은식 2014, p.262.

〈표 18〉 1956년 선거에서 직종별 당 후보 추천

직종별 \ 후보(명)	도, 특별시 수준 1,009명 추천	비율 (%)	시, 군 수준 9,346명 추천	비율 (%)	면, 리 수준 54,284명 추천	비율 (%)
노동자	273	27.1	2,140	23.2	2,119	3.9
사무직 노동자	253	25.1	2,449	26.6	12,788	23.6
농업 협동농장원	286	28.3	3,362	36.5	32,316	59.5
수산협동조합원	15	1.5	68	0.7	278	0.5
종교전문가	36	3.6	133	1.4	183	0.3
무소속 전문가	60	5.9	505	5.5	1,606	3.0
개인농	31	3.1	354	3.8	4,396	8.1
기업가 및 상인 기업가	28	2.8	197	2.1	200	0.4
기타	27	2.7	38	0.4	398	0.7
합계	1,009	100	9,208	100	54,284	100

출처: Scalapino and Lee(1972).

인 0.09%를 차지했다. 소련은 1928~1931년 소련의 문화혁명을 감행하기 위해 1920년대 만든 사회계급이었다. 이에 반해 북한에서는 이미 농업의 완전 집산화와 중소사유기업의 완전 국유화를 한 이후에 계급 체계가 이루어진 것이다. 따라서 사회 전환을 위해서라기보다 구조적 불평등 체제를 영속화시키려는 기능이었다. 문제는 성분에 대해 개인은 자기 성분을 모르고 경찰이 보유하고 있다는 것이다. 아울러 국가가 북한의 자치조직에 유사한 기구를 만드는 데 개인 성분이나 하위체계를 허용하지 않으며 요구하지도 않는다는 것이다.[4] 따라서 이것은 체제의 안정을 기하고 반체제를 억제하기 위해 권력기관이 언제라도 정보를 사용하게 하는 기초 자료를 만든 것이라고 할 수 있다. 반정부 활동을 하거나 모의하지 않으면 사용되지 않고 고급관료가 되는 데 기초 자료로 활용될 수 있는 것이다.

---

4) Szalontai 2021, p.27.

1950년대 초기 성분 분리 작업 이전 상황을 보면 종교인들도 도, 시, 군, 면, 리의 선거에서 추천되었다. 1956년 가을 선거에서 조선로동당이 추천한 후보들의 사회적 성분을 보면 종교인이 도와 특별시는 1.6%, 시군은 1.4%, 면, 리는 0.3%를 차지하였다.

물론 종교인들이 당에 의해 선출직에 추천되거나 종교인들이 정부의 직책을 맡는 것은 종교의 활동이 자유롭게 이루어지는 것과는 다를 수 있다. 그럼에도 불구하고 종교인들이 당에 의해 선출직에 추천되었다는 사실은 전후 초기 단계에 종교 말살은 추구하지 않았다고 볼 수 있다. 결과적으로 먹고 살게는 해주는 겉으로는 종교인의 정치 참여를 보여주고 회유하면서도 실제적으로는 종교 활동이 억제되었던 것이다.

서적, 영화 등 매체를 이용한 반종교 선전

이 시기 반종교 선전 계몽 사업의 일환으로 반종교 선전 서적, 잡지, 영화 등이 대량 출판, 상영된다. 대표적인 서적으로는 정하철의 『우리는 왜 종교를 반대하는가』, 김희일의 『인민의 아편』, 로재선의 『종교는 인민의 아편이다』, 〈근로자〉 잡지, 그리고 영화 '최학신의 일가' 등이 있다.

사실 주체사상이 등장하기 전까지 종교에 대한 북한의 기독교 비판은 근본적으로 전통적 맑스-레닌주의에 입각해서 이루어졌다. '종교는 반동적이고 비과학적인 세계관' 또는 '종교는 아편'이라는 것이었다.

흔히 북한의 종교정책에 관해 이야기할 때 자주 인용되는 책은 1950년대의 가장 대표적인 종교비판서인 정하철의 『우리는 왜 종교를 반대하는가』였다. 기본적인 입장은 '종교는 과학과 진보의 적'이며 '인민이 사회주의·공산주의 건설을 위한 자각적이고 의식적인 투쟁을 방해하는 장애물'로 종교를 인식하고 있다. 종교의 발생 원인을 원시 시대의 자연재해와 현대 시대의 계급 착취로 보고 있다.

첫째, 자연재해들을 '하나님의 조화'나 '귀신의 장난'으로 믿어왔고 착취계급의 가혹한 착취와 압박에 따른 사회적 고통이나 불행을 '하느님이 주는 벌'이나 '타고난 팔자'로 믿어왔다는 것이다. 결국 종교는 초자연적인 힘에 대한 믿음이며 힘에 대한 숭배라고 보았다. 또한 최초의 종교적 관념은 8~10만 년 전에 나타났고 원시 시대에는 열매를 따 먹거나 짐승과 물고기를 잡아먹었지만 굶주렸고 질병, 홍수, 산불, 지진, 천둥, 우레, 폭풍우에 공포와 불안을 가졌으며 이러한 공포로 인해 자연현상을 일으키고 지배하는 '신' 또는 '하나님'이 있다는 환상을 가지게 되었다는 것이다.

둘째, 계급사회 역시 종교가 발생하는 원인이었다는 것이다. 지배계급의 압박과 착취에 대해 싸우기도 했지만 번번이 실패함에 따라 불행과 곤궁한 처지를 하소연하고 의지할 곳이 없어 '하늘을 우러러 보며 거기에다 자기를 구제해 줄 힘이 있을까'라는 환상을 가지게 되었다는 것이다.

따라서 종교는 현실 생활에 무관심과 현실 도피적인 사상을 심어 주고 내세에서 영원한 행복을 누리기 위해서는 현세에서 불행과 고통을 참고 복종해야 한다는 것을 설교한다는 것이다. 이것은 지배자들이 근로자들을 온건한 '종'으로 만드는 데 목적이 있다고 보고 있다.[5]

영화로는 '최학신의 일가'를 예로 들 수 있다. 최학신 목사의 실화를 바탕으로 만들었다고 하는데 목사의 일가족은 기독교 신앙을 지

---

5) 정하철 1959, pp.344-360.

키기 위해 끝까지 미국 사람들을 신뢰하려 하였으나 미국의 야만적 행동을 경험하게 되면서 반미주의 투쟁에 나서는 내용으로 되어 있다. 즉, '미국=기독교'라는 등식을 설정하고 반미주의를 통해 반기독교, 반종교적 정서를 강화하고자 하는 것이라고 할 수 있다.[6]

5·25교시 - 북한식 분서갱유

5·25교시는 1967년 5월 25일, 조선노동당 당 사상사업 담당자들 앞에서 한 연설이다. 북한의 지식인들을 비판함으로써 지식인들의 입을 막는 대표적 사건이었다. 김일성은 교조주의와 사대주의를 모두 비판하였다.

> 최근 당대표자회 문헌을 연구하는 과정에서 일부 학자들과 사상사업을 담당한 일군들 속에서 과도기와 프로레타리아 독재 문제에 대하여 구구한 의견들이 나왔습니다. 특히 이러한 문제들을 취급한 론문이 나오자 더욱 의견들이 분분하여 졌습니다. 그래서 나는 이 문제와 관련한 자료들도 연구하고 또 학자들과 의견도 교환하여 보고 간단한 결론을 주었는데 들은 동무들이 제각기 자기류로 해석해서 전달하다 보니 많은 점들이 외곡되게 되였습니다. 론의되고 있는 문제가 당대표자회 문헌과 관련된 매우 중요한 문제인 것만큼 결코 이것을 소홀히 할 수 없기 때문에 나는 오늘 이에 대해서 좀 자세히 말하려고 합니다("자본주의로부터 사회주의에로의 과도기와 프로레타리아 독재 문제에 대하여," 1967년 5월 25일 당사상사업부문 일군들 앞에서 한 연설).[7]

김일성은 중국식의 하방下方 즉, 지식인들을 지방에 내려보내 혁명의식을 심으려는 것이 별 효과가 없다고 보고 당 조직 강화를 제시하였다.

---

6) 김병로 2002, pp.32-33.
7) 『김일성 저작집 21(1967.1-1967.12)』, p.259.

우리가 아직도 인테리를 혁명화하기 위한 방도를 완전히 세웠다고 말할 수 없습니다. 우리가 인테리를 혁명화하기 위하여 그들을 공장에 보내여 로동자들과 같이 섞여 일하도록 해봤는데 그것이 꼭 좋은 방법인가 하는 것도 문제입니다. 우리가 인테리를 양성한 것은 그들을 글도 씌우고 과학과 기술도 연구하게 하고 교원도 시키자고 한 것인데 공장에 보내여 로동을 시킬바에야 처음부터 로동자로 만들 것이지 무엇 때문에 많은 돈을 들여서 그들을 키우겠습니까? 그러므로 이 방법도 신통한 것은 못됩니다.

물론 인테리를 로동자들에게 접근시켜서 로동자들의 조직성, 강의성 그리고 그들이 육체로동으로 인민을 위하여 복무하는 헌신성을 배우도록 하는 것은 좋습니다. 그러나 그것으로써 인테리 혁명화 문제를 다 해결할 수 있는가 하면 그런 것은 아닙니다. 우리 작가들이 공장에 적게 나간 것이 아닙니다. 그렇지만 어떤 작가들은 공장에 가서 로동을 하고도 그리 큰 발전을 보지 못했습니다. 그렇기 때문에 공장에 보내서 로동을 시키는 것만으로는 인테리를 혁명화할 수 없습니다("자본주의로부터 사회주의에로의 과도기와 프로레타리아 독재 문제에 대하여," 1967년 5월 25일 당사상사업부문 일군들 앞에서 한 연설).[8]

이러자 북한에서 도서정리사업이 전개된 것이다. 북한판 분서갱유, 문화혁명이라고도 평가될 수 있다. 교조주의나 사대주의적인 서적들이 사라지고 '맑스-레닌주의의 순결성을 고수하는 길'이며 '결코 맑스-레닌주의를 수정하는 것은 아닙니다'라고 했지만 심지어 맑스 서적도 개인 소장이 금지되고 오로지 김일성 주체사상만 학습하게 하였다. 그 이유는 김일성이 말하는 혁명은 자본주의가 발전하지 않은 상황에서 일어난 혁명인데 반해 맑스의 주장은 자본주의가 발전한 국가에서 일어난 혁명이기 때문에 서로 달랐다고 볼 수 있다. 이러한 조치는 1974년 2월 김정일이 공식적으로 후계자로 선포될 때까지 지속되었다. 황장엽은 그의 책에서 이 사건을 두고 '북한사회

---

8) 『김일성 저작집 21(1967.1-1967-12)』, p.274.

를 특이한 형태의 극좌로 몰아가는 하나의 전환점'이었고 북한에서는 타도 대상이 없었기 때문에 중국식 문화대혁명으로 발전하지 않았지만 문화대혁명의 축소판으로 보았다.

> 김일성의 1967년 5월 25일 교시는 북한 사회를 특이한 형태의 극좌로 몰아가는 하나의 전환점이 되었다. […] 김일성은 소련의 우경 수정주의와 중국의 좌경 모험주의를 모두 반대하며 중간 입장을 취한다고 했지만, 실제는 민주주의적 인텔리를 반대하고 독재를 강화하려는 데서 중국의 문화대혁명을 모방했다. 당시 북한의 민주주의 역량은 정말 보잘것없었기 때문에 정치투쟁으로까지는 번지지 않았으나, 이 일을 계기로 김일성에 대한 우상화가 더욱 강화되고 '인텔리 혁명화'의 구호 아래 인텔리들에 대한 압박이 더욱 심해진 것은 틀림없는 사실이다. 김일성 배지를 전 인민이 모두 달도록 강요당한 것도 이때부터였다.[9]

> 북한에서는 중국처럼 문화대혁명을 일으켜야 할 대상이 없었기 때문에 중국식 문화대혁명을 일으키지 않았다. 5·25교시를 통한 나에 대한 비판과, 선전부 계통의 일부 인텔리 간부들에 대한 숙청을 비롯한 문화 분야에서의 반수정주의 투쟁은 문화대혁명의 축소판으로 봐도 될 것이다.[10]

종교의식의 근절

이 시기 반종교 활동이 정당, 직장, 학교, 근로 단체 등 공공기관을 통해 공적으로 행해졌으며 공식적인 종교의식은 사라졌다. 조선기독교도연맹을 제외한 종교단체도 없어졌고 기독교는 불법화되었다. 북한 지역에서는 어떤 종류의 예배의식이나 종교 모임도 발견할 수 없게 되었다. 북한 당국은 1960년대 말 반종교 선전을 집중적으로 실시함으로써 1970년대 초부터는 북한에 종교인이 사라졌다고

---

9) 황장엽 1999, p.149.
10) 황장엽 1999, p.155.

선전하였다.[11]

실제로 북한 종교를 공식적으로 대변하던 조그련조선그리스도교연맹은 1950년대 말부터 활동이 침체하기 시작했고 1957년 이후 1966~1972년까지 공식적인 언론에서 그리고 모든 언론에서 사라졌다. 1961년 조국평화통일위원회가 조직될 때와 평화옹호민족위원회에 참여할 때 언론에 나왔을 뿐이다.[12] 실제로 종교 관련 헌법 조항을 살펴보면 1948년 제정한 헌법 제14조에는 "공민은 신앙 및 종교의식 거행의 자유를 가진다"라고 명시되었으나 1972년 12월 개정 헌법 제54조에는 "공민은 신앙의 자유와 반종교 선전의 자유를 가진다"라고 명시함으로써 "반종교 선전의 자유를 가진다"라는 내용이 추가된 것으로 보아 종교의식은 확실히 근절되었다고 볼 수 있다. 당시 그루터기로 남아 있던 북한 기독교인들의 상황은 다른 장에서 상세하게 다루고자 한다.

---

11) 김병로 2002, pp.21-22.
12) 조은식 2014, p.250.

1970년대 초 ~ 1980년대: 기독교의 소생기

1970년대 초부터 시기 구분을 택한 이유는 1972년 7·4 남북공동성명이 발표되면서 이 사건을 계기로 북한 종교단체들의 활동이 재개되었기 때문이다.

조선기독교도연맹의 활동 재개

1972년 7월 4일 남북한 당국은 분단 27년 만에 최초로 통일과 관련하여 공동성명을 합의 발표하게 된다. 자주·평화·민족대단결의 3대 원칙으로 사상과 이념 및 제도의 차이를 초월하여 하나의 민족으로서 민족적 대단결을 도모하여야 한다는 내용으로 통일전선 형성에 노력한다.

이런 화해 무드에 기반하여 북한의 종교단체들은 1970년대 중반부터 세계교회협의회(WCC: World Council of Churches), 기독교평화회의(CPC: Christian Peace Conference), 아시아기독교평화회의(ACPC: Asian Christian Peace Conference), 아시아불교도평화회의(ABCP: Asian Buddhist Conference for Peace)와 같은 국제 종교기구들과 관계를 맺기 시작했다. 조선기독교도연맹은 1974년 7월 WCC에 제네바 주재 북한대표부를 통해 서신을 전달하였고, 1976년 11월 체코슬로바키아 브르노에서 열린 CPC의 정치경제위원회에 대표단을 보냈다. 1975년 인도 콧따얌Kottayam에서 열린 ACPC에도 참여하였다. 1984년 10월 일본 도잔소東山莊에서 열린

WCC에는 조선기독교도연맹이 초청받았으나 전문만 보내왔고 도잔소회의 결의안은 북한교회를 해외 교회와 연결하는 데 역할을 했다. 이렇게 되면서 미국, 일본, 캐나다 등의 교회협의회가 북한을 방문하는 계기가 되었다.[13]

북한은 1972년 남북대화가 시작되면서부터 북한 내에 종교 활동의 자유가 있는 것처럼 보이기 위해 그간 유명무실한 단체에 불과하였던 조선기독교도연맹, 조선불교도연맹, 조선천도교회 중앙지도위원회 등의 활동을 재개시키기 시작하였던 것이다. 그러나 당시 북한의 종교정책은 남한 종교인과의 통일전선을 형성하기 위한 종교단체의 결성 및 활동에 목적을 두었지 종교 활동 자체에 목적을 둔 것은 아니었다.[14]

1972년 평양신학원 재건

필자는 2000년대 초 북한 방문 당시 기독교 교직자, 지도자들의 산실인 평양신학원 간판을 배경으로 사진을 촬영하면서 북한 복음화의 내일을 그려보며 가슴이 벅차올랐던 기억이 생생하다.

1972년 재개된 평양신학원의 학제는 3년으로 되어 있고 3년마다 10여 명의 새로운 반을 만들어 교육하였다. 그 후 2000년 9월 재개원한 후 학제가 5년제로 바뀌었다.[15] 평양신학원을 졸업하고도 목사 안수를 받지 못한 전도사들이 많다고 하는데 목사를 많이 배출하지 않는 이유는 목사 안수를 함부로 주지 않기 때문이다.[16] 평양신학원은 1995년 9월부터 2000년 8월까지 운영자금 부족으로 휴교를 하

---

13) 김흥수·류대영 2002a, pp.159-163.
14) 김병로 2002, p.21.
15) 조은식 2014, p.252.
16) 김병로 2002, p.90.

였지만 남한의 기독교감리회 서부연회에서 3년간 연 20만 달러씩 총 60만 달러를 지원하기로 하여 재개원하였다.[17] 평양신학원의 재건으로 목회자들이 재생산되는 구조가 만들어졌다는 점에서 의의가 있다.

평양신학원에 입학하기 위해서는 가정교회 또는 도·시·군 연맹 등의 추천을 받아야 한다. 평양신학원 입학 자격은 고등중학교(고등학교) 학력 이상이면 되지만 많은 경우 일반대학을 졸업하고 신학원에 입학한다. 그리고 평양신학원 입학생의 상당수는 연맹 사무부서나 도위원회나 시위원회 등지에서 일했던 사람들이 주류를 이루고 있고 대개 대학을 졸업한 사람이 많기 때문에 평균 연령은 30세 이상으로 알려졌다. 평양신학원은 입학하면 공부만 하는 것이 아니라 생업에 종사하면서 병행해야 한다.

북한에서 목사가 되기 위해서는 기독교연맹에서 운영하는 평양신학원을 필수적으로 나와야 한다. 봉수교회와 칠골교회의 담임목사도 평양신학원 출신이다. 신학원을 졸업했다 하더라도 바로 목사로 되는 것이 아니라 상당 기간 가정교회에서 봉사하여야 한다. 사실 목사들은 조그련에서 일하거나 시·도의 인민위원회에 소속될 수도 있고 주 수입원이 다른 직업을 통해 나올 수도 있다.[18] 목사들은 연맹의 전문직원으로 일하면서 급료를 받는 경우, 도시의 지방위원회에 소속되어 급료를 받는 경우, 다른 직업에서 수입원을 얻는 경우, 고령으로 나라에서 사회보장을 받는 경우 등으로 생활을 하고 있다. 일정 기간 가정교회에서 봉사한 후 목사 안수를 받고 연맹 사무 부서나 교회, 가정교회 등지에서 일한다. 신학원을 졸업해도 연맹에서 지정한 가정교회에서 짧게는 1~2년, 길게는 5~7년 정도 봉사해야

---

17) 최명국 2004, p.199.
18) 김병로 2002, p.90.

평양신학원에서.

평양신학원 현관.

종교학과가 있는 김일성대학 정문에서.

고(故) 리춘구 선교부장과 함께.

한다. 물론 졸업 직후 연맹 사무실에서 일하게 되는 경우도 있다.

평양신학원의 교장은 연맹 위원장이 당연직으로 맡도록 되어 있다. 당시 강영섭 목사가 교장으로 되어 있었고 교장 밑에는 4~5명으로 구성된 교수진이 있었으며 오경우칠골교회 부목사, 리성봉봉수교회 담임목사, 박춘근칠골교회 담임목사, 리춘구연맹 선전부장, 정경숙음악교수 등이 교수로 재직 중이었다. 당시 오경우 목사는 목회학, 리성봉 목사는 성경, 리춘구 목사는 조직신학, 정경숙 교수는 찬송가학을 가르치고 있었다.

남한 기독교인들에 대한 우호적인 입장

1972년 남북공동 성명이 발표되고 1973년부터 북한 당국은 종교인들에 대해 우호적 입장을 취한다. 북한 종교인들의 애국적 역할에 대한 찬양의 빈도도 점차 늘어나고 남한 종교인들과 전 세계 종교인들에 대한 의식적인 언급도 많아진다. 1976년 당 이론가 허종호는 1960년대까지만 해도 빠져 있던 종교인들을 혁명의 보조역량에 포함시키기도 한다. 노동신문이나 역사 서적에서 남한 종교인들의 투쟁을 지지하기도 하는데 이는 북한이 남한의 종교를 전략적 차원에서 북한과 연합할 수 있는 대상임을 인식하였다는 사실을 반영하는 것이다.[19]

북한 최초 성경과 찬송가의 출간, 그리고 김일성종합대학 종교학과의 개설

북한 조선기독교도연맹 중앙위원회는 1983년 신약전서와 찬송가 출간에 이어 1984년에는 구약성서를 발간한다. 1989년에는 김일성종합대학에 종교학과를 개설하고 기독교 과목을 강의한다. 김일성종합대학 도서관에 종교 서적 2,500여 권이 비치되어 있고 종교학과에서는 기독교, 천주교, 이슬람교, 불교, 유교 등 세계 5대 종교를 종교학이라는 학문적 입장에서 연구하고 있다. 담당 교수들은 대개 역사·문학 분야의 학자들이며, 재미교포 신학 교수들을 초청, 교환 강의도 한다. 종교학과는 한 학년당 20명의 학생으로 구성돼 있고 5년 제이며, 1994년에 첫 졸업생을 배출했다.[20]

북한 첫 공식 교회의 등장 - 봉수교회와 칠골교회

필자는 2000년대 여러 차례 북한을 방문하여 봉수교회, 칠골교회, 가정예배처소에서 기도를 드리고 설교도 하였다. 지금도 가끔 북한 기독교인들과 함께 기도하던 그때 생각을 하면 소름이 끼칠 정도로 짜릿하다. 지금은 그때와 달리 모습이 많이 변화되었다고 알고

---

19) 김병로 2002, pp.24-25.
20) 김병로 2002, p.29.

있다. 필자는 여기서 북한을 방문하던 당시 교회 모습과 그때 함께 하였던 북한 기독교인들을 떠올리며 마음속 깊이 간직하였던 소회를 적고자 한다.

봉수교회

봉수교회는 평양시 만경대구역 건국동, 옛날로 치면 봉수동 강변에 자리 잡고 있다. 1988년 9월에 건립되었고 11월 6일 첫 예배를 드렸다. 봉수교회 건립비는 북한 돈으로 약 50만 원이 들었는데 이 중 정부가 20만 원, 신도가 30만 원을 냈다.

필자가 2002년 봉수교회를 방문할 때 담임목사는 검은색 예복을 입고 있었다. 성가대 등 교회 일꾼들은 하얀색 예복을 입고 있었다. 예배 순서는 찬송가를 부르고 목사님의 설교로 이어졌다. 북한교회에서 이루어지는 예배도 일반적 형식을 따르고 있었다. 봉수교회의 예배에 참석하는 교인들의 성향은 다양했다. 교회 성가대는 교회가 설립되던 1988년경에는 없었으나, 필자가 방북한 2002년에는 조직되어 있었다. 당시 주일학교나 청년회, 학생회와 같은 조직은 없는 것으로 보았다.

〈표 19〉 2000년대 초 봉수교회

교회명	위치	목회자 및 직분자	교인 수
봉수교회	평양시 만경대구역	담임목사: 손효순 원로목사: 리성봉(리태균) 부목사: 장승복 전도사: 리성숙, 김용거, 김영순 장로 8명: 리희병, 오삼언, 심종문 등 권사 14명: 박정렬 등 집사 5명: 김영숙, 민영화 등	300여 명 부인 전도회 (회장 박정렬 권사) 성가대 12명: 정옥경 등

출처: 김병로(2002).

봉수교회의 예배순서지.

봉수교회 앞에서 원로목사, 전임목사, 담임목사와 함께.

봉수교회에서 인사말 하는 필자.

봉수교회에서 필자와 강영섭 위원장이 함께 예배드리는 모습.

봉수교회 성가대의 특송 모습.

봉수교회에서 예배를 마친 후 강영섭 위원장으로부터 안내를 받고 있는 모습.

　봉수교회는 2000년대에 들어서 예배당이 노후하여 한국 대한예수교장로회통합의 지원을 받아 2006년에 재건축을 시작해 2007년에 완공되었다. 2014년부터 송철민 목사가 담임목사를 맡고 있다. 송 목사는 강량욱 목사의 전도로 기독교인이 되었고 평양신학원을 나왔으며 2010년에 목사 안수를 받았다.

　2021년 통일연구원의 『북한인권백서』에 따르면 북한 당국이 교회, 성당, 사찰을 해외 종교인과 관광객을 대상으로 대외 선전용으로 활용해 왔다. 인근 주민들도 출입이 통제되고 있어서 이러한 종교시설을 '외국인 참관지' 정도로 인식하고 있다는 증언들도 있다. 봉수교회의 경우 평상시에는 관리원 가족만 거주하고 있으나 외국인 참관 때에는 만경대구역 내의 엄선한 40~50대의 남녀 수백 명이 예배에 참석한다.[21]

필자는 봉수교회에서 찬양하면서 기도하는 신자들이 앉은 좌석을 보면 10~15%는 과거의 신자인 듯 보였고 악보를 안 보면서도 찬송가를 열심히 부르고 있었고 눈빛을 보았을 때 진짜 신자라는 느낌을 받았다. 필자와 같은 느낌을 받은 교회 참석자의 증언도 있다.[22]

북한에서 고위급 인사로 남한에 망명하여 침례교인이 된 태영호는 봉수교회에 나가는 사람들이 가짜 교인에서 진짜 신앙인이 되는 과정에 대해 상세하게 말한다.

> 목회자는 적당히 내려보낼 수 있었다. 하지만 가짜 교인은 교회나 성당 주변의 주민 가운데 선발해야 했다. 1980년대 말에는 일요일에 버스가 운행되지 않았기 때문이다.
> 그래서 봉수교회나 장충성당 근처에 거주하는 '빨갱이 여성들'을 뽑았다. 진짜 교인이 생길 위험 요소를 미리 제거했다. 처음에는 이들을 교회나 성당에 나오게 하는 것이 정말 어려운 일이었다. 오죽했으면 출석부까지 만들었다. 출석이 저조한 사람은 생활총화에서 자기비판을 해야 했고 호상 비판을 받아야 했다. 이들에게 특별강습도 했다. […] 교육을 시켜도 출석률은 나아지지 않았다. 많은 여성들이 아프다, 집에 갑자기 일이 생겼다고 하면서 빠지기 일쑤였다. 그런데 어느 순간부터 변화가 감지되었다. 출석에 대한 통제가 완화되었음에도 교회나 성당에 나오는 여성 수는 오히려 늘어났다.
> 나쁜 점도 있겠지만 종교활동의 좋은 점을 여성들이 느꼈던 듯하다. 목

---

21) 『북한인권백서 2022』, p.181.
22) 최명국 2004, p.200.

> 회자의 설교를 듣고 노래도 부르니 마음이 편안해지고 사교도 저절로 된다. 예배와 찬양을 하는 시늉만하던 이들이 믿음이 생기자 모든 것이 달라졌다. 예배 시간 전부터 교회나 성당에 나오는 사람들이 많아졌다. 고열로 끙끙 앓아도 종교활동은 빼먹지 않았다. 조금만 아파도 안 나오던 이들이었다.
> 이들의 자발적인 모습에서 진짜 신앙이 생겼음을 당은 간파했다. '위험요소'가 돌출되자 당은 봉수교회 주변 아파트에 망원경을 설치했다. 다시 말해 신도를 색출하려는 시도였다고 할 수 있다.[23]

중국 〈환치우环球〉 잡지의 천이陈怡 기자가 2005년 북한 봉수교회를 방문했던 일화가 있다. 〈환치우〉 잡지의 기자 방문담에서 보듯 중국 기자는 헌금에 대해 전혀 알지 못했기 때문에 멋쩍은 상황이 발생한다. 2005년이니 중국에서도 교회들이 활동하던 때라고 할 수 있는데도 불구하고 중국 기자는 경험하지 못했고 교회에 가본 적이 없으므로 헌금이라는 것을 모르고 있었던 것이다. 아마 북한에서도 집안이 기독교인이 아니면 종교가 금지되어 있기 때문에 기독교 집안인 경우 외에는 전혀 교회가 어떤 장소인지 모른다고 볼 수 있겠다.

> 개신교에서 일상적으로 주일예배를 드리는 화창한 주일 아침에 평양 펑슈(凤岫)교회를 찾았다. […] 봉수교회는 6·25전쟁 이후 재건된 최초의 교회로 1988년 개교 이후 17년 동안 한 번도 주일예배를 중단한 적이 없다. […] 교회 안에는 이미 200여 명의 신자들이 자리를 잡고 조용히 예배 시작을 기다리고 있었다. 우리는 외국인이기 때문에 열성적인 성직자들이 맨 앞줄로 안내해 주었다. 주위를 둘러보니 좌석마다 두 권의 책이 놓여 있었는데, 사전처럼 두꺼운 것은 조선어로 번역된 성경책이었고, 얇은 것은 찬송가집이었다. […] 정각 10시가 되자 감미로운 파이프 오르간 소리가 울리고 흰색 바탕에 보라색 예복을 입은 20여 명의 성가대원들이 줄지어 들어와 본격적으로 예배가 시작됐다. […] 예식이 끝나갈 무렵, 처음으로 교회에 와보는 나는 부끄러운 일을 당하게 되었다. 두 명의 성직

---

23) 태영호 2018, pp.528-529.

자가 각각 검은 벨벳 주머니가 맨 끝에 매달린 긴 장대를 들고 신도들 사이를 천천히 걸었다. 의아해했을 때 검은색 주머니가 내 앞에 펼쳐져 있었다. 안에 살짝 노출된 동전을 보고 이것이 신자들이 하나님께 봉헌하는 돈을 그 안에 넣을 수 있는 헌금 주머니라는 것을 깨달았다. 그리고 그런 프로그램이 있는 줄도 모르고 지갑을 차에 두고 왔으니 부끄러움에 안타까운 표정을 지을 수밖에 없었다. […] 하지만 헌금이 자진해서인지, 아니면 내가 참신도가 아닌 걸 알아서인지 헌금 주머니를 들고 있던 여집사님은 너그러운 미소를 지으며 자리를 떠났다. 1980년대 후반이 되어서야 김일성 주석의 지시로 개신교와 천주교가 각각 재건되면서 북한 기독교인들의 종교 생활이 정상화됐다. 현재 북한에는 개신교가 1만 3,000여 명, 천주교 신자가 3,000여 명이 넘지만 교회나 미사에 참석할 수 있는 사람은 평양에 사는 기독교인의 일부에 불과하다. 대부분의 사람들은 교통과 장소의 제약으로 인근 가정교회에서만 예배를 드릴 수 있다.[24]

칠골교회

칠골교회는 1989년 평양 만경대구역 칠골동에 건립되었고 1992년 말에 새로 증축되었다. 김일성의 외조부인 강돈욱이 장로였고 김일성의 생모 강반석이 다니던 교회로 '반석교회'라고도 한다. 물론 김일성이 어렸을 때 어머니를 따라서 다녔던 교회다. 그래서 칠골교회는 교회를 건축할 당시 김정일이 직접 관여했다. 교회 오른편에 김일성의 어머니 강반석의 기념공원이 조성되어 있었다.

필자는 2005년 10월 17일 칠골교회에서 남한에서 간 성도 34명, 북한 성도 약 50명과 함께 예배를 드렸다. 남북한 성도가 해방 이후 60년 만에 처음으로 함께 드리는 예배에서 설교하게 되어 감개무량하였고 마음으로 많이 울었다.

칠골교회는 2013년 4월 세 번째로 다시 건축을 시작하여 2014년

---

24) 陈怡 2005.

칠골교회에서 담임목사(앞줄 정중앙)와 함께.

2005년 10월 17일 칠골교회에서 설교하는 필자.

칠골교회의 특송 모습.

칠골교회 앞에서 예배를 마치고.

〈표 20〉 2000년대 초 칠골교회

교회명	위치	목회자 및 직분자	교인 수
칠골교회	평양시 만경대구역 칠골동	담임목사: 황민우 부목사: 없음 장로: 3인(여자) 권사: 1인(여자) 집사: 3인(남자 1, 여자 2)	90여 명 성가대(10명): 유정하(대장), 최순애 등

출처: 김병로(2002).

7월 완공되었다. 2014년 이후 백봉일 목사가 담임목사직을 맡고 있는데 백 목사는 2006년 평양신학교 교무처장으로 재직하면서 목사안수를 받았고 평양남산가정예배소 책임자를 맡았다.

북한 종교단체의 맹활약과 남한 종교인들의 잇따른 방북

조선종교인협의회는 조국통일민주주의전선 소속의 조선로동당 외곽단체로써 1989년 5월 조선불교도연맹, 조선그리스도교연맹, 조선카톨릭교협회, 조선천도교회 중앙지도위원회, 조선정교위원회를 포괄하는 제 종교단체의 협의체로 결성되었다. 1980년대 말 남북대화 및 통일논의의 대남 선전과 종교 분야의 국제적 교류 및 협력 강화를 위한 창구기능을 목적으로 설립되었다. 이는 탈냉전 이후 남북대화 및 국제사회와의 교류가 확대됨에 따라 이를 위한 창구로써 통합적 종교단체를 만들어 관리할 필요성이 생긴 데 따른 것이다.

조선종교인협의회는 주요 사업으로 1990년대 이후 미국의 선교단체들을 평양에 초청하는 등 서방 국가의 종교단체들과 접촉을 적극적으로 시도하면서 대외적 활동이 활성화되기 시작하였다. 특히 남북 교류가 진행되면서 남북한 동시 미사, 공동예배, 동시 법회 등의 활동을 지원하고 있다.

조선종교인협의회는 북한에도 종교의 자유가 있고 종교인들이 있다는 점을 대외적으로 홍보하기 위하여 활용되고 있다. 하지만 실질적으로 종교활동을 제한하고 있고, 협의회 회원들은 조선로동당에 충성하는 당원들로 이루어져 있어 포교나 선교 등의 순수 종교활동은 하지 않는다.[25]

종교단체의 맹활약에 이어 1989년 3월 문익환 목사, 1989년 6월 천주교 신자 임수경 학생의 북한 방문이 이루어지고 문규현 신부의 방북도 이루어졌다. 이들의 방북과 기도하는 모습이 TV에 방영되면서 북한에 파장을 일으켰다. 봉수교회와 장충성당에서 예배드리는 모습도 그대로 방영되었다. 미국 장로교 목사 홍동근은 2001년 류대영과의 전화 인터뷰에서 북한 사람들 2천만 명이 임수경의 기도 장면을 지켜보며 다 울었다는 말을 들었다고 한다.[26]

---

25) 한국민족문화대백과사전 https://encykorea.aks.ac.kr/Article/E0071281.
26) 김흥수·류대영 2002a, p.135.

1990년대 ~ 현재: 기독교의 요동기

1990년대로부터 시기 구분을 택한 이유는 1992년 4월 개정 헌법의 종교 관련 문항을 보면 체제 안에서 종교 자유를 허용하고 있다고 볼 수 있기 때문이다. 그뿐만 아니라 현대 조선말 사전 1981년판, 조선말 대사전 1992년판, 조선 대백과사전 2000년판 종교 관련 용어 해석 변화에서도 기독교에 대한 변화를 감지할 수 있기 때문이다. 이 시기 기독교계의 교류는 북한 경제적인 상황과 남북 관계의 정치적인 상황 변화에 따른 약간의 기대를 갖게 한다.

1992년 4월 헌법 개정으로 보는 체제 안에서의 종교건물 건축, 종교의식 허용

이 시기 기독교의 변화는 1992년 4월 헌법 개정에서 찾아볼 수 있다. 제68조 종교 관련 조문을 살펴보면 "공민은 신앙의 자유를 가진다. 이 권리는 종교건물을 짓거나 종교의식 같은 것을 허용하는 것으로 보장된다. 누구든지 종교를 외세를 끌어들이거나 국가사회질서를 해치는데 리용할 수 없다." 앞에서도 언급했듯이 1972년 개정 헌법 제54조는 "공민은 신앙의 자유와 반종교선전의 자유를 가진다"가 전부였다. 여기에서 알 수 있듯이 1972년 개정 헌법에서의 "반종교선전의 자유"라는 종교에 대한 탄압은 삭제되고 1992년에는 "종교건물을 짓거나 종교의식 같은 것을 허용"하고 있다. 단, "누구든지 종교를 외세를 끌어들이거나 국가 사회질서를 해치는데 리용할 수 없다"라는 내용을 추가한 것이다. 이는 종교의식이 근절되었던 50~60년대에 비해서 비록 종교 활동의 자유는 제한하고 있지만 발전인 셈이다.

〈표 21〉 북한 헌법 종교 관련 조문 채택 및 개정 현황

제정 및 개정	종교 관련 조문
1948년 제정	제14조 공민은 신앙 및 종교의식 거행의 자유를 가진다.
1972년 개정	제54조 공민은 신앙의 자유와 반종교선전의 자유를 가진다.
1992년 개정	제68조 공민은 신앙의 자유를 가진다. 이 권리는 종교건물을 짓거나 종교의식 같은 것을 허용하는 것으로 보장된다. 누구든지 종교를 외세를 끌어들이거나 국가사회질서를 해치는데 리용할 수 없다.
2016년 개정	제68조 공민은 신앙의 자유를 가진다. 이 권리는 종교건물을 짓거나 종교의식 같은 것을 허용하는 것으로 보장된다. 종교를 외세를 끌어들이거나 국가사회질서를 해치는데 리용할 수 없다.
2019년 4월 개정	제68조 공민은 신앙의 자유를 가진다. 이 권리는 종교건물을 짓거나 종교의식 같은 것을 허용하는 것으로 보장된다. 종교를 외세를 끌어들이거나 국가사회질서를 해치는데 리용할 수 없다.
2019년 8월 개정 (현행)	상동

출처: http://www.unilaw.go.kr/bbs/selectBoardArticle.do.

2016년 개정 헌법을 살펴보면 제68조에는 "공민은 신앙의 자유를 가진다. 이 권리는 종교건물을 짓거나 종교의식 같은 것을 허용하는 것으로 보장된다. 종교를 외세를 끌어들이거나 국가사회질서를 해치는데 리용할 수 없다"로 역시 "누구든지"라는 단어는 사라진다. 2019년 4월 개정 제68조 역시 "공민은 신앙의 자유를 가진다. 이 권리는 종교건물을 짓거나 종교의식 같은 것을 허용하는 것으로 보장된다. 종교를 외세를 끌어들이거나 국가사회질서를 해치는데 리용할 수 없다"로 여전히 "누구든지"는 찾아볼 수 없다. 종교에 대한 통

제가 보다 유연해졌다고 볼 수 있다.

종교 관련 용어 해석 변화로 보는 기독교 부정 용어 삭제

확실히 1990년대에 들어서 북한 정권의 기독교에 대한 태도는 많이 유연해졌다고 볼 수 있다. 조선말 대사전 1992년판에서 "교회의 주되는 이념은 평등과 박애이다"라고 함은 1980년대에 비해서 비약적인 긍정적인 평가이다. 또한 2000년판에서는 "신의 아들이라는 예수를 크리스트로 내세우고 그에 의한 인류의 구제를 설교하는 종교"라고 기독교를 정의하면서 기독교에 대한 부정적인 용어가 사라진다.

교회에 대한 해석에도 획기적인 변화를 보인다. 1981년 "종교의 탈을 쓰고 인민들을 착취하도록 반동적 사상 독소를 퍼트리는 거점의 하나"에서 1992년 "기독교에서 여러 가지 종교적 의식을 하고 사람들에게 기독교를 믿도록 선전하기 위하여 지은 건물", 2000년 "종교를 믿는 신자들이 예배, 세례, 성찬과 같은 예식을 진행하는 집합 장소"라고 점진적으로 해석이 기독교에 대한 적대적인 해석에서 점차 부정적인 용어 사용이 삭제되어 감을 볼 수 있다.

성경에 대한 해석에서 큰 변화를 보이고 있다. 1981년 "예수교의 허위적이며 기만적인 교리를 적은 책"에서부터 허위, 기만이라는 부정적인 용어가 삭제되어 2000년에는 "주로 기독교에서 종교의 교리를 적은 책"으로 해석이 변화된다.

이런 용어 해석 변화는 기독교에 대해 획기적인 긍정적인 측면을 보여주고 있는 것이라기보다는 탈냉전기라는 국제 정세의 변화 속에서 체제 안정을 꾀하기 위해 북한에도 기독교에 대한 변화가 일어나고 있다고 대외 선전용으로 가장하여 표현하는 것이라고 할 수 있다.

〈표 22〉 종교 관련 용어 해석 변화 비교

구분	현대 조선말 사전 1981년판	조선말 대사전 1992년판	조선 대백과사전 2000년판
기독교	낡은 사회의 사회적 불평등과 착취를 가리우고 합리화하며 허황한 천당을 미끼로 하여 지배계급에게 순종할 것을 설교	교회의 주되는 이념은 평등과 박애이다. 그리스도의 교훈을 잘 지키면 천당에 간다고 설교	신의 아들이라는 예수를 크리스토로 내세우고 그에 의한 인류의 구제를 설교하는 종교
교회	종교의 탈을 쓰고 인민들을 착취하도록 반동적 사상 독소를 퍼트리는 거점의 하나	기독교에서 여러 가지 종교적 의식을 하고 사람들에게 기독교를 믿도록 선전하기 위하여 지은 건물	종교를 믿는 신자들이 예배, 세례, 성찬과 같은 예식을 진행하는 집합장소
성경	예수교의 허위적이며 기만적인 교리를 적은 책	주로 기독교에서 종교의 교리를 적은 책	-

출처: 『2009 북한 개요』

북한 경제난으로 종교단체 교류 활성화 그리고 남북 관계 악화로 단절되기까지

탈냉전기 국제 정세의 변화로 인해 1990년대 들어 북한은 식량난을 겪게 된다. '고난의 행군' 시기인 것이다. 자연재해로 식량 생산이 줄어들고 도입량은 부족분을 충당할 수 없어 힘들어진 것이다. 1992년 생산량이 443만 톤이던 것이 1990년대 내내 절대 부족량은 채워지지 못했다. 북한은 과거 구소련으로부터 지원을 받았으나 구소련이 점차 해체되는 과정을 겪고 있었기 때문에 북한에 신경 쓸 여력이 없었다. 중국에서도 개혁이 진행됨에 따라 대외무역에서 경화 결제 등을 요구하여 북한은 충분한 식량 구매를 할 수 없었다. 더욱이 북미 관계 악화 등으로 지원이 쉽지 않았다.

이렇게 됨으로써 김일성이 1981년 "쌀은 공산주의다"라고 선언하고 1984년부터 '의·식·주'라는 용어가 '식·의·주'로 우선순위를 변경하여 사용할 정도로 식량 문제는 시급하였다.[27] 식량난으로 1990년대 후반 '고난의 행군' 시기에는 양표 제도가 유명무실하게 될 정도로 양표로 밥을 먹기도 힘들어졌던 것이다.

〈표 23〉 1990년대 북한 식량 부족량 및 외부 도입량(단위: 만 톤)

연도	1992	1993	1994	1995	1996	1997	1998	1999
총수요	576	569	576	580	578	583	541	551
생산량	443	427	388	413	345	369	349	389
부족량	133	142	188	167	233	214	192	162
도입량	83	109	49	96	105	163	104	101
수입	83	109	49	64	75	79	29	15
지원	0	0	0	32	30	84	75	86
절대 부족량	50	33	139	71	128	51	88	61

출처: 『북한 이해 2000』.

〈그림 6〉 북한의 식량 수급량 추이(단위: 만 톤)

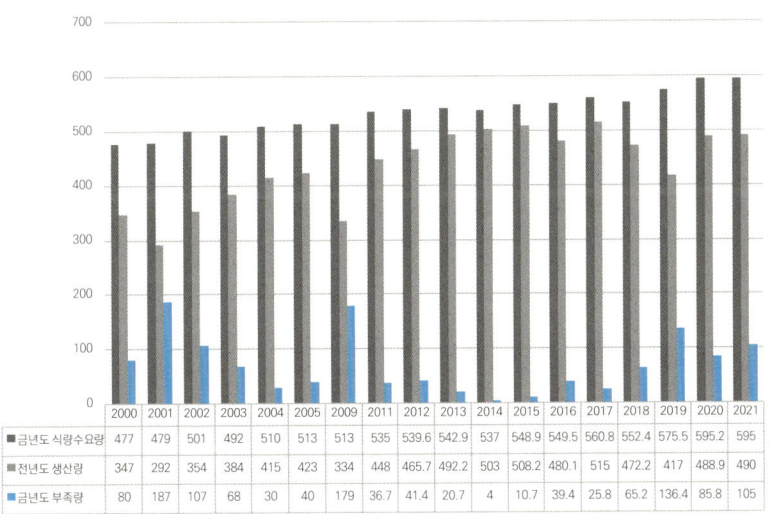

	2000	2001	2002	2003	2004	2005	2009	2011	2012	2013	2014	2015	2016	2017	2018	2019	2020	2021
금년도 식량수요량	477	479	501	492	510	513	513	535	539.6	542.9	537	548.9	549.5	560.8	552.4	575.5	595.2	595
전년도 생산량	347	292	354	384	415	423	334	448	465.7	492.2	503	508.2	480.1	515	472.2	417	488.9	490
금년도 부족량	80	187	107	68	30	40	179	36.7	41.4	20.7	4	10.7	39.4	25.8	65.2	136.4	85.8	105

출처: KOSIS.

---

27) 『2009 북한개요』, p.345.

2000년대에도 식량 부족 문제는 해결되지 못했다. 2001년을 보면 식량 수요량은 479만 톤인데 전년도 생산량은 292만 톤으로 식량 부족은 187만 톤에 달했다. 2009년, 2019년, 2021년에는 거의 100만 톤 이상 부족했다.

남북 종교교류 활성화는 북한이 식량난을 해결할 좋은 기회였다. 이 시기 대북 지원을 살펴보면 종교교류를 통해 경제적 실리를 챙겼다고 볼 수 있다. 1995년 약 2억 3천만 달러, 2000~2008년 약 1~3억 달러가 한국 정부와 민간단체에 의해 지원되었다. 2010년대에는 민간단체의 지원이 정부 지원보다 많을 때가 있었다.

〈표 24〉 남한의 대북 지원(1995~2020년, 단위: 만 불)

연도	합계	정부 차원	민간 차원(무상)
1995	23,225	23,200	25
1996	460	305	155
1997	4,723	2,667	2,056
1998	3,185	1,100	2,085
1999	4,688	2,825	1,863
2000	11,377	8,139	3,238
2001	13,539	7,522	6,017
2002	13,501	8,915	4,586
2003	15,763	9,376	6,387
2004	24,791	11,542	13,250
2005	21,254	13,589	7,665
2006	29,828	22,740	7,088
2007	30,461	20,893	9,568
2008	10,456	3,996	6,460
2009	5,278	2,421	2,856
2010	3,528	1,782	1,746
2011	1,738	565	1,173
2012	1,241	210	1,031
2013	1,661	1,208	453
2014	1,837	1,331	506
2015	2,222	1,220	1,002
2016	255	19	236
2017	91	0	91
2018	697	109	588
2019	2,415	900	1,515
2020	1,275	1,062	214

출처: KOSIS.

물론 국제식량기구 등도 북한에 꾸준히 지원하고 있다. 이외에도 국제적인 적십자사, WHO 등도 북한에 대한 지원을 계속하고 있다.

〈표 25〉 국제사회의 지원 창구별 대북 지원(단위: 달러)

지원 창구별	2012	2013	2014	2015	2016	2017	2018	2019	2020	2021	2022
Caritas Germany	559,701	738,216	601,604	298,673	-	-	-	376,387	51,484	-	-
Concern Worldwide	-	683,164	683,164	714,140	157,274	549,679	504,541	618,307	418,191	293,083	-
German Agro Action	1,276,489	1,399,092	-	-	-	-	-	725,970	120,494	15,715	-
FAO	4,494,702	1,697,935	1,222,025	300,000	1,377,443	766,131	1,998,903	1,999,524	700,000	293,083	-
독일 적십자	248,756	154,795	-	-	453,001	-	-	145,180	370,760	-	-
적신월사	50,192	173,337	-	-	-	-	-	-	-	-	-
Premiere Urgence	198,758	504,077	1,118,573	1,066,072	163,934	-	-	-	-	-	-
UNICEF	6,522,855	12,857,715	2,819,915	8,466,172	6,614,956	6,722,960	5,002,591	14,468,088	11,452,482	5,851,573	993,378
노르웨이 적십자	1,744,896	1,755,002	-	993,588	-	-	-	1,085,604	429,470	454,606	199,601
Save the Children	552,043	918,274	924,499	1,395,862	1,539,853	221,263	-	-	-	-	-
스웨덴 적십자	2,360,259	2,002,306	1,531,394	1,079,889	1,406,032	-	-	862,999	1,005,806	597,443	513,927
Triangle Generation Humanitaire	799,330	265,252	531,034	111,857	163,934	112,060	114,155	-	113,636	-	-
UNFPA	1,197,199	1,330,230	250,004	-	948,384	829,810	812,598	379,116	1,334,596	-	-
WFP	86,834,462	26,585,938	11,099,769	11,696,691	21,945,759	44,513,894	14,832,788	21,538,970	12,453,313	6,347,363	-
WHO	7,029,996	9,371,128	7,566,322	832,175	1,751,707	1,335,401	3,478,487	1,000,000	6,040,853	-	-
Caritas	96,104	-	-	-	1,528,879	-	-	-	-	-	-
국제적십자연맹	544,070	-	-	-	493,583	-	-	501,002	515,996	530,223	-
Handicap International	860,006	-	-	596,191	95,962	333,132	-	-	-	-	-
스웨덴 민간 구호기구	99,405	-	-	-	-	-	-	-	-	-	-
독일농업행동(DWHH)	-	-	-	830,688	4,603,992	-	-	-	-	-	-
사적지원	-	-	-	162,603	-	-	-	-	-	-	-
미분류	2,007,577	2,622,538	-	3,326,510	254,811	-	-	-	-	-	-
SDC/SHA	-	-	-	-	1,555,768	-	-	1,506,579	1,619,774	98,668	24,262
FIDA	-	-	-	-	151,861	-	-	156,296	-	-	-
덴마크 RC	-	-	-	-	102,680	-	-	336,951	-	-	-
핀란드 RC	-	-	-	-	658,222	-	-	-	-	-	-
Handicap International / Humanity & Inclusion	-	-	-	-	-	-	333,132	167,732	-	-	-
Premiere Urgence Internationale	-	-	-	-	-	-	114,155	-	113,636	-	-
United Nations Humanitarian Response Depot	-	-	-	-	-	-	-	12,479	-	-	-
DPRKRC	-	-	-	-	-	-	-	-	1,726,914	-	-
ACT Alliance	-	-	-	-	-	-	-	-	-	586,166	-
EU	-	-	-	-	-	-	-	-	-	597,372	-

출처: KOSIS.

2000년대에도 북한 종교계의 교류는 계속되었다. 2007년 5월 한국종교인평화회의와 조선종교인협의회가 교류 10주년 공동 행사를 평양에서 개최했다. 개신교계의 사단법인 기쁜소식이 북한의 조선그리스도교연맹과 공동으로 2008년 7월 봉수교회 준공기념 헌당 예배를 개최했다. 2008년 한국기독교교회협의회가 북한 조선그리스도교연맹과 공동으로 '2008 평화통일 남북교회 기도회'를 평양 봉수교회에서 개최했다. 천주교도 장충성당 복원 점검을 위한 방북 계기에 남북 공동 평화통일 기원 미사를 개최했다.[28]

2010년대에도 종교교류는 이어져 왔다. 2011년 9월 조계종의 팔만대장경 판각 1000년 기념 조국통일기원 남북불교도 합동법회 봉헌을 했다. 2011년 9월 한국종교인평화회의 공동의장단 방북 등 부분적으로 교류가 재개되었다. 2015년 〈8·25 합의〉를 계기로 한국종교인평화회의와 조선종교인협의회 간 '남북종교인협의회'가 2015년 11월 금강산에서 개최되었다.[29]

그동안 종교교류는 남북 관계에 따라 변해왔다. 남북 간 정상회담이 여러 차례 진행될 때는 기독교계에도 북한선교의 희망이 싹텄다. 김영삼-김일성 정상회담이 1994년 7월 8일 김일성의 사망으로 무산되기는 했으나 김정일 정권이 들어선 후 2000년 김대중-김정일 정상회담, 2007년 노무현-김정일 정상회담이 있었다. 2000년에는 〈6·15 남북공동선언〉, 2007년에는 〈10·4 선언〉이 발표되었다. 김정일 국방위원장의 사망 이후 김정은 정권이 들어서고 2018년에는 문재인-김정은 정상회담, 2019년에는 문재인-김정은-트럼프 3자 정상회담이 있었다. 2018년에는 〈4·27 판문점선언〉과 〈9·19 평양공동

---

28) 『2023 통일문제 이해』, p.77.
29) 『2023 통일문제 이해』, p.78.

<표 26> 종교계 북한 방문자(2009~2018년)

연도	항목	신청	승인	불허	철회 등	성사
2009	방문 건수(건)	18	15	1	1	15
	방문 인원(명)	149	105	27	7	103
2010	방문 건수(건)	16	15	1	-	15
	방문 인원(명)	83	79	4	-	77
2011	방문 건수(건)	16	13	3	-	13
	방문 인원(명)	158	139	19	-	133
2012	방문 건수(건)	9	9	-	-	8
	방문 인원(명)	84	84	-	-	77
2013	방문 건수(건)	5	3	2	-	3
	방문 인원(명)	92	55	37	-	53
2014	방문 건수(건)	13	12	1	-	12
	방문 인원(명)	196	192	4	-	186
2015	방문 건수(건)	17	17	-	-	17
	방문 인원(명)	357	357	-	-	354
2016	방문 건수(건)	-	-	-	-	-
	방문 인원(명)	-	-	-	-	-
2017	방문 건수(건)	-	-	-	-	-
	방문 인원(명)	-	-	-	-	-
2018	방문 건수(건)	-	1	-	-	-
	방문 인원(명)	-	1	-	-	-

출처: KOSIS.

선언〉이 발표되었다. 그러나 2019년 2월 2차 북미 하노이 정상회담 결렬 이후 관계가 악화되기 시작하였다.

남북 관계의 악화에 따라 대북 지원도 감소해 왔고 기독교계가 그동안 선교를 위해 힘쓰고 대북 지원하던 것이 거의 물거품이 되고 말았다. 대북 지원은 사실상 한국 기독교계가 빈곤하고 기아 사망자가 발생하는 북한에 정부나 단체 차원에서 진행해 온 인도적 지원이었기 때문에 기독교계의 대북 지원의 길은 막혔다고 평가할 수 있다.

〈표 27〉 정부의 대북 지원(단위: 억 원)

구분		김영삼	김대중	노무현	이명박	박근혜	문재인	윤석열	계
정부 차원	당국 차원 식량차관 포함	1,854	5,366	12,570	183	-	12	-	19,986
	민간단체를 통한 지원	-	161	696	300	24	11	4	1,196
	국제기구 등을 통한 지원	264	626	960	503	391	225	-	2,969
민간 차원		196	2,406	4,609	1,507	252	305	1	9,277
합계		2,314	8,558	18,835	2,494	667	553	5	33,426

출처: 『2023 통일문제 이해』 통일부 2022년 12월 기준.

북한 종교 지도자들의 신분 상승 - 핵심 권력 집단 진입

이러한 대북 지원 사업이 활발히 진행되면서 북한 종교의 위상은 크게 달라졌다. 사회적으로 영향력이 거의 없었던 기독교, 불교, 천주교 등의 종교기관은 남한의 대북 지원을 통해 경제력이 성장하고 북한 국가기관 내의 다른 기관에 비해 외화벌이 실적이 탁월해짐으로써 사회적 지위가 향상되었다. 북한의 종교 지도자들도 다른 정부 관료들에 비해 사회적 신분이 상승함으로써 핵심 권력 집단에 진입하는 경향도 나타나고 있다.[30]

북한 종교단체를 이끌고 있는 사람들은 종교인이 아닌 정치인임을 잘 알고 있다. 1990년 4월 실시된 최고인민회의 제9기 대의원 687명 가운데 종교단체 대표 6명도 포함되어 있다. '조선기독교도연맹' 위원장 강영섭과 '조선불교도연맹' 위원장 박태호는 최고인민회의 통일정책위원회 위원인 동시에 '조국평화통일위원회'의 위원이며, '조선천주교인협회' 위원장 장재철 역시 최고인민회의 외교위원회 위원이다. 이들은 당의 지시에 의해 움직이는 정치인들로서 신앙

---

30) 김병로 2002, pp.48-49.

적 의미의 종교 활동은 많은 제약을 받는다.[31]

강영섭은 최고인민회의 제10기 대의원1998.7, 최고인민회의 상임위 위원1998.9, 최고인민회의 제11기 대의원 겸 상임위원회2003.8, 조선그리스도교연맹 위원장2005.10, 최고인민회의 제12기 대의원 겸 상임위원회 위원2009.4으로도 활동하였다. 〈크리스천투데이〉 보도에 따르면 강영섭은 2011년 9월 남한 종교인 대표단 방북 시 김영남 최고인민회의 상임위원장 면담에 배석한 바 있으며 11월 봉수교회에서 열린 남북 평화통일 공동기도회에서 연설하기도 했다. 북한 조선그리스도교연맹 중앙위원장 강영섭이 21일 사망했다고 조선중앙통신이 22일 전했다.[32]

---

31) 김병로 2002, pp.67-67.
32) https://www.christiantoday.co.kr/news/253199.

제5장

김일성, 김정일, 김정은의 기독교관

북한 지도 이념의 변화와 기독교의 상관관계
김일성의 기독교관
김정일의 기독교관
김정은의 기독교관

북한 지도 이념의 변화와
기독교의 상관관계

필자는 정권의 변동이나 박해 정도에 따라 시대를 구분하기보다 크게 맑스-레닌주의가 주요 이데올로기였느냐 아니면 주체사상이 주요 이데올로기였느냐에 따라 북한 기독교의 변화를 두 개의 시기로 나누어 보는 것도 바람직하다고 생각한다. 맑스-레닌주의와 주체사상은 엄연히 다른 이데올로기이기 때문이다.

〈표 28〉 당대표대회의 지도 이념 및 당원 수, 당세포 수

당대회	지도 이념	당원 수	인구 대비 비율	대표 수 (명)	당세포 수 (개)
북조선로동당 창립대회 (1946.8.28~30)	(맑스-레닌주의)*	366,000명	4%	801	12,000
북조선로동당 제2차 대회 (1948.3.27~30)	(맑스-레닌주의)*	725,762명	8%	999	29,762
조선로동당 제3차 대회 (1956.4.23~29)	맑스-레닌주의	1,164,945명	10%	914	58,258
조선로동당 제4차 대회 (1961.9.11~18)	맑스-레닌주의 + 항일무장투쟁의 혁명전통	1,311,563명	17.5%	1,230	65,000
조선로동당 제5차 대회 (1970.11.2~13)	맑스-레닌주의 + 김일성 주체사상	약 1,730,000명	11.4%	1,871	
조선로동당 제6차 대회 (1980.10.10~14)	김일성 주체사상	약 322만 명	12.2%	3,220	약 210,000
조선로동당 제7차 대회 (2016.5.6~9)	주체사상	약 340만 명		3,667	
조선로동당 제8차 대회 (2021.1.5~12)	주체사상	약 450만 명 (추정)		5,000	

출처: 『2004 북한개요』 * 당시 당규약은 지도 이념으로 맑스-레닌주의를 명시하지 않았음.

〈표 29〉 북한 헌법에서 이데올로기 및 종교 관련 조문 채택 및 개정 현황

제정 및 개정	이데올로기	프롤레타리아 독재 v.s 인민민주독재	종교 관련 조문
1948년 제정			제14조 공민은 신앙 및 종교의식 거행의 자유를 가진다.
1972년 개정	제4조 조선민주주의인민공화국은 맑스-레닌주의를 우리나라의 현실에 창조적으로 적용한 조선로동당의 주체사상을 자기 활동의 지침으로 삼는다.	제10조 조선민주주의인민공화국은 프롤레타리아독재를 실시하며 계급로선과 군중로선을 관철한다.	제54조 공민은 신앙의 자유와 반종교선전의 자유를 가진다.
1992년 개정	제3조 조선민주주의인민공화국은 사람 중심의 세계관이며 인민대중의 자주성을 실현하기 위한 혁명사상인 주체사상을 자기 활동의 지도적 지침으로 삼는다.	제12조 국가는 계급로선을 견지하며 인민민주의독재를 강화하여 내외적대분자들의 파괴책동으로부터 인민주권과 사회주의제도를 굳건히 보위한다.	제68조 공민은 신앙의 자유를 가진다. 이 권리는 종교건물을 짓거나 종교의식 같은 것을 허용하는 것으로 보장된다. 누구든지 종교를 외세를 끌어들이거나 국가사회질서를 해치는데 리용할 수 없다.
2016년 개정	제3조 조선민주주의인민공화국은 사람 중심의 세계관이며 인민대중의 자주성을 실현하기 위한 혁명사상인 주체사상, 선군사상을 자기 활동의 지도적지침으로 삼는다.	제12조 국가는 계급로선을 견지하며 인민민주의독재를 강화하여 내외적대분자들의 파괴책동으로부터 인민주권과 사회주의제도를 굳건히 보위한다.	제68조 공민은 신앙의 자유를 가진다. 이 권리는 종교건물을 짓거나 종교의식 같은 것을 허용하는 것으로 보장된다. 종교를 외세를 끌어들이거나 국가사회질서를 해치는데 리용할 수 없다.
2019년 4월 개정	제3조 조선민주주의인민공화국은 위대한 김일성-김정일주의를 국가건설과 활동의 유일한 지도적지침으로 삼는다.	제12조 국가는 계급로선을 견지하며 인민민주의독재를 강화하여 내외적대분자들의 파괴책동으로부터 인민주권과 사회주의제도를 굳건히 보위한다.	제68조 공민은 신앙의 자유를 가진다. 이 권리는 종교건물을 짓거나 종교의식 같은 것을 허용하는 것으로 보장된다. 종교를 외세를 끌어들이거나 국가사회질서를 해치는데 리용할 수 없다.
2019년 8월 개정 (현행)	상동	상동	상동

출처: http://www.unilaw.go.kr/bbs/selectBoardArticle.do.

〈표 28〉에서 보다시피 과거에는 맑스-레닌주의가 지도 이념이었지만 1961년 제4차 당대회에서는 맑스-레닌주의가 단독 이념이 아닌 '항일무장투쟁의 혁명전통'이 추가되었고, 1970년 제5차 당대회에서는 맑스-레닌주의에 '김일성 주체사상'이 공존하다가, 드디어 1980년 제6차 당대회에 이르러서는 '김일성 주체사상'만 남았다. 그러다가 김정은 집권 시기인 2016년 조선로동당 제7차 대회와 2021년

조선로동당 제8차 대회에서는 '김일성'이 빠진 '주체사상'만 남게 된다.

이렇게 이데올로기가 변화되면서 종교에 관련된 헌법 조항도 바뀌게 된다. 북한의 헌법은 1948년 헌법이 제정되고 1954년 2차례, 1955년, 1956년, 1962년 개정되었고, 1972년에 〈사회주의헌법〉이 채택되고 1992년, 1998년, 2009년, 2010년, 2012년, 2013년, 2016년, 그리고 2019년에는 4월과 8월에 두 차례 개정이 이루어졌다. 주요하게 1948년, 1972년, 1992년, 2016년, 2019년 헌법을 살펴보자.

〈표 29〉에서 눈여겨봐야 할 헌법 조항은 1992년 개정 헌법으로 김정일이 1994년 김일성 사망에 이어 집권하게 된 기간에 적용된 조항으로 그전보다 큰 변화가 있다는 점이다. "종교건물을 짓거나 종교의식 같은 것을 허용하는 것으로 보장된다"라는 조항으로 실제 이 시기 북한 기독교에는 큰 변화가 일어난다. "누구든지 종교를 외세를 끌어들이거나 국가사회질서를 해치는데 리용할 수 없다"라는 조항은 체제 안정을 해치지 않으면 어느 정도 허용한다는 식이다. 2016년과 2019년에는 헌법 조항에서 "누구든지"가 빠지면서 더 유연한 표현을 보인다.

이처럼 1980년 '김일성 주체사상'으로부터 시작하여 2016년과 2021년 '주체사상'으로 약간의 변화를 보이면서 주체사상 시대에 접어들면서 기독교 관련 헌법 조항도 대응되게 변화를 보이고 있다. 북한 3대 세습 최고 권력자들은 기독교를 체제 안정의 도구로 활용하고 있다고 볼 수 있다.

맑스-레닌주의와 기독교

맑스–레닌주의 시기의 기독교를 이해하려면 우선 맑스와 레닌의 기독교에 대한 입장을 살펴볼 필요가 있다. 맑스는 1844년 출간한

『헤겔 법철학 비판Critique of Hegel's Philosophy of Right』에서 종교에 대해 '종교는 핍박받는 피창조물의 심장 없는 영혼'이라며 '인민의 마약'이라고 이야기한다. 맑스에게 종교는 고통을 완화해 주는 일종의 마약으로 역할을 한다는 것을 의미한다.

> 종교적 고통은 한편으로는 실제적인 고통의 표현이고, 다른 한편으로는 실제적인 고통에 대한 항의이다. 종교는 억압받는 피조물의 한숨, 심장 없는 세상의 심장, 영혼 없는 상황의 영혼이다. 종교는 인민의 아편이다. 인민에게 환상적(illusory) 행복을 주는 종교를 폐지하는 것은 인민의 진정한 행복에 대한 요구이다.[1]

레닌은 종교에 대해 1905년에 출간한 『사회주의와 종교Socialism and Religion』에서 '종교는 인민에게 아편'이라고 지적한다. 종교는 일종의 영적인 '보드카'로 거기에서 자본의 노예들이 그들의 인간 형상, 인간으로서의 가치 있는 인생에 대한 그들의 요구를 익사시킨다고 말하였다. 레닌은 종교를 집에서 제조한 보드카와 동일시하기도 했다.[2] 레닌은 종교가 개인의 사적 영역이므로 정교분리를 해야 한다고 주장한다.

> 종교는 인민에게 마약이다. 자본의 노예들이 인간의 이미지 즉, 어느 정도 인간다운 삶에 대한 그들의 요구를 익사시키는 영적 마약(spiritual dope)이다. […]
> 종교는 사적인 일로 선언되어야 한다. […] 우리는 국가에 관한 한 종교가 사적인 일로 여겨져야 한다고 요구한다. […]
> 모든 사람은 어떤 종교를 가지거나 믿지 않을 자유가 있어야 한다. […] 종교적 신념을 이유로 시민을 차별하는 것은 전적으로 허용되지 않는다. […] 교회와 국가의 완전한 분리는 사회주의 프롤레타리아트가 현대 국가

---

1) Marx 1844.
2) Marsh 2011, p.37.

와 현대 교회에 요구하는 것이다.[3]

위에서 보다시피 맑스는 '종교는 인민의 아편'이라고 하고 레닌은 '종교는 영적 마약', '종교는 사적인 일', '종교를 가지거나 믿지 않을 자유' 등을 언급하고 있다. '종교는 인민에게 아편' 또는 '종교는 영적 마약'이라고 하면서도 '자유'를 언급하는 것이 꼭 마치 북한의 3대 세습권력자들이 입에 올리는 말과 똑같다.

레닌의 종교관을 보면 프롤레타리아의 정당은 경쟁적 정당이나 단체를 허용하지 않는 것을 알 수 있다. 프롤레타리아 독재는 바로 단일 정당의 독재이기 때문이다. 모든 기구들이 당과 경쟁을 하지 않도록 필요한 경우에만 존속시키고 그렇지 않으면 없애버렸다. 기구들은 당의 도구로만 존속할 수 있게 하였던 것이다. 이것 또한 북한 정권이 그대로 답습한 부분이다.

북한의 경우에도 가장 강력했던 기독교 세력뿐만 아니라 농민 세력을 통제하려 했다. 기독교 세력은 조만식을 제거한 후 조선민주당을 통해 통제하려 했고 농민 세력은 청우당을 통해 통제하면서 세력을 약화시키려 했다. 김일성도 레닌과 똑같은 말을 하고 있는 것을 알 수 있다. 특히 '종교를 믿는가 안 믿는가 하는 것은 자유'라는 구절은 레닌의 판박이다.

> 북조선에서는 종교를 믿는 것을 반대하지 않으며 신앙의 자유를 법적으로 보장하고 있습니다. 종교를 믿는가 안 믿는가 하는 것은 자유라는 것을 종교인들에게 똑똑히 인식시켜야 합니다. 그런데 신앙의 자유를 보장한다는 것은 국가의 정책을 받들어 나가지 않는 종교활동까지 허용한다는 것을 의미하지 않습니다. 그러한 종교활동은 우리 인민의 리익을 반

---

3) Lenin 1954, pp.6-8.

대하는 반역 행위로밖에 달리는 볼 수 없습니다. 나라와 인민의 리익을 침해하는 행위는 철저히 반대하여야 합니다(1946년 10월 10일 김일성의 "신문 ≪민주조선≫ 기자가 제기한 질문에 대한 대답").[4]

사실 주체사상이 등장하기 전까지 종교에 대한 북한의 기독교 비판은 근본적으로 전통적 맑스-레닌주의에 입각해서 이루어졌다. '종교는 아편'이라는 것이었다.

주체사상과 기독교

주체사상은 외세를 끌어들이면 안 된다는 기본적인 발상에서 시작한다. 기독교와 선교사들이 외세를 끌어들여 제국주의 침략에 악용되었다는 시각에서 출발한다. 사실 주체사상은 기독교의 교리를 비판하기보다 기본적으로 신을 인정하지 않고 인간이 결정한다는 차원의 논리이다. 그러나 문제는 주체사상을 통해 인간이 신으로 되는 현상이 나타나고 이런 현상이 북한이라는 독특한 체제에서 기독교에 대한 탄압으로 이어지는 것이다.

스탈린은 '직위'로써의 '당 중앙'을 '특정 개인'으로 해석하여 '당 중앙영도론'으로 변화시킨다. 북한은 한 단계 더 나아가 1인 가계의 권력 세습을 정당화하는 '수령론'으로 변화시킨 것이다.[5]

북한에서 주체라는 말이 처음 제기된 것은 1955년이었다. 물론 김정일은 1982년 3월 31일 김일성 동지 탄생 70돌 기념 토론회에 보낸 논문 "주체사상에 대하여"에서 주체사상이 나타나게 된 것이 1930년 6월 카룬卡伦회의라고 말하고 있다.[6] 1955년 12월 28일 김일

---

4) 『김일성 저작집 2(1946.1-1946.12)』, pp.488-490.
5) 송인호 2019, p.150.
6) 김정일 1982, p.7.

성은 다음과 같이 말하였다.

> 우리 당 사상사업에서 주체는 무엇입니까? 우리는 무엇을 하고 있습니까? 우리는 어떤 다른 나라의 혁명도 아닌 바로 조선혁명을 하고 있는 것입니다. 이 조선혁명이야말로 우리 당 사상사업의 주체입니다. 그러므로 모든 사상사업을 반드시 조선혁명의 리익에 복종시켜야 합니다. 우리가 쏘련공산당의 력사를 연구하는 것이나, 중국혁명의 력사를 연구하는 것이나, 맑스-레닌주의의 일반적 원리를 연구하는 것이나 다 우리 혁명을 옳게 수행하기 위해서 하는 것입니다(1955년 12월 28일 김일성의 "사상사업에서 교조주의와 형식주의를 퇴치하고 주체를 확립할 데 대하여").[7]

북한에서 '주체사상'을 '당의 유일사상'으로 규정한 것은 1967년이다. 그리고 1974년 최초로 '당의 유일사상 체계 확립의 10대 원칙이하 '10대 원칙'으로 표기함'이 발표된다. 송인호는 북한은 '수령의 유일적령도 원칙' 특성상 '10대 원칙'의 영향력과 위상은 절대적이며 북한 규범 체계의 효력 순위는 '10대 원칙-당 규약-헌법-부문법'이라고 말한다.[8] 따라서 '당 규약', '헌법'보다는 '10대 원칙'을 우선 잘 살펴보아야 북한을 잘 이해할 수 있다는 취지이다.

북한의 권력 세습은 '백두혈통'이라는 혈연적 근거로 이루어지며 이를 뒷받침하는 핵심 규범이 바로 '10대 원칙'이다. '10대 원칙'은 세 번에 걸쳐 발표된다. 1974년 최초로 '당의 유일사상체계확립의 10대 원칙'이 발표된 후 2013년 '당의 유일적령도체계확립의 10대 원칙', 2021년 '당의 유일적령도체계확립의 10대 원칙'으로 개정되었다.

1974년 '10대 원칙'은 김정일의 권력 승계 과정에서 제정되었으며 기독교의 십계명과 아주 유사하다. 김일성의 신격화와 김정일의 후계 체계와 밀접한 연관성이 있다는 것이 특징적이다. 김정일이 1974년

---

7) 『김일성 저작집 9(1954.7-1955.12)』, p.468.
8) 송인호 2019, p.152.

4월 14일 발표하였기 때문이다.

2013년 '10대 원칙'은 3대 세습 정당화가 특징이다. '김일성민족', '김정일조선', '백두혈통' 등 내용을 대폭 강화한 반면에 '공산주의' 단어 삭제, '개별 간부에 대한 견제' 강화, '당의 권위' 강화, 당 간부 '실력주의' 개념이 도입되었다.[9]

2021년 '10대 원칙'은 형식상 결문이 추가되었다. '선군'이라는 단어를 많이 삭제한 것이 돋보인다. '핵 무력'은 계속 언급된다. 김정일에 대해 '총비서, 국방위원회위원장', '말씀'이라고 규정한 것을 김일성과 동일시하게 '우리당과 인민의 영원한 수령', '교시'로 김정일을 승격시켰다. '당의 유일적령도'를 '당중앙의 유일적령도'로 수정하여 '수령 유일 지배'를 분명히 한 것 또한 특징적이다. 여전히 인간의 존엄과 가치의 보장이 국가의 의무라고 규정한 우리나라 헌법과는 달리 너무나 배타적인 것을 알 수 있다.

1974년 '10대 원칙'을 살펴보면 십계명과 놀랍도록 유사한 것을 발견할 수 있다. 김일성의 '충성', '교시', '우러러 모셔야', '안겨주신 정치적 생명' 등이 바로 인간을 신격화하는 내용들이다. '10대 원칙' 자체에는 기독교나 종교 또는 신을 배척하는 내용은 없다. 그러나 '유일사상'이라는 데서 알 수 있듯이 종교는 용납할 수 없는 것이다.

사실 대부분의 사회주의국가들에서 기독교가 설 자리가 없었던 것은 마찬가지였다. 특히 통일전선에 참여하여 사회주의 정권에 협조하였든 하지 않았든 간에 사회주의 체제가 농업집산화 등을 추구함에 따라 기독교인들은 핍박을 받았다.

1949년 중국에 약 100만 명의 기독교신교 신자들이 있었지만 1958

---

[9] 송인호 2019, p.146.

〈표 30〉 십계명과 '당의 유일사상체계확립의 10대 원칙(1974년)' 비교

십계명	'당의 유일사상체계확립의 10대 원칙'
1. 너는 나 외에는 다른 신들을 네게 있게 말지니라.	1. 위대한 수령 김일성동지의 혁명사상으로 온 사회를 일색화하기 위하여 목숨 바쳐 투쟁하여야 한다.
2. 너를 위하여 새긴 우상을 만들지 말고 또 위로 하늘에 있는 것이나 아래로 땅에 있는 것이나 땅 아래 물속에 있는 것의 아무 형상이든지 만들지 말며 그것들에게 절하지 말며 그것들을 섬기지 말라.	2. 위대한 수령 김일성동지를 충성으로 높이 우러러 모셔야 한다.
3. 너는 너의 하나님 여호와의 이름을 망령되이 일컫지 말라.	3. 위대한 수령 김일성동지의 권위를 절대화하여야 한다.
4. 안식일을 기억하여 거룩히 지키라.	4. 위대한 수령 김일성동지의 혁명사상을 신념으로 삼고 수령님의 교시를 신조화하여야 한다.
5. 네 부모를 공경하라.	5. 위대한 수령 김일성동지의 교시 집행에서 무조건성의 원칙을 철저히 지켜야 한다.
6. 살인하지 말지니라.	6. 위대한 수령 김일성동지를 중심으로 하는 전당의 사상의 지적 통일과 혁명적 단결을 강화하여야 한다.
7. 간음하지 말지니라.	7. 위대한 수령 김일성동지를 따라 배워 공산주의적 풍모와 혁명적 사업방법, 인민적 사업작풍을 소유하여야 한다.
8. 도적질하지 말지니라.	8. 위대한 수령 김일성동지께서 안겨주신 정치적 생명을 귀중히 간직하며 수령님의 크나큰 정치적 신임과 배려에 높은 정치적 자각과 기술로써 충성으로 보답하여야 한다.
9. 네 이웃에 대하여 거짓 증거하지 말지니라.	9. 위대한 수령 김일성동지의 유일적령도밑에 전당, 전국, 전군이 한결같이 움직이는 강한 조직규률을 세워야 한다.
10. 네 이웃의 집을 탐내지 말지니라.	10. 위대한 수령 김일성동지께서 개척하신 혁명위업을 대를 이어 끝까지 계승하며 완성하여 나가야 한다.

출처: 마금석(2020).

년 공산당 지배 9년이 지나면서 거의 모든 교회들이 문을 닫았으며 문화대혁명으로 더욱 심각한 박해를 받게 된다. 사회주의가 몰락한 러시아와 동구권에서도 종교는 혹독한 탄압을 받았다. 독재 정권하에서, 그리고 개혁 개방이 없이는 사회주의 체제는 종교를 허용할 수 없는 것이다.

그나마 북한에서 2013년 개정된 '10대 원칙'에서는 '공산주의' 단어가 삭제되고 '당의 권위'의 강화, 그리고 당 간부 '실력주의'라는 문구가 등장한 것은 북한도 변화를 받아들이기 시작하였다는 좋은 징

조로 볼 수 있다.

2021년 개정된 '10대 원칙'에서 김일성과 동일시하게 김정일을 승격시켜 '우리당과 인민의 영원한 수령', '교시'로 일컫는 점, '당의 유일적령도'를 '당중앙의 유일적령도'로 수정한 점에서 북한 정권의 변화를 기대하기 어렵다는 것도 알 수 있다.

북한은 줄곧 '사상의 지적 통일과 혁명적 단결'이라는 차원, 통일전선에 합류 차원에서 기독교를 활용해 온 셈이다. 김일성, 김정일의 발언을 통해 종교는 마약이라는 인식이 계속되고 있지만 아이러니하게 통일전선에 참여하는 기독교인들은 탄압에서 배제하는 야누스적인 태도를 취한다. 주체사상 자체가 인간을 신격화하는 차원에서 보면 과거 일제가 기독교를 탄압하던 시기 신사참배를 강요하던 것과 유사하다.

'10대 원칙' 외에서 북한 헌법 전문 즉, 북한에서는 서문이라는 것을 살펴보면 온통 신격화하고 부활할 것처럼 암시하는 영생, 불멸, 수호자, 성지, 시조 등의 용어를 사용하고 있는 동시에 아이러니하게도 혁명가, 정치가, 인간이라는 용어도 함께 사용하고 있다. 이처럼 북한에서는 영원불멸, 영생불멸과 같은 종교적 또는 샤머니즘적 용어들을 사용하여 최고 권력자를 신격화하는 것이다.

김일성의 기독교관

가계도로 본 기독교 영향

북한 정권은 기독교에 대해 야누스Janus적 입장을 취해 왔다고 해도 과언이 아니다. 두 개의 얼굴이라는 의미이다. 사실 김일성은 기독교 집안에서 태어났고 기독교적인 복음 전파 방법에 대해 알고 기독교 방식을 공청단 확장에 도입하려 했다고 볼 수 있다.

김일성이 기독교 가정에서 자랐다는 것은 주지의 사실이다. 김일성의 외조부 강돈욱은 평남 대동군 용산면 하리에 있는 칠골교회에 헌신한 인물이다. 강량욱도 해방 때까지 평양에서 목사로 활동했다. 앞에서 보았듯이 아버지도 독립운동을 하면서 교회 친구들이 많았고 어머니 강반석은 신앙심이 두터워 하리에 있는 칠골교회에 열심히 다녔다.

김일성은 기독교에 대한 긍정적 입장도 가지고 있다. 주로 항일투쟁이나 민족민주전선에 기독교가 참여했다는 점을 강조한 측면이다. 1992년 4월 2일 미국 종교 지도자와 한 담화에서 일제강점기 신사참배를 거부한 김성락 목사에 대해 언급하였다.

> 당신[미국 종교 지도자 빌리 그레이엄 목사]의 부인이 해방 전에 평양에서 공부를 하였다니 평양에 대하여 잘 알고 있을 것입니다. 그때 우리나라를 강점한 일제는 조선에 와있는 외국 사람들과 외국 기독교인들에게 저들과 같이 신사참배를 하지 않겠으면 조선에서 나가라고 하였습니

다. 그래서 당신의 부인도 평양을 떠났을 것입니다. 우리는 그때의 일에 대하여 알고 있습니다. 그때 조선 목사들도 추방되어 미국으로 갔습니다. 내가 잘 아는 김성락 목사도 평양에서 살다가 미국으로 추방되어 갔습니다. 그의 아버지도 목사였는데 그는 자기 아버지의 뒤를 이어 목사가 되었습니다. 김성락 목사는 80살 때인 1981년에 우리나라를 방문하였습니다. 내가 우리나라를 방문한 그를 만나보았는데 그때 자기는 워싱톤에 있는 목사촌에서 산다고 하였습니다. 김성락 목사는 몇 해 전에 사망하였습니다(1992년 4월 2일 김일성의 "미국 종교 지도자와 한 담화").[10]

김일성은 기독교인들이 했던 항일투쟁에 대해서도 기본적으로 긍정적인 입장을 가지고 있었다. 3·1운동이나 105인 사건에서 기독교인들이 역할을 했다는 점이다. 김일성의 아버지가 조선국민회라는 조직을 조직했는데 대부분의 구성원이 기독교인들이라고 말한다.

> 우리 민족해방투쟁사에서 큰 의의를 가지는 3·1운동 때 독립선언서를 발표한 33인 가운데도 기독교인들이 여러 명 있었습니다. 유명한 《105인 사건》 때 일제놈들에게 체포된 사람들 가운데도 손정도 목사를 비롯한 기독교인들이 적지 않았는데 그들의 대부분은 우리 아버지가 조직한 조선국민회 성원이였습니다(1992년 8월 20일 김일성의 "미국 전국 기독교 교회협의회 대표단과 한 담화").[11]

> 손정도 목사는 지난날 나의 초기 혁명 활동을 많이 도와주었습니다. 그가 길림에서 운영한 례배당은 나의 지하활동 장소였습니다. 그때 기독교청년회관도 리용하였는데 청년들은 일요일에 례배를 보는 날이지만 기독교청년회관에 모여들군 하였습니다. 기독교청년회관이 간판은 그렇게 붙였지만 우리가 청년들에게 혁명사상을 넣어 주는데 리용하는 구락부나 같았습니다. 미국에서 살고 있는 손정도 목사의 막내아들 손원태가 지난해에 조국에 왔다 갔고 올해에도 와서 나의 생일을 맞으며 진행하는 행사에 참가하고 돌아갔습니다. 나는 손원태를 길림에서 헤여진 다음 지난해에 처음 만나보았습니다. 내가 그를 좀 더 일찍 만날 수 있었는데 그가 나

---

10) 『김일성 전집 92(1992.1-1992.12)』, p.162.
11) 『김일성 전집 92(1992.1-1992.12)』, p.341.

를 만나기 위해 나에게 보낸 편지가 도중에서 잘못되어 오래동안 만나지 못했습니다(1992년 8월 20일 김일성의 "미국 전국 기독교 교회협의회 대표단과 한 담화").[12]

김일성이 기독교적 환경에서 자라서 기독교에 익숙해 있다는 것은 김일성이 연설에서 자주 사용하는 용어인 '형제자매'라는 말에서도 찾아볼 수 있다. 사회주의나 공산주의 혁명을 주도했던 많은 지도자들 중에서 유독 김일성이 연설할 때 형제자매라는 말을 자주 쓴 것은 그가 기독교 환경에서 자랐기 때문이라고 추정할 수 있다.

김일성의 정권 장악

1945년 8월 15일 해방을 맞이하면서 한국인들은 꿈에 부풀어 있었다. 그러나 그것도 잠시 미군과 소련군이 각각 남북에 진주하면서 군정이 시작되고 기독교의 희망도 사라지게 되었다. 한국 독립 문제는 1943년 11월 카이로 회담, 1945년 2월 얄타 회담, 1945년 7월 포츠담 회담에서 논의되었다. 얄타 회담의 결정에 따라 1945년 8월 9일 소련군이 북한을 점령하였고 미군은 1945년 9월 8일 남한을 점령하였다. 미국 측이 소련의 한반도 단독 점령을 막고 일본군 무장해제를 위해 38도 선의 분할 점령을 제안했다.[13] 이에 소련이 동의하며 한반도의 분단이 시작되었다. 1945년 모스크바 회담에서는 신탁통치를 미국, 영국, 소련 외상들이 합의하였다. 유엔총회에서는 남북 총선거 시행을 통한 통일 정부 수립안이 가결되었지만 남북한 총선거는 시행되지 못하고 결국 1948년 8월 15일 대한민국 정부가 수립

---

12) 『김일성 전집 92(1992.1-1992.12)』, pp.341-343.
13) 『2023 통일문제 이해』, pp.29-30.

되었고 1948년 9월 9일 조선민주주의인민공화국이 수립되었다.[14]

당시 상황에서 여운형 등의 건국준비위원회는 성공할 수 없었다. 여운형은 좌익과 우익을 통합하여 정부를 세우려 했고 1945년 9월 6일 서울에서 약 300~1,000명이 참석한 전국대회를 열고 조선인민공화국 건국을 선포하였다. 87명으로 구성된 인민위원회가 국가권력의 최고 기관으로 선출되었다. 민족주의자, 공산주의자도 포함되었고 우익도 포함되었다. 그러나 이 조직에 대해 미국이나 소련은 인정하지 않았다. 인민위원회나 정부에 포함된 많은 사람들은 당시 해외에 있었고 자신이 선출된 사실조차 알지 못한 경우도 있었다.

북한에 소련군이 들어오면서 공산주의자들의 권력 장악에 유리해졌다. 소련군의 출현과 함께 북한에서 공산주의자들에게 유리한 조건이 형성되고 급속한 성장과 조직 형성으로 이어졌다. 조선공산당 북조선 분국은 1945년 10월 13일 만들어졌고 1945년 12월 김일성이 서울에 센터를 둔 조선공산당 북한조직국을 이끌었다. 1946년 4월 말 북한의 독립 공산당인 조선공산당이 결성되었고 1946년 8월 29일 조선신민당과 통합하면서 북조선노동당이 되었다. 공산당은 북한에서 당원 수가 기하급수적으로 증가했다. 1945년 12월 15일에 당원 수가 6천 명에 불과했다면 1946년 4월에는 이미 43,000명, 7월에는 10만 명 이상, 1946년 8월에는 무려 16만 명에 달하였다. 1946년 2월 7일 평양에서 북한 각 도의 당, 공공단체, 지방자치단체 대표 32명이 참석한 가운데 준비회의가 열리는데 김일성은 그들에게 북한 임시인민위원회 구성의 필요성을 정당화하는 연설을 했다. 다음 날인 2월 8일, 이 문제는 138명의 대표가 참석한 확대회의에 제기되

---

14) 『2023 통일문제 이해』, pp.32–33.

었다. 이틀간의 작업 결과 회의에서는 만장일치로 김일성을 위원장으로 하는 23명으로 구성된 북조선임시인민위원회가 구성되었다.

1946년 3월에 승인된 북조선임시인민위원회 규정에는 '최고행정기관'으로 규정되어 있다. 1946년 8월 북조선공산당과 신민당의 합당이 이루어지고 공산당 3명, 신민당 2명으로 5명의 북로당 정치위원을 임명하였다. 김일성빨치산파, 김두봉연안파, 주녕하국내파, 최창익연안파, 허가이소련파였다.[15]

우리는 이런 의문이 생긴다. 만약 북한에 애당초 종교 부서가 있었다면 종교정책은 어떤 변화를 가져왔을지 궁금하다. 최고 지도자를 어떻게 부를지 개신교협회 총회에서 논의가 있었다는 것도 어느 정도 개신교의 위치를 말해 주는 것이 아닐까 생각된다.

1947년 7월경 북조선 소련민정국장 대리 대좌 이그나티예프가 스티코프 상장과 제25군 사령관 코로트코프 중장에게 보내는 정당 및 사회단체 중앙위원회들의 합동총회 결과에 관한 조회보고에 따르면 개신교협회 중앙위원회 총회에서 조선 정부의 최고 담당자를 '지도자'라고 부르기로 했다고 결정하였다. 아울러 정부 부처를 '성'으로 해야 할지 '부'로 해야 할지 논의가 있었으나 부로 하기로 결정하였다.

> 개신교협회 중앙위원회 총회에서 일련의 문제들에 대한 답안을 논의할 때 격렬한 토론이 진행되었습니다. 첫째, 조선 정부의 최고 지도자를 어떻게 부를 것인가에 관한 문제가 제기되었습니다. 그에 관해 다양한 견해가 있었으나 결국 수상이라고 부르면 안 된다는 결론에 도달하였습니다. 왜냐하면 다른 나라들에서 수상이 행정부 수반의 명칭이기 때문입니다. 각료회의 의장이라고 부를 수도 없는데, 이는 소련의 행정부 수반을 그렇게 부르기 때문이라는 것입니다. 따라서 그냥 '지도자'라고 부르기로 결정

---

15) 김국후 2008, pp.226-227.

하였습니다.[16)]

> 정부 각 부서를 어떻게 부를 것인가 즉, '성'이라고 할 것인가 아니면 '부'라고 할 것인가의 문제에 대해서도 역시 다양한 의견이 있었습니다. 다수의 의견은 '부'가 다른 나라들에도 있기 때문에 조선에서 그 부서들 이름은 '성'이 아니라 '부'로 해야 한다는 것이었습니다.[17)]

문제는 종교를 전담하는 부처를 둘 것이냐의 문제였다. 그러나 종교 부처를 두지 않기로 결정하였다. 이는 중국에서 종교국이 존재하는 것과는 달리 부처 자체를 두지 않기로 한 것은 정부가 종교에 대해 개입할 여지를 없애는 것 같지만 오히려 종교의 영향력 하락을 의미할 수도 있다.

> 총회에서 종교 담당 부서의 설립 필요성 문제가 제기되었습니다. 이 문제에 대해서도 역시 다양한 견해가 개진되었습니다. 일부는 국가라면 당연히 종교 문제를 담당해야 한다고 역설했으며, 다른 일부는 조선에 종교가 많기 때문에 그런 국가 부서의 설립이 종교활동을 제약할 것이라고 주장하였습니다. 토론 결과, 종교 담당 부서는 설립하지 않기로 합의하였습니다.[18)]

『쉬띄꼬프 일기』에 따르면 1946년 12월 17일 형법 초안에 대한 보고를 받았는데 법령 초안을 공포하지 않고 대신 처벌의 본질 및 정도를 규정한 처벌규칙을 공포하기로 결정하였다 한다. 여기에는 뇌물수수 행위, 절도 및 강도 행위, 여성, 종교의 상호 관계와 시민에 대한 종교의 영향, 테러 방지에 대한 것이었다.[19)]

---

16) "정당 및 사회단체 중앙위원들의 합동총회 결과에 관한 조회보고," http://waks.aks.ac.kr.
17) "정당 및 사회단체 중앙위원들의 합동총회 결과에 관한 조회보고," http://waks.aks.ac.kr.
18) "정당 및 사회단체 중앙위원들의 합동총회 결과에 관한 조회보고," http://waks.aks.ac.kr.
19) 『쉬띄꼬프 일기』, p.55.

김일성 지도 이념의 형성

스탈린 격하운동(De-Stalinization) 때부터 구소련과 소원한 관계

1956년의 도전과 위기로부터 김일성은 절대적 권력을 잡기 시작하였다.[20] 흐루쇼프가 1956년 소련공산당 20차 당대회에서 스탈린 격하운동을 시작하였기 때문이다. 김일성은 소련에 의존하지 않는 정책을 추진한다. 주체사상은 탈스탈린화에 따른 위기를 권력 강화를 통해 극복하는 것이었다. 그러나 아이러니하게도 탈스탈린화를 통한 해빙보다는 오히려 스탈린적 체제를 강화하는 방향으로 나갔다.

중국과는 원래부터 불편한 관계

김일성은 중국에도 의존하지 않았다. 암스트롱Charles A. Armstrong은 〈민생단 사건〉이 김일성으로 하여금 자율성을 고수하고 중국과의 관계에서 국가적 독립성을 고수하도록 한 계기였다고 평가한다. 민생단은 1932년 만주에 이주한 친일 한인들로 구성되었고 일본 정부의 재정적 군사적 지원을 기대했지만 지원을 받지 못하고 1932년 10월 해체된다. 1933년부터 1936년 민생단 숙청 과정에서 1,000명 이상의 공산주의자들이 민생단의 스파이로 지목되어 중국공산당에서 축출당하였다. 체포된 사람들은 한인들이었고 500여 명이 사망하기에 이른다. 김일성도 스파이로 지목되어 1933년 말 체포되었다가 1934년 초 무죄로 밝혀진다.[21] 중국공산당 동만특별위원회가 스파이로 지목된 한국 공산주의자들을 숙청한 것은 한국혁명 과업을 중국혁명 과업에 종속시키기 위한 것으로 이는 중국 공산주의자들

---
20) Scalapino and Lee 1972, p.463.
21) Armstrong 2003, p.30.

이 중국 민족주의에 한국 공산주의자들을 희생양으로 삼은 것이라는 평가이다.[22] 김일성은 다음과 같이 이야기하였다.

> 일본놈들은 민생단이라는 반혁명적 간첩단체를 조직하여 간도의 혁명지구에 들여보냈습니다. 이리하여 그들은 조선사람과 중국사람을 서로 리간시키며 또 조선사람끼리 서로 싸우게 하는 간책을 썼습니다. 일시 적의 간책에 걸려 혁명·진영 내에서 서로 죽이는 놀음을 한 결과 많은 사람들이 애매하게 희생되였습니다(1955년 12월 28일 김일성의 당 선전 선동일군들 앞에서 한 연설 "사상사업에서 교조주의와 형식주의를 퇴치하고 주체를 확립할 데 대하여").[23]

우리식 사회주의

김일성은 우리식을 강조한다. 김일성은 "쏘련에서 나온 사람들은 쏘련식으로, 중국에서 나온 사람들은 중국식으로 하자고" 싸우는데 이는 "부질없는 일"이라고 비판하였다. 그러면서 "밥을 먹는데 바른 손으로 먹든 왼손으로 먹든 또는 숟가락으로 먹든 젓가락으로 먹든 상관할 바가 아닙니다. 어떻게 먹든지간에 입에 들어가기는 마찬가지가 아니겠습니까"라고 지적하였다. 그러면서 "당중앙은 쏘련의 좋은 것도 배우고 중국의 좋은 것도 배우고 다 배워서 우리나라 실정에 맞는 정치사업의 방법을 창조하여야 한다"라고 지적하기도 한다. "사업에서 혁명적 진리, 맑스-레닌주의적 진리를 체득하는 것이 중요하며 그 진리를 우리나라의 실정에 맞게 적용하는 것이 중요합니다", "어떤 사람들은 쏘련식이 좋으니, 중국식이 좋으니 하지만 이제는 우리 식을 만들 때가 되지 않았습니까"라고 말하였다.[24]

---

22) Park 2005, p.199.
23) 『김일성 저작집 9(1954.7-1955.12)』, p.492.
24) 『김일성 저작집 9(1954.7-1955.12)』, pp.477-478.

인민학교에 가보니 사진을 걸었는데 마야 꼽쓰끼, 뿌슈낀 등 전부 외국 사람들뿐이고, 조선 사람이란 한 사람도 없었습니다. 이렇게 아이들을 교양해서야 어떻게 민족적 자부심이 생기겠습니까.[…]

밥을 먹는데 바른 손으로 먹든 왼손으로 먹든 또는 숟가락으로 먹든 저가락으로 먹든 상관할 바가 아닙니다. 어떻게 먹든지 간에 입에 들어가기는 마찬가지가 아니겠습니까.[…]

쏘련의 경험을 배우는데 형식만 따르는 경향이 많습니다.《쁘라우다》지에서《우리 조국의 하루》라고 제목을 달면 우리 로동신문도《우리 조국의 하루》라고 제목을 답니다. 그런 것까지 따를 필요야 어디 있습니까. 의복 입는 것도 그렇습니다. 우리 조선 녀성들에게는 아주 훌륭한 조선 의복이 있는데 무엇 때문에 그것을 버리고 어울리지 않는 복장을 하고, 다녀야 하겠습니까. 그럴 필요가 없습니다. 나는 녀맹일군들에게 우리 녀성들은 될 수 있는 대로 조선 의복을 입도록 하자고 말하였습니다(사상사업에서 교조주의와 형식주의를 퇴치하고 주체를 확립할 데 대하여 당 선전선동 일군들 앞에서 한 연설 1955년 12월 28일).[25]

권력의 독점

전후 김일성은 권력을 유지하고 강화하기 위해 중국공산당하에서 활동한 '연안파'와 국내에서 공산주의 운동을 전개한 '국내파'를 숙청하기 시작하였다. 권력의 독점은 1950년대 중반에 이루어졌다. 1950년대는 김일성에 반대했던 인물들은 사실상 모두 숙청당한 시기이기도 했다. 1950년 12월 연안파의 무정이 평양 사수에 책임을 지고 숙청되었다. 1951년 11월 허가이, 1953년 남로당계 이승엽, 임화 등이 숙청되었다. 1955년 12월 박헌영이 숙청되었다. 종교인도 예외가 될 수 없었다. 따라서 1950년대 후반은 종교 자체에 대한 탄압이기보다 북한의 정치 상황에서 파생된 탄압의 성격이 강했던 것이다.

---

25) 『김일성 저작집 9(1954.7-1955.12)』, pp.472-478.

1950년대 중엽 중공업 우선주의에 대한 비판을 둘러싸고 갈등이 일어났다. 1956년 8월 상업상인 윤공흠이 중공업에 너무 우선을 두었다고 비판하고 경공업을 중시해야 한다는 발언을 하자 박창옥, 최창익이 중앙위원직을 박탈당하고 1958년 분파주의에 대한 비판이 고조되고 결국 숙청되었다. 북한에서 적어도 90명의 고위직이 1958~1959년 숙청당하거나 제거되었다.[26] 김두봉, 박창옥, 최창익 등이 제거되고 김일성이 권력을 독점한 것이다. 만주 빨치산파가 1961년 무렵에 득세하게 된다.

〈표 31〉 로동당 중앙위원회의 파벌 구성(1946~1961년, 단위: 명)

파벌	제1차 당대회 1946.8.28~30.	제2차 당대회 1948.3.27~30.	제3차 당대회 1956.4.23.~29.	제4차 당대회 1961.9.11.~18.
만주 빨치산파	4	6	8	31
갑산파	-	2	3	6
연안파	19	18	19	3
소련파	8	16	9	1
국내 공산주의자	10	13	13	11
남한 노동당	-	-	7	2
기타	2	12	12	31
합계	43	67	71	85

출처: Kim(2018).

김일성의 기독교에 대한 실질적인 이해

사실 김일성은 기독교 집안에서 태어나고 교회에 다녔기 때문에 종교에 우호적이라고 생각할 수 있었는데 그렇지 않았다. 김일성의 일대기를 다룬 『세기와 더불어』에 따르면 김일성은 1912년 4월 15일에 태어났다. 아버지는 김형직, 어머니는 강반석이었다. 사실 어머

---

[26] Scalapino and Lee 1972, p.524.

니 강반석은 기독교 신자였다. 강반석의 반석이라는 이름이 제단 즉, 교회를 의미하고 베드로의 별명인 반석에 어울리게 신앙심이 두터운 교인이었다. 김일성의 가족은 어머니 강반석이 가막조개를 주워야 했고 삼촌이 죽었을 때는 시신을 찾을 돈을 마련하지 못할 정도로 가난했다. 여기서 확실한 것은 김일성이 기독교 집안에서 자랐다는 것은 의문의 여지가 없다는 것이다. 어머니 집안은 모두 기독교 신자들이었다. 그러나 김일성은 어머니가 예배당에 다녔지만 예수를 믿지 않았다고 말한다.

『세기와 더불어』에 나오는 이러한 내용들에 대한 김일성의 회고를 들어보자.

> 아버지가 숭실중학교에 입학한 것은 나라가 망한 이듬해(1911년) 봄이었다. […] 그 당시 숭실중학교의 월사금이 2원이었다고 한다. 그 2원을 벌려고 어머니는 수노하강에 나가 가막조개까지 주어다 팔았다.[27]

> 몇 해 후에는 마포형무소에서 장기형을 받고 감옥살이를 하던 작은 삼촌이 모진 고문 끝에 옥사하였다. 그때 우리집에서는 시신을 찾아가라는 통지를 받고도 돈이 없어 찾아오지 못하였다. 그래서 작은 삼촌의 유골은 마포형무소 공동묘지에 묻히였다.[28]

> 사상으로 보면 아버지도 무신론자였다. 그러나 신학을 가르치던 숭실중학교 출신이였기 때문에 아버지의 주위에는 교인들이 많았고 따라서 나도 교인들과 접촉을 많이 하였다. […]
> 나는 어머니가 갈 때에만 송산으로 다니었다.
> 어머니는 예배당에 다니었지만 예수를 믿지 않았다.
> 어느 날 나는 어머니에게 슬그머니 물어보았다.
> "어머니, 어머니는 〈하느님〉이 정말 있어서 례배당에 다니시나요?"
> 어머니는 웃으면서 머리를 가로 흔들었다.

---

27) 『세기와 더불어 1』, p.7.
28) 『세기와 더불어 1』, p.12.

"무엇이 있어서 다니는 건 아니다. 죽은 후에 〈천당〉 가서는 뭘 하겠니. 사실은 너무 피곤해서 좀 쉬자고 간다."

그 말씀을 들으니 어머니가 불쌍하고 더 정이 들었다. 어머니는 례배당에서 기도를 드리다가도 피곤에 못 이겨 졸곤하였다. 그리다가 목사가 뭐라고 한 후 모두가 "아멘" 하고 일어날 때에야 잠에서 깨여났다. 〈아멘〉 소리가 난 뒤에도 잠에 몰려 깨어나지 못하면 내가 슬그머니 흔들어서 어머니에게 기도가 끝났다는 것을 알려드리군 하였다.[29]

김일성은 기본적으로 목사들이 아무리 기도해도 하나님이 밭 한이랑 준 일이 없다는 것을 강조하면서도 종교를 금지하는 것은 아니라는 입장을 표시하고 있다. 물론 북한 정권의 사회주의 정책을 반대하지 말라는 논지를 이야기하였다.

우리는 각계각층 군중들, 특히 기독교인들 속에서 선거 선전 사업을 강화하여야 하겠습니다. 아직도 일부 군중 속에는 반동 목사들의 나쁜 말을 듣고 잘못 나가는 사람들이 있습니다. 우리 일군들은 기독교인들과 농민들에게 누가 땅을 나누어주었는가 하는 것을 똑똑히 알려주어야 합니다. 목사들이 아무리 《하느님》을 찾아도 《하느님》은 밭 한이랑 준 일이 없고 오직 인민의 정권만이 땅을 줄 수 있었으며 현실적인 행복은 인민위원회를 믿고 받드는 데서 온다는 것을 실제적인 사실을 가지고 기독교인들과 농민들을 잘 깨우쳐주어야 합니다.

그렇다고 하여 오늘 북조선에서 종교를 믿는 것을 금지하는 것은 결코 아닙니다. 그러나 반동 목사들이 종교를 악용하여 반동적인 책동을 하는데 대하여서는 그냥 둘 수 없습니다. 함경남도와 강원도 같은 데서 《땅을 지주에게 돌려주라.》, 《토지개혁을 다시 하자.》고 들고나온 자들도 바로 반동 목사들이였습니다. 우리는 반동 목사들이 종교의 간판 밑에 농민들을 가혹하게 압박하고 착취하는 지주 정권을 세우려 하며 농민들에게서 땅을 빼앗아 도로 지주에게 넘겨주려고 책동한다는 것을 철저히 폭로하여야 합니다. 기독교인들과 농민들에게 반동 목사를 따라 그릇된 길로 나갈 것이 아니라 부강하고 행복한 인민의 나라를 세우는 자주독립의 길로 나가야 한다는 것을 실지 생활 체험과 현실자료를 가지고 잘 알려주어야

---

29) 『세기와 더불어 1』, p.104.

하겠습니다(1947년 1월 11일 김일성이 북조선민주주의민족통일전선 중앙위원회 제9차회의에서 한 결론, "면, 리(동) 인민위원회 위원 선거를 성과적으로 보장하기 위하여").[30]

김일성은 종교가 비과학적이라는 말은 많이 하지는 않았다. 북한의 기독교 비판은 기독교의 본질이나 교리에 관한 것이 아니었다. 김일성은 오히려 하나님을 믿어 땅이 생기느냐 돈이 생기느냐 하면서 "목사들이 아무리 《하느님》을 찾아도 《하느님》은 밭 한이랑 준 일이 없고"라고 말한다. 김일성은 주로 기독교가 미국 침략에 이용되었다는 식으로 비판해 왔다. 김일성은 하나님에 대해 부정적이고 무신론적 입장이라고 볼 수 있다. 근본적으로 신보다 인간을 더 믿는다는 말이다.

김일성의 기독교에 대한 야누스적 태도

한국전쟁 이후 북한은 권력 유지를 위한 체제 안의 평화와 체제 밖에서의 국가 이미지 변화를 위해 기독교에 대해 야누스적 태도를 취해왔다. 사실 김일성은 기독교 집안에서 태어났고 기독교적인 복음 전파 방법에 대해 잘 알고 있었고 기독교 방식을 공청단 확장과 체제 안정에 잘 활용했던 사례도 있다. 북한에서 지도 이념의 변화가 없는 이상 권력자가 기독교에 대해 어느 정도 관용을 보일지가 관건인 셈이다.

기독교적 복음 전략을 부러워했던 김일성

김일성은 기독교를 잘 알고 있었고 기독교의 전략, 전술적 장점을

---

30) 『김일성 저작집 3(1947.1-1947.12)』, pp.15-16.

당의 전략 전술에 적용할 것을 요구하기도 했다. 김일성이 기독교에 대해 잘 알고 있었다는 사실은 김일성이 1933년 3월 27일 〈공청단 업무를 개선하는 과제에 대하여 On the tasks for improving the Works of the Young Communist League〉라는 제목으로 왕칭汪淸에서 열린 공청단원 회의에서 행한 연설에서도 나타난다. 이 연설에서 공청단의 이념 교육을 비판하면서 "기독교 목사의 설교보다도 훨씬 덜 효율적"이라고 비판을 했던 것이다.[31]

김일성이 전략 전술이나 교육에서 가장 부러워했던 것이 기독교가 오랫동안 행해오던 복음 전파 방식이었다. 실제 김일성은 이러한 방식을 채택하기도 했다. 김일성은 1952년 6월 23일 기독교가 어떻게 청년들에게 관심을 가지게 하고 기독교 교리를 전파하느냐에 대한 이야기를 하였다.

> 민주선전실에서 회의나 하고 강연만 하여서는 사람들이 잘 모여들지 않습니다. 민주선전실은 많은 사람들이 흥미를 가지고 모이도록 잘 운영하여야 합니다. 그전에 기독교 목사들은 청년들을 끌기 위하여 처음에는 청년들이 례배당에 모이면 공책이나 연필 같은 것도 주고 노래도 부르게 하였습니다. 이렇게 하여 흥미를 가지게 한 다음 점차 기독교 교리를 설교하였습니다. 사실 지난날 청년들이 예수를 믿으려고 례배당에 간 것이 아니라 노래를 부르고 서로 교제하기 위하여 거기에 갔습니다(1952년 6월 23일 김일성의 중앙고급지도간부학교 교직원, 학생들 앞에서 한 연설 "인민정권을 강화하는 것은 조국 해방전쟁의 승리를 위한 중요한 담보").[32]

> 지난날 청년들이 례배당에 다닌 것은 거기에 가면 풍금도 치고 서로 사귈 수 있기 때문에 다닌 것이지 실지 예수를 믿으러 다닌 것은 아닙니다. 민청단체들에서는 이런 것을 교훈 삼아 기독교청년들과의 사업을 잘하여야 합니다(1953년 12월 18일 김일성의 조선로동당 중앙위원회 제7차 전원회의에서 한 결론 "통일전선사업을 개선 강화할 데 대하여").[33]

---

31) Kim Il Sung Works(June 1930-December 1945), p.70.
32) 『김일성 저작집 7(1952.1-1953.7)』, p.277.
33) 『김일성 저작집 8(1953.8-1954.6)』, pp.202-206.

그러면서 김일성은 1964년 3월 23일 실제 기독교에서 사용하는 이러한 전술을 사용했다고 이야기하였다.

> 우리는 지난날 청년 시절에 혁명 활동을 할 때 례배당에 가는 사람들을 우리 편에 끌기 위하여 투쟁한 일이 있습니다. 우리는 사람들이 왜 례배당에 가는가 하는 것부터 알아보았습니다. 기독교 목사들은 례배당에 풍금을 가져다 놓고 그것을 치면서 청년들을 끌었습니다. 사람들이 례배당에 가는 것을 보면 청년들은 노래를 부르거나 서로 교제하기 위하여 갔고 압박받고 천대받는 사람들은 위안을 받기 위하여 갔으며 집에서 고된 일을 하는 녀인들은 기도를 드리는척하면서 쉬기 위하여 갔습니다.
> 우리는 이런 실정을 알고 사람들이 례배당에 가지 않고 우리에게 오도록 하려면 그들의 마음을 끌 수 있는 일을 해야 하겠다고 생각하였습니다. 그래서 우리는 이야기를 잘하는 동무들에게 과업을 주어 남의 집 웃방을 얻고 거기서 사람들에게 옛이야기나 소설을 본 이야기를 구수하게 하여주도록 하였습니다. 사람들은 우리 동무들이 하는 이야기가 구수하고 들을수록 재미있다고 하면서 그 집에 모여들기 시작하였습니다. 우리는 방에 도배도 깨끗이 하고 불도 뜨뜻이 때였습니다. 이렇게 되자 로인들을 비롯하여 많은 사람들이 소설 이야기를 들으러 가자고 하면서 우리가 꾸려놓은 방에 모여 오군하였습니다. 사람들이 모인 다음 소설 이야기나 이러저러한 구수한 이야기를 하다가 마지막 대목에 가서 일본제국주의를 반대하여 싸워야 한다는 혁명에 대한 이야기를 몇 마디씩 하여주었습니다.
> 우리는 청년들을 끌기 위한 사업도 하였습니다. 기독교 목사들은 례배당에 풍금을 가져다 놓고 청년들을 끄는데 우리에게는 청년들을 끌 수 있는 그런 오락기구가 없었습니다. 그래서 우리는 야학에서 연극도 하고 노래도 부르고 하모니카 합주도 하여 청년들이 모여들게 하였습니다. 이렇게 하여 례배당에 가던 사람들이 나중에는 모두 우리에게로 넘어오게 되였습니다(1964년 3월 23일 김일성의 전국 근로자학교 및 근로자중학교 강사 열성자 회의에서 한 연설 "성인교육사업을 강화하자").[34]

---

34) 『김일성 저작집 18(1964.1~1964.12)』, pp.270-272.

조선의 '하느님'으로 기독교 통제

한국전쟁 이후 북한 정권은 정당 독재를 더욱 강화하였다. 프롤레타리아 독재는 바로 단일 정당의 독재이기 때문에 경쟁적 정당이나 단체를 허용할 수 없었기 때문이다. 북한은 당시 가장 강력했던 기독교 세력뿐만 아니라 농민 세력을 통제하려 했고 이에 충돌은 불가피했다. 통제 방법으로는 기독교 세력은 조만식을 제거한 후 어용 조선민주당을 통해 통제하려 했고 농민 세력은 청우당을 통해 통제하면서 세력을 약화시키려 했다.

김일성은 종교 자유, 신앙 자유를 법적으로 보장한다면서도 외국 선교사들을 북한 침략을 위해 파견된 제국주의 정탐꾼이라고 비방하면서 '하느님'을 믿어도 조선의 '하느님'을 믿어야 한다고 말한다. 여기서 볼 수 있듯이 김일성은 강압적이고 노골적인 방법보다는 '강제된 세속화' 차원에서 기독교를 통제하려고 했다고 볼 수 있다.

> 교인들은 종교를 믿어도 자기 나라와 인민을 위하여 믿어야 하며 《하느님》을 믿어도 조선의 《하느님》을 믿어야 할 것입니다(1945년 11월 26일 김일성의 "신의주 시내 상공인, 의사, 기독교인들과 한 담화").[35]

'숭미사상' 비판으로 기독교 회유

정권에 비판적인 기독교 세력이 이미 대거 월남하여 북한에서의 기독교 세력이 약화되었을 뿐만 아니라 '전통적 세속화' 차원에서 기독교가 어느 정도 통제력을 보이면서 김일성은 기독교 세력을 정권의 위협으로 보지 않았다. 국내 안정의 내실을 다지기 위해 이 "기독교인들을 먹고 살게 해주어야 한다"라면서 기독교인 회유 방법을 택

---

35) 『김일성 전집 2(1945.8-1945.12)』, p.339.

하였다. 세력이 약화된 기독교인들에 대해서는 일반인들처럼 일자리를 제공하는 것으로 기독교 억제가 충분하다고 생각했던 것이다. 기독교인들의 '숭미사상'을 비판하면서도 회유하는 것이다.

> [...] 과거 조선에 와있던 외국 선교사들은 제국주의자들의 정탐군들이였습니다. 타국을 침략하기 위하여 선교사들을 파견하는 것은 오직 제국주의 국가에서만 있는 일이며 오늘의 민주주의 세계에서는 있을 수 없는 일입니다.
> 종교인들은 외국 선교사들을 숭배하는 그릇된 사상을 없애야 합니다. 이제부터는 종교도 국가와 인민의 리익에 복종되여야 하며 우리 민족의 리익을 위하는 종교로 되여야 합니다. 그러한 종교만이 조선사람이 믿을 수 있는 종교로 될 수 있습니다(1946년 10월 10일 김일성의 "신문 ≪민주조선≫ 기자가 제기한 질문에 대한 대답").[36]
>
> 다음으로 기독교인들과의 사업을 잘하여야 하겠습니다. [...]
> 기독교인들의 머리속에 숭미사상이 오랜 기간에 걸쳐 뿌리 깊이 박혔기 때문에 전쟁 전까지만 하여도 그들의 머리속에서 숭미사상을 뿌리 빼기가 대단히 어려웠습니다. 그러나 전쟁을 통하여 그들이 숭미사상을 스스로 버리게 되였습니다.
> [...]
> 우리는 기독교인들이 지난날의 잘못을 뉘우친 이상 그들을 대담하게 믿고 포섭하여야 합니다. 이렇게 한다면 기독교인들 가운데서 몇몇 반동분자들을 제외하고는 다 전취할 수 있으리라고 생각합니다.
> 일부 사람들은 목사나 장로들까지도 전취할 수 있겠는가고 의문을 가질 수 있는데 목사나 장로라고 하여 다 미제의 충실한 주구라고 단정할 수는 없습니다. [...] 그러면 목사, 장로들과의 사업을 어떻게 하여야 하겠습니까? 우리는 목사와 장로들이 진보적인 방향으로 나가도록 적극적인 영향을 주는 동시에 그들에게 안정된 일자리를 마련해 주어야 합니다. 로동성과 직업동맹단체들에서는 목사와 장로들에게 능력에 맞는 일자리를 알선해 주는 것이 좋겠습니다(1953년 12월 18일 김일성의 조선로동당 중앙위원회 제7차 전원회의에서 한 결론 "통일전선사업을 개선 강화할

---

36) 『김일성 저작집 2(1946.1-1946.12)』, pp.488-490.

데 대하여"). [37]

> 지금 남포시 녀맹에서 일하고 있는 안신호 녀성도 기독교 신자로서 건국 사업에 헌신하고 있습니다. 그의 오빠인 안창호도 일제를 반대하여 싸운 사람입니다. 안신호의 남편도 목사였는데 반일사상이 강한 사람이였다고 합니다. 이런 사람들을 종교인이라고 하여 배척한다면 많은 사람들이 우리를 따르지 않을 것이며 우리의 민주건국로선을 지지하지 않을 것입니다(1945년 12월 26일 김일성의 "남포시 책임일군들과 한 담화"). [38]

국제정세 변화에 따른 기독교 유화 제스처

1990년대부터 세계 기독교인들과 한국 기독교인들의 방북이 대대적으로 이루어지는 와중에 특기할 만한 사건은 빌리 그레이엄 목사 부부의 방북이다. 김일성은 1992년 8월 20일 미국 전국기독교 교회협의회 대표단과 한 담화에서 빌리 그레이엄 목사의 방북을 축하하였다.

> 우리나라를 방문한 빌리 그라함 목사를 통하여 미국 대통령이 나에게 구두메쎄지를 보내온 것도 조미관계를 개선하기 위한 좋은 징조라고 할 수 있습니다. 나는 빌리 그라함 목사로부터 미국 대통령의 구두메쎄지를 전달받으면서 그에게 앞으로 조미관계에서는 얼음이 녹고 봄이 시작되기를 바란다고 말하였습니다. 우리나라와 미국이 다 같이 노력하면 두 나라 사이의 관계를 좋게 발전시키지 못할 리유가 없을 것입니다(1992년 8월 20일 김일성의 "미국 전국기독교 교회협의회 대표단과 한 담화"). [39]

북한에서 빌리 그레이엄 목사를 초청한 것은 기독교에 대한 유화 제스처이기도 하다. 국제 정세에 따른 국내 정세 안정을 위한 대응

---

37) 『김일성 저작집 8(1953.8~1954.6)』, pp.202~206.
38) 『김일성 전집 2(1945.8~1945.12)』, pp.471~472.
39) 『김일성 전집 92(1992.1~1992.12)』, p.348.

조치라고 할 수 있다. 이는 북한 정권이 체제 안정을 도모하기 위해 피동적으로 취한 정책이기는 하지만 일련의 기독교인들의 방북과 예배 등은 북한에 다시 하나님의 말씀이 선포되고 북한에 기독교의 새 희망이 싹트고 있음을 알 수 있다.

김정일의 기독교관

김정일의 등장과 지도 이념

김정일은 김일성의 장남으로 1974년 후계자로 내정되고 1994년 김일성의 사망으로 권력을 승계하게 된다. 김일성이 1948~1994년 46년간 지배했다면 김정일은 1994~2011년 17년 동안 지배했다. 김정일의 권력 승계 과정에서 1976년 김정일의 초상화가 공개적인 장소에서 사라지는 등 잠시 권력에서 밀려나는 듯했지만 1980년에 다시 공개적으로 나타나기 시작하였다. 1979년 김정일의 경쟁자였던 김성애의 아들들인 김평일, 김영일 그리고 숙부 김광섭은 북한을 떠나 해외로 나가게 된다.

김정일이 후계자로 지정될 때 김정일은 30대였다. 김일성의 사망으로 김정일이 권력을 잡을 때 그의 나이는 이미 52세였다. 김정일이 권력을 승계할 수 있었던 것은 김일성과 함께 항일무장투쟁을 전개한 원로들의 추천이 아니라 김일성의 봉건 의식 때문이었다. 김일성은 현대적인 정치 감각이 부족할 뿐만 아니라 봉건사상이 농후하여 나라를 자기 아들에게 물려준다는 어처구니없는 생각을 갖게 된 것이다. 김정일 또한 이런 아버지로부터 권력을 이어받으려는 야심을 가지고 활발히 움직인 것도 작용했다.[40]

---

40) 황장엽 1999, p.172.

김정일의 17년 집권 기간은 대격변의 시기였다. 국제적으로 이 시기 중국은 개혁 개방을 하게 되고 소련은 붕괴하는 사회주의권의 대변동이 일어나게 된다. 남북 관계에 있어 김정일은 2000년 김대중 대통령, 2007년 노무현 대통령과 정상회담을 가지는 한편 연평해전, 핵실험 등으로 한반도의 위기 상황을 초래하기도 한 장본인이기도 하다.

사실 김정일의 등장은 '유일사상'과 밀접한 연관성이 있다. 유일사상은 주체사상을 발전 강화시킨 사상체계로 성격은 다를 바 없지만 김일성의 신격화를 보다 강조하였다고 볼 수 있다. 이런 '당의 유일사상체계확립 10대 원칙이하 '10대 원칙'으로 칭함'을 최초로 발표한 장본인이 김정일이다. 1972년 발표된 '10대 원칙'은 김일성의 후계자 결정 과정인 1960년대 말에 제정되었다. 1967년 당시 당 조직지도부장이자 김일성의 동생이던 김영주에 의해 당 중앙위원회 제4기 제16차 전원회의에서 의제로 채택되었다. 이후 1967년부터 1974년 사이 김정일 승계 작업 과정에서 당의 유일사상체계 위반 등을 이유로 정적들을 대규모로 숙청한다. 이후 실권을 쥐게 된 김정일은 이를 부분 수정하여 1974년 4월 14일 발표하게 되는 것이다. 이때로부터 김정일은 후계자로서 10대 원칙에 대한 해석권을 독점하며 승계자로서의 지위를 강화해 갔다.[41]

김정일은 대단한 권력욕의 소유자이며 김정일의 권력 장악은 다만 독재를 시행하는 것이 목적이었다고 황장엽은 말하고 있다.

> 김정일의 사무실은 3층에, 서기실은 1층에 있었다. 나는 김정일을 자주 만나면서 그가 정치적으로 영리하지만 성격이 과격하고 질투심이 강하여

---

41) 송인호 2019, pp.148-149.

수단을 많이 부리는 것을 봐서 앞으로 권력을 장악하게 되면 나라를 망칠 수도 있다는 걱정을 하게 되었다. 그것은 그에게서 권력에 대한 강한 욕구가 자라고 있음을 감지했기 때문이다.[42]

김정일에게는 이론이 문제가 아니라 권력을 장악하고 독재를 실시하는 것이 목적이었으며, 한편으로 그는 모든 것을 자기 생각에 복종시키려 하고 있었다.[43]

김정일이 권력을 장악한 것은 1994년이 아니라 1974년이었다고 보인다. 이때부터 김정일은 김일성을 우상화하고 '구호나무 발견 운동'을 전개했으며 그러자 김일성의 마음도 달라졌다는 것이다. 이러한 증언은 황장엽을 통해 나온다.

[1973년] 내가 철봉리 휴양소에서 작업을 하고 있을 무렵, 중앙당의 실권은 서서히 김정일에게 넘어가고 있었다. 이렇게 되자 봉건사상이 농후한 북한의 실정에서 많은 사람들은 김정일이 후계자라는 것을 알게 되었다. 그러면서 김정일에 대한 아첨행각이 눈에 뜨게 늘었다. […] 1974년 김정일은 실권을 장악하자마자 김일성에 대한 신격화 수준을 높이는 작업에 들어갔다.
[…]
구호나무란 김일성 빨치산 부대가 국내에 들어와 게릴라 공작을 하다가 자취를 남기려고 나무껍질을 벗긴 다음 '김일성 장군만세', '조선독립만세' 등의 구호를 먹으로 써둔 것인데 수십 년이 지나 발견되었다는 것이었다.[44]

김정일의 지도 이념은 이 시기 형성된 것으로 볼 수 있다. '주체사상'이 처음 등장한 것은 1970년 제5차 당대회에서 맑스-레닌주의

---

42) 황장엽 1999, p.138.
43) 황장엽 1999, p.168.
44) 황장엽 1999, pp.172-174.

에 '김일성 주체사상'이 공존하면서이다. 1980년 10월 제6차 당대회에서 당규약에 '김일성의 주체사상이 당의 공식 지도이념'이라고 규정하였고 2009년 4월 개정된 〈김일성 헌법〉에는 주체사상을 구현한 선군사상이 통치 이념으로 추가되었다.[45] 즉 흐름을 보면 '맑스-레닌주의+김일성 주체사상'에서 '김일성 주체사상'으로 그리고 '주체사상+선군사상'으로 발전한다.

이는 이 시기 사회주의권 국가들이 자신들의 개혁에 몰두함에 따라 북한은 더 이상 이들 국가로부터 지원을 받기 힘들어지면서 '맑스-레닌주의'라는 말이 사라지고 김일성이 사망하고는 김일성이 빠진 '주체사상'에다 '선군사상'을 더해간다. 이는 국내외 정세의 변화에 따른 세습 체제의 안정을 추구했다고 볼 수 있다.

탈냉전에 따른 종교의 정치화

김정일은 '사회주의가 선[자리를 잡음] 다음'을 강조하고 있다. 어떻게 보면 다른 사회주의권의 몰락에 대해 주체를 강조함으로써 사회주의 체제를 유지하려는 전략적 선택이었다고 보아야 할 것이다.

김정일은 1992년 1월 3일 조선로동당 중앙위원회 책임 일꾼들과 한 담화 〈사회주의 건설의 력사적 교훈과 우리 당의 총로선〉에서 사회주의국가들의 자본주의화와 소련 해체는 사회주의의 '종말'이 아니고 일시적인 현상이며 맑스주의가 착취계급의 청산에는 기여하였으나 "맑스주의는 '사회주의제도가 선 다음' 혁명을 계속하여 사회주의, 공산주의 사회를 어떻게 건설할 것인가 하는 문제에 대하여서는 옳은 해답을 줄 수 없었습니다"라고 비판하였다. 그러면서 사회주의

---

45) 『2023 북한 이해』, p.15.

에서는 다원주의 즉, 사상 자유화, 정치 다당제, 소유 다양화가 허용될 수 없다고 언명하였다.[46]

그러나 1990년대 '고난의 행군'으로 종교단체의 활동이 활성화되고 대북 지원이 활발히 이루어지는 분위기에서는 종교인들에 대한 태도도 달라졌다. 양심 있는 종교인들도 애국 반일민족통일전선조직의 구성원이었다는 역사적 사실을 지적하면서 모두 단결하여 조국의 자주적 평화통일까지 거론하기도 한다.

> 항일혁명 투쟁 시기에 조직된 조국광복회는 공산주의자들과 민족주의자들, 로동자, 농민, 지식인, 청년학생들을 비롯하여 량심적인 종교인과 자본가들까지 광범한 애국 력량을 망라한 반일민족통일전선조직이였으며 이 조직은 국내외의 넓은 지역에 깊이 뿌리를 내리였습니다. 위대한 수령님의 령도 밑에 반일애국력량을 총동원하여 조국광복을 위한 성스러운 투쟁을 벌리는 과정에 민족적 단결의 고귀한 경험과 전통이 마련되었습니다("온 민족이 대단결하여 조국의 자주적 평화통일을 이룩하자," 력사적인 남북조선 정당, 사회단체 대표자 련석회의 50기 중앙연구토론회에 보낸 서한 1998년 4월 18일).[47]

김정일이 '사회주의가 선 다음'을 강조하고 있는 것은 어떻게 보면 다른 사회주의권의 몰락에 대해 '주체'를 강조함으로써 사회주의 체제를 유지하려는 전략적 선택이었다. 종교도 본인 권력 유지에 활용하는 도구일 뿐이다.

종교에 대한 비판적인 입장

김정일은 종교는 초자연적인 신비로운 존재에 의한 비과학적이라고 비판하면서 무신론적 입장을 고수하였다. 종교를 체제 안정에 이

---

46) 『김정일 선집 12(1991.8~1992.1)』, pp.275~276.
47) 『김정일 선집 14(1995~1999)』, p.414.

용할 뿐 북한 주민들을 '주체사상' 안에 가두려는 사회주의식 사상사업을 강화하는 것이다.

> 지난 시기에는 사람의 활동에 결정적 영향을 미치는 요인을 주로 사람 밖에서 찾았다. 종교적, 관념론적 견해는 사람 밖의 그 어떤 초자연적인 신비로운 존재에 의하여 사람의 활동이 규제되고 그 운명이 좌우되는 것처럼 주장하였다. 종교적, 관념론적 견해의 허황성은 과학에 의하여 이미 증명되였다(김정일의 1995년 6월 19일 "사상사업을 앞세우는 것은 사회주의 위업 수행의 필수적 요구이다").[48]

김정일은 기독교뿐만 아니라 불교에 대해서도 비판했다. 승려들을 종교의 탈을 쓰고 못된 짓을 하는 나쁜 중들이라고 비난한다.

> 월정사 중들이 절에 불공하러 온 녀인들을 유린하기 위하여 불상 조각 밑에 만들어 놓은 지하실로 통하는 출입문을 막아 버렸는데 그것을 다시 원래대로 만들어 놓아야 하겠습니다 다. 그래야 사람들에게 중들이 어떤 자들인가 하는 것을 똑똑히 인식시킬 수 있습니다. 지난날 중들은 종교의 탈을 쓰고 천하 못된 짓을 다하였습니다(김정일의 1970년 9월 23일 구월산유원지를 돌아보면서 일군들과 한 담화 "구월산 유원지는 후대들에게 물려줄 조국의 귀중한 재부이다").[49]

종교에 대한 지속적인 탄압

1992년 4월 개정 헌법에서 체제 안에서 종교 자유를 허용하고 조선말 대백과사전에서도 기독교 용어에 대한 부정 표현이 삭제된다. 봉수교회의 건립 등으로 기독교에 대한 장족의 변화를 감지할 수 있으나 기독교에 대한 탄압은 계속되었다.

1980년대 해외 친족들이 북한 방문할 때는 가정집을 방문했지만

---

48) 『김정일 선집 14(1995-1999)』, p.53.
49) 『김정일 선집 14(1995-1999)』, p.373.

1990년 이후에는 가정집 방문을 금지한다. 대신 평양에 있는 호텔에서 가족 만남을 갖도록 한 것이다. 이유는 감시와 도청이 용이했기 때문이다. 외부 소식이 여과 없이 전해졌고, 더욱이 복음이 전해지기도 했기 때문이다.

실제로 이 시기 많은 남한 선교사들이 북한 접경에서 탈북민들을 대상으로 복음을 전도했으며 일부 탈북민들도 북한으로 돌아가 성경책을 전파하고 전국 곳곳에 복음을 전하였다. 많은 탈북민이 발생함에 따라 믿음을 갖게 된 성도들도 많아졌지만 이 시기 핍박받은 성도 수가 대폭 증가한다. 이 부분은 지하교회에서 상세히 다루도록 하겠다.

김정은의 기독교관

김정은의 등장과 지도 이념

김정일은 자식 중에서 세 번째인 김정은을 후계자로 지명하였다. 사실 김정일은 아들을 후계자로 지정하는 것을 말년까지 늦추었다. 그러나 2009년 8월 갑자기 몸이 안 좋아지면서 세습을 결정하게 된다. 김정일은 2011년 12월 사망하게 되고 권력을 세습한 김정은은 1984년생으로 당시 나이는 27세였다. 사실 아버지와 김정은은 자라온 환경이 달랐다. 김정일은 1950~1960년대 스탈린적인 평양에서 줄곧 커왔던 데 반해 김정은은 스위스 베른 국제학교 등에서 교육을 받아 스탈린적인 국가 사회주의를 거의 알지 못했을 것이다.[50]

김정은은 집권 후 2012년 4월 11일 노동당 규약을 개정하여 '조선노동당을 김일성, 김정일의 당'으로, 2012년 4월 13일 개정 헌법 서문에서는 김정일의 업적을 기술하고 〈김일성·김정일 헌법〉이라고 선포하였다. 2013년 6월 19일에는 '당의 유일적령도체계확립의 10대 원칙'이 개정된다. 2013년 '10대 원칙'에서는 '김일성·김정일주의', '김일성민족', '김정일조선', '백두혈통' 등 3대 세습을 정당화하는 내용이 신설되고 개별 간부들에 대한 추종 현상을 금지하는 내용이 강화된다. 추가된 개별 간부들에 대한 우상화 배격으로 장성택을 비롯

---

[50] Lankov 2021, pp.49-50.

하여 많은 사람들이 숙청된 것이다.[51]

3대 세습을 정당화하는 '백두혈통'은 김일성이 지어낸 어처구니없는 최대의 과오라고 황장엽은 이야기를 한다.

> 1992년 김일성의 80회 생일과 김정일의 50회 생일이 낀 해였다. […] 김일성은 김정일의 생가를 꾸미고 송시를 쓴 것은 그의 일생에서 아마도 최대의 과오 가운데 하나일 것이다. 그리고 그가 형편없는 속물이라는 것을 여지없이 보여주는 역사적 증거가 될 것이다.
> 김정일이 러시아에서 태어나 '유라'라는 이름으로 유년기를 보냈다는 것은 세상이 다 아는 사실이며. […] 그런데 굳이 그런 사실을 속이면서 백두산 아래에서 태어났다는 거짓말을 할 필요가 어디 있는지 나는 이해할 수 없었고, 지금도 도무지 이해가 안된다.[52]

갑자기 권력을 잡은 김정은은 잠재적 경쟁자들을 제거하기 시작한다. 아버지 장례식 때 운구를 같이 메고 갔던 3명의 고위 장군과 4명의 고위 관료 중 3년이 지나면서 7명 중 5명이 사라졌다. 문제는 장성택도 체포하여 2013년 12월 처형하였다. 정적 제거는 여기에서 그치지 않았다. 2017년 2월 쿠알라룸프르 국제공항에서 오랫동안 중국의 보호를 받으며 망명 생활을 하던 형인 김정남을 독살한 것이다. 김정은은 여기에 그치지 않았다. 할아버지 김일성이나 아버지 김정일 때에는 국방장관의 수명이 10년이었다면 김정은 때에는 11개월 정도였다. 군이 권력에 도전하지 못하도록 한 것이라고 볼 수 있다.[53]

김정은은 '개방 없는 개혁 reform without openness'를 추구하고 있다고 란코프 Andrei Lankov는 평가하고 있다. 2012년 6월 28일 〈6·28 농

---

51) 송인호 2019, pp.150-151.
52) 황장엽 1999, pp.244-245.
53) Lankov 2021, p.50.

업정책〉을 발표하여 과거 10~25명으로 이루어진 협동농장의 말단 조직인 분조를 농민들이 5~6명으로 이루어진 작은 분조로 줄이도록 하는 농업경영 정책인 포전 담당 책임제를 발표했다. 포전은 일정 규모의 논·밭을 의미한다. 농민들은 거의 50년 동안 해오던 방식인 고정된 식량 배분을 받지 않고 이제는 전체 수확량에서 70%는 국가에 주고 나머지 30%는 보유하도록 한 것이다. 이것은 중국에서 초기 실시하던 농업 생산책임제와 비슷한 것이다. 2014년 5월 30일에는 기업에 대한 자율권도 부여하였다. 기업에서 경영자가 생산 쿼터를 넘어 생산하면 나머지는 시장에 내다 팔 수 있게 한 것이다. 경영자가 시장에서 원료와 공급품을 살 수 있도록 했고 노동자를 고용하고 해고할 수 있게 해주었다. 옛날에는 모든 것이 계획에 의해 결정되던 것이 일정 정도 자율권이 허용된 셈이다. 시장도 증가할 수밖에 없다. 2010년 김정은이 권력을 잡기 전 북한에는 위성 사진으로 보면 200개의 시장이 있었는데 2018년에는 480개로 증가하였다.[54]

확실히 김정일과 달리 김정은 시대에 들어와서 많은 개혁이 이루어지고 있는 것이다. 그러나 여전히 봉쇄정책을 실시하고 있다. 체제 안정을 보장하기 위해서 특히 정보통제를 하는 데 신경을 많이 쓰고 있다. 왜냐하면 북한에도 컴퓨터가 많아지고 있기 때문이다. 2018년 가구의 약 18%가 중국에서 수입된 컴퓨터를 가지고 있다. 통제 방식으로는 IT 접근을 금지하기보다 컴퓨터 OS Operating System를 통해 통제하고 있다. 2015년부터 모든 컴퓨터는 리눅스 Linux 기반의 'Red Star'를 OS로 깔아야 한다. 그렇게 되면 금지된 영화나 비디오, 책 등을 볼 수 없고 음악, 노래 등을 들을 수 없게 된다. 만약 봤

---

[54] Lankov 2021, pp.51-52. 2004년에 시범적으로 분조를 기존 10~15명에서 3~4명으로 축소하여 포전제를 시도하기도 했다.

다하더라도 메모리 기록에 남게 되어 당국이 조사를 할 수 있게 되는 것이다. 물론 모든 컴퓨터는 등록되어야 하고 정기적으로 점검을 받아야 한다.[55]

신년사로도 김정은의 이념의 변화를 짚어볼 수 있다. 2012년 권력을 잡은 김정은은 2013년 신년사에서 아버지 김정일의 죽음을 애도하는 차원에서 '슬픔을 힘과 용기로 바꾸다'라는 말을 사용하고 중화학 공업 대신에 농업과 경공업을 강조하며 '인민생활 향상'을 역설하였다. 언론 사설은 '단숨에' 이룩하자는 식으로 맞장구쳤다. 그러나 김정은의 주안점은 조금씩 바뀌어 갔다. 2013년 사회주의, 선군, 주체를 강조하였지만 병진을 강조하였다. 2014년 신년사에서는 사회주의, 선군, 주체라는 용어가 2013년 36개에서 2014년 16개로 줄어든다. 반면에 경제, 건설과 같은 용어가 29개에서 37개로 늘어났다. 물론 핵 프로그램은 계속 강조했다. 2015년 신년사에서는 이상적인 경제는 자력갱생이라고 주장하며 주체사상의 기본적인 접근 방법은 그대로 유지했다. 동시에 새로운 용어로 '북조선 속도'를 이야기하면서도 중국식으로까지 개혁을 한다는 인상을 주지 않으려 했다. 2016년 신년사에서는 군을 노동자 앞에 둔다는 선군과 대조적으로 당이 군을 통제한다는 이야기를 하였다. 신년사에서는 경제특구가 언급되지 않았지만 김정은 체제하에서 28개 특구 중 24개가 만들어졌다. 2017년 신년사에서는 '나'라는 용어를 처음으로 사용하였고 "나의 능력이 없어 걱정하고 후회하며 지냈다"라고 하면서 감정적으로 접근하였다. 경제적으로는 2016년의 두 운동 즉, 70일 운동과 200일 운동을 격찬하였다. 2019년 신년사에서는 모든 노력을 경

---

55) Lankov 2021, p.52.

제건설에 집중한다고 말함으로써 병진 정책을 포기한 것으로 보인다. 아울러 경제적으로는 분권화를 가속화시키고 사회주의분배 원칙과 관련하여 '실제 실적에 따른 분배'를 이야기함으로써 '필요에 따른 분배' 원칙에서 벗어나 시장주의 분배 원칙에 좀 더 가까워진 것으로 보인다.[56)] 김정은이 추구하는 북한의 발전 전략은 '100% 군사'에서 '100% 경제'로 바뀌었다. 오랫동안 북한은 군사와 경제 비율이 50 대 50이었기 때문에 실제로 정책에서 나타날지는 두고 볼 일이다.[57)]

이런 이념의 변화는 2019년 4월 개정된 〈김일성·김정일 헌법〉 제3조에서 주체사상과 선군사상을 대체하여 '김일성-김정일주의'를 국가 건설과 활동의 유일한 지도적 지침으로 밝힌 데서도 찾아볼 수 있다.[58)] 2021년 '10대 원칙'에서도 '선군'이라는 단어를 많이 삭제하였지만 '핵 무력'은 돋보인다. "위대한 수령님과 장군님의 현명한 령도에 의하여 우리나라는 수령, 당, 대중이 일심 단결되고 핵 무력을 중추로 하는 무적의 군사력과 튼튼한 자립경제를 가진 사회주의 강국으로 위력을 떨치게 되었다."

결국, 김정은은 개혁을 하면서도 중국이나 베트남을 따라간다는 인상을 주지 않으려 하고 있고 아버지 김정일이 추구하던 군을 우선시하는 선군정치를 이야기하면서도 경제를 우선시하는 정책을 추진하고 있다고 보아야 할 것이다. 개혁을 하면서도 체제 안정을 위해서는 개방은 하지 않으려는 방향으로 가고 있다고 볼 수 있다.

김정은이 "수령을 신비화하면 진실을 가리게 된다"라는 발언 이후 노동신문에 나온 기사를 보면 김정은이 '주체사상'과 관련하여 어떤

---

56) Frank 2021, pp.57-62.
57) Frank 2021, p.71.
58) 『2023 북한 이해』, p.15.

이념의 변화를 보일지는 알 수 없다. 배한동은 〈경북매일〉에서 다음과 같이 말하고 있다.

> 1959년 발간된 '항일 빨치산들의 회상기'에는 김일성이 항일투쟁 시 축지법(縮地法)을 썼다고 기록되어 있다. 1970년 북한의 초등교과서 '김일성 원수님의 어린 시절'에도 '솔방울로 수류탄'을 '모래로 쌀'을 만들고 '가랑 잎 타고 강 건너'는 모습이 나타난다. 수령은 축지법까지 쓰면서 시공을 초월하여 활동한다는 허구이다. [2020년] 6월 20일 노동신문은 '축지법의 비결'에서 '사실에 부합되지 않는 축지법을 이제 쓰지 않겠다.'고 선포하였다. '사람이 땅을 주름잡아 다닐 수 없다'고 고백한 것이다. 지난해 하노이 회담 결렬 후 김정은은 '수령을 신비화하면 진실을 가리게 된다'는 발언의 후속 탄이다. 30대 후반의 김정은은 10대 후반 스위스 베른 국제학교에서 2년 유학하였다. 이번 그의 발언은 수령에 대한 상징조작이 이제 과거처럼 먹혀들지 않는다고 판단했기 때문이다. 김일성, 김정일에 대한 우상화는 정보화 초기 단계인 북한 땅에서 이제 사라질 것인가.[59]

수령에 대해 신비화하는 현상이 사라질 수 있을지는 미지수이다. 앞서 살펴본 2012년에 조선로동당 중앙위원회 책임 일꾼들과의 담화 〈김정일애국주의를 구현하여 부강조국건설을 다그치자〉에서 할아버지 '김일성'을 한 번도 언급하지 않았고 '주체'라는 말도 한 번도 사용하지 않았다. 대신 아버지 '김정일'은 21번 언급했고, '선군'은 7번 언급했다. 개인 우상화는 구시대적인 발상으로 스탈린이나 마오쩌둥 시대 그리고 김일성 시대에는 가능했을지 모르나 이제 점차 효용성을 상실하고 있다고 볼 수 있다. 반면에 '백두전구를 주름잡아 내달렸던 전설의 명마'라는 혈통 우상과 관련하여 김정은이 2019년 10월 백마를 타고 백두산을 달렸던 일이 있어 백두혈통과 우상화 그리고 신격화의 관계에 대해서는 아직 결론을 내리기 힘들다고 평가된다.

---

59) 배한동 2020.

기독교적, 유교적 용어의 사용

김정은이 사용하는 언어를 보면 지극히 기독교적이고 유교적인 방법을 권장하고 있는 것 같다. "믿음을 떠나서 사랑이 있을 수 없고 헌신이 있을 수 없습니다"라는 말이나, "장군님께서는 이 세상에 전지전능한 존재가 있다면 그것은 하느님이 아니라 인민이라고 하시였으며 인민이 있어 나라도 있고 조국도 있다는 것이 우리 장군님의 애국 신조"라고 한 부분이다. 아울러 "군중대회 같은 데서만이 아니라 홀로 외진 섬이나 깊은 산골에 들어가 있을 때에도 스스로 로동당 만세"를 불러야 한다는 것은 어디서나 기도를 해야 한다는 것으로 들린다. 애국주의와 관련하여 "애국심은 자기 부모 처자에 대한 사랑, 자기 고향마을과 일터에 대한 사랑으로부터 싹트게 되며 그것이 나아가서 조국과 인민에 대한 사랑으로 자라나게 됩니다"라고 하여 유교적인 측면을 가지고 있다.[60]

기독교에 대한 김일성의 태도 답습

김정은은 김일성이 했던 것처럼 기독교인들이 반체제 운동을 하지 않거나 정부 정책에 반대하지 않으면 즉, 정권에 위협이 되지 않으면 내버려 두겠다는 생각으로 보인다. 김일성이 과거에 사용했던 "힘 있는 사람은 힘을, 지식 있는 사람은 지식을, 돈 있는 사람은 돈을 내여"라는 말을 김정은도 사용하고 있어 김부자 3대 세습 체제의 기독교에 대한 정책은 크게 변화가 없을 것으로 보인다.[61]

앞서 지적했듯이 김정은 체제에 들어와서 '개방 없는 개혁'을 추진하고 있어서 기독교가 정권에 위협을 주지 않는다면 대대적인 박해

---
60) 김정은 2012, pp.6-14.
61) 김정은 2012, p.18.

를 가하지는 않을 것으로 보인다. 현재도 북한에 있는 봉수교회, 철골교회 등이 '선전용'이거나 '외화벌이용'이라는 비판이 있는가 하면 북한에도 교회가 있고 특히 가정교회는 독특한 북한식 교회라는 반론도 있다.

그러나 김정은이 김정일 애국주의와 관련해 2012년에 조선로동당 중앙위원회 책임 일꾼들과의 담화 〈김정일애국주의를 구현하여 부강조국건설을 다그치자〉에서 하나님을 언급한 것으로 봐서 북한에는 여전히 기독교의 영향 또는 샤머니즘의 영향으로 하나님이라는 말을 통치자들도 인지하고 있고 따라서 대중에게도 쉽게 이해되는 존재라고 볼 수 있다.

> 장군님께서는 이 세상에 전지전능한 존재가 있다면 그것은 하느님이 아니라 인민이라고 하시였으며 인민이 있어 나라도 있고 조국도 있다는 것이 우리 장군님의 애국신조였습니다.[62]

여하튼 기독교에 대한 기본적인 사전적인 개념 규정들이 과거와는 달라 보인다. 1980년대에는 비판적이었다면 2000년대에는 객관적으로 묘사하고 있다. 기독교에 대한 입장이 상당히 유연해진 것이다. 이러한 변화는 종교 관련 용어 해석 변화에서 찾아볼 수 있다. 이 부분에 대해서는 이미 앞에서 상세하게 언급하였다.

그러나 미국에 본부를 둔 기독교 박해 감시단체 '인터내셔널 크리스천 컨선ICC: International Christian Concern'이 공개한 연례 보고서 '올해의 박해자 2022Persecutor Awards of the Year 2022'에서는 김정은의 사진과 전시관에서 미국 선교사들에 대해 비판하는 사진을 게재하고 세

---

[62] 김정은 2012, pp.9-10.

계 최악의 기독교 박해자 중 한 명으로 꼽았다. 보고서는 현재 북한의 기독교인은 40만 명에 달하며 비밀리에 신앙생활을 하고 있으며 기독교 물품들을 다른 기독교인들이나 탈북민들이 반입하고 있다고 전하고 있다. 기독교도에 대한 처벌은 연좌죄를 적용하여 한 사람이 성경책을 접근하거나 기독교 활동을 하면 주위 사람들도 처벌받는다고 지적한다. 기독교도가 되는 것은 정치범죄로 간주되어 투옥되고 고문받고 처형되기도 한다고 전하고 있다.[63]

---

[63] Persecutor Awards of the Year 2022.

제6장

북한 정권의 탄압에도 살아남은 그루터기와 지하교회

그루터기와 지하교회에 대한 논란
지하교회의 형성: 한국전쟁 이후 ~ 1970년대 초
지하교회의 발전: 1970년대 초 ~ 1980년대
지하교회의 확장: 1990년대 ~ 현재
필자의 북한 가정예배처소 방문기

그루터기와 지하교회에 대한 논란

현재 북한에는 조선그리스도교연맹과 봉수교회, 칠골교회, 제일교회[1] 등 제도적으로 허용되는 기독교 관련 단체나 교회가 존재하고 있으며 500개 가정예배처소도 있다. 이러한 공식적인 단체나 교회에 대해 일반 남한 국민들은 조선그리스도교연맹은 북한 정권의 어용단체이며 봉수교회와 칠골교회, 가정예배처소도 소위 사회주의 체제하에서도 종교의 자유는 있다는 보여주기식으로 생각하고 있다.

사실 북한 그루터기나 지하교회의 존재 여부에 대해 학자들의 입장도 '있다', '없다'로 일치하지는 않다. 그들도 나름대로 자신들이 내린 결론에 대해 이론이나 증거를 제시하고 있다.

조은식은 북한 주민들은 교회 존재를 알아도 신앙시설인지 모르며, 접근 제한 구역이나 외국인 관광지로 알고 있으며, 교회가 없는 지역에 살면 교회 존재 자체를 모르며, 나아가 교회와 성당을 구분할 줄 아는 사람이 거의 없다고 말한다.

> 북한 주민들은 교회 건물의 존재는 알아도 그것을 신앙시설로 인식하고 있지는 않고 있다는 것이 탈북자들을 통해 밝혀졌다. 또 종교시설 인근 주민들의 출입이나 접근이 엄격히 통제되고 있어, 교회를 접근이 제한된 구역으로 알고 있거나 외국인 참관지 정도로 인식하고 있다고 한다. 그들 가운데 교회와 성당을 구분할 줄 아는 사람은 거의 없다는 점이 이

---

1) 2005년 설립된 것으로 알려진다.

것을 말해준다. 교회가 존재하는 곳이 아닌 곳에 거주하는 북한 주민들은 교회 존재에 대해 거의 알지 못하고 있다. 이것 때문에 교회의 진위성 시비가 끊이지 않는다.[2]

2020년 북한에는 조선그리스도교연맹 산하에 3개의 교회, 500개의 가정예배처소가 있으며 신도 수는 1만 2천 명이며 교직자 수는 목사 20명을 포함해 300명이 있다.

〈표 32〉 북한 종교 실태(2020년)

종파	종교시설 수(개)			신도 수(명)			교직자 수(명)			비고
	해방시기	2001년	2020년	해방시기	2001년	2020년	해방시기	2001년	2020년	단체명
기독교	2,000	2교회 (가정예배처소 500)	3교회 (가정예배처소 500)	20만	1만	1만 2천	908	300 (목사 20)	300 (목사 30)	조선그리스도교연맹

출처: 안현민·윤여상·정재호,『2020 북한 종교자유 백서』, 현승수·김신규·박만준(2022)에서 재인용.

위의 표에서 보다시피 해방 시기 2,000개였던 종교시설이 2020년에 이르러 3개로, 신도 수는 20만 명에서 1만 2천 명으로 줄어들어 해방 시기에 비해 현재는 너무 보잘것없는 규모이다. '조선의 예루살렘' 평양에 단 3개의 교회가 있다는 것은 참으로 비참한 현실이라 하겠다.

사실 1972년까지 조선기독교도연맹은 북한에 성도가 없다고 주장하였다. 1972년 조선기독교도연맹의 위원장인 강량욱은 북한 성도 숫자에 대한 남한 기자의 물음에 이렇게 답한다. "교회당도 파괴되었고 신앙을 포기하는 사람도 많아져 누가 신도인지 알기가 곤란합니다. 개별적으로 혹시 있는지 모르겠습니다. 또 지방에는 있는지

---

2) 조은식 2014, p.256.

모르겠습니다"라고 대답한다.[3] 본인이 알고 있는 북한 성도가 없다는 것이다.

〈표 33〉 조선기독교도연맹(조선그리스도교연맹)이 보고한 북한 성도 수(단위: 명)

연도	보고자	성도 수
1972	강량욱	없음
1981	고기준	5,000
1983	송석중	5,000
1983	김동수	5,000
1985	세계교회협의회	10,000
1986	미국교회협의회	10,000
1987	일본교회협의회	10,000
1987	박경서	10,000
1988	캐나다교회협의회	10,000
1991	조광동	10,000
1994	강영섭	11,000
1997	강영섭	12,000
2002	강영섭	13,043

출처: 이반석(2015).

북한의 공식적인 통계 수치로 보면 1972년 0명의 성도가 1987년에는 10,000명에 달해 15년 사이 급격한 증가세를 보이다가 2002년까지 15년간 약간의 증가세를 보인다. 2002년 13,043명에서 2020년 12,000명으로 18년 동안은 감소세로 돌아선다. 1972년 성도가 1명도 없었다면 어떻게 1972년 조선기독교도연맹이 활동을 재개할 수 있었겠는가, 앞뒤가 맞지 않는 말인 것이다. 그리고 1972년 이후 기독교에 대한 북한 정권의 태도가 많은 변화를 가져오면서 공식적인 성도 수도 발표하는 것이다.

그럼 북한에 그루터기[4]나 지하교회가 존재하고 있는가? 확실한

---

3) 강양욱 1992, p.507.
4) 그루터기 신앙공동체를 지하교회와 별도로 보는 학자들도 있다. 여기서는 같은 개념으로 사

증거가 있는가? 결론은 "있다"이다.

30년간 북한선교를 해온 모퉁이돌선교회의 이반석[5]은 761건의 자료를 바탕으로 1945~2006년 동안 북한에서 희생된 성도가 16,984명이라는 수치를 증거로 이 기간 북한에 줄곧 지하교회가 존재해 왔다고 주장한다. 여기에는 총체적인 수치뿐만 아니라 핍박받은 성도들의 직분도 자세히 적혀 있다. 1953년까지는 목사 위주의 성직자가 주요 피해 대상이라면 1953년부터 1972년까지는 평신도 상대로 희생이 이루어진 것을 알 수 있다. 기독교 지도자들에 대한 숙청이 우선 이루어진 것이다. 그리고 뿌리까지 뽑는 가혹한 탄압 정책을 시행한 것이다.

〈표 34〉 기간별 희생된 성도들의 직분(1945~2006년, 단위: 명)

구분	1945~1950	1950~1953	1953~1972	1972~1988	1988~1995	1995~2006	총계
목사	81	261	7	3	1	78	431
부목사	5	35	-	-	-	5	45
선교사	-	-	-	-	1	5	6
장로	5	18	-	1	1	-	25
권사	1	3	-	-	-	-	4
집사	1	4	-	-	1	-	6
목사 사모	1	3	-	-	1	-	5
평신도	29	880	8,809	258	737	3,632	14,345
모름	-	-	2,081	36	-	-	2,117
총계	123	1204	10,897	299	741	3,720	16,984
비율	1%	7%	64%	2%	4%	22%	100%

출처: 이반석(2015).

용하겠다.
5) 이반석은 한국전쟁 중 월남한 할아버지와 아버지가 목사인 가정에서 태어나 도미하여 미국에서 목회학 석사(M.Div)와 선교학 박사 과정을 마치고 현재 미국 장로교단(Presbyterian Church of America) 소속 목사로 북한선교 전문 기관인 모퉁이돌선교회의 총무로 사역하고 있다.

〈표 34〉에서 보다시피 북한 정권이 그리스도인들의 존재를 부정하던 1972년까지 희생된 그리스도인의 비율은 72%로 이 기간 확실히 압도적으로 그리스도인들이 처형된 것을 알 수 있다. 이들은 해방 전부터 신앙생활을 해온 그루터기라고 볼 수 있다. 그러다가 1995년부터 또다시 많은 그리스도인들이 희생되는데 이는 '고난의 행군'으로 굶주림에 대량의 탈북민들이 발생하면서 이들이 중국 국경 지역에서 선교사들에 의해 믿음을 갖게 되고, 다시 북한으로 돌아가게 되는데 이 과정에서 북한 당국에 의해 체포되어 희생된 것이라고 볼 수 있다.

〈표 35〉 기간별 북한 성도들이 그리스도를 영접한 방법(1945~2006년, 단위: 명)

믿음의 출처	1945~1950	1950~1953	1953~1972	1972~1988	1988~1995	1995~2006	총계	비율
1945년 이전	123	1,202	9,234	193	332	177	11,261	66.30%
부모의 영향	-	2	1,659	34	345	1,358	3,398	20.01%
개인 복음 전도	-	-	-	4	35	1,750	1,789	10.53%
중국에서 탈북 상황 중	-	-	-	-	2	338	340	2.00%
라디오와 성경책	-	-	-	68	-	18	86	0.51%
외부인과 선교사들	-	-	3	-	-	-	3	0.02%
외국 체류 시	-	-	-	-	-	19	19	0.11%
성령의 인도	-	-	-	3	-	18	21	0.12%
모름	-	-	1	-	27	53	81	0.48%
총계	123	1204	10897	299	741	3,720	16,984	100%

출처: 이반석(2015). 비율은 필자가 계산하여 넣은 수치임.

　1945년부터 2006년까지 적어도 16,984명의 성도들이 희생되었다는 것은 말로 형용할 수 없을 정도로 북한 정권의 잔혹한 기독교 탄압을 보여주는 것이다. 이러한 탄압에도 1945년 이전에 기독교를 믿은 사람 11,261명약 66%, 부모의 영향으로 믿은 사람 3,398명약 20%, 개인 전도 1,789명약 11%으로 1세대, 2세대 그루터기 및 이들이 자녀들에게 신앙을 대물림 한 경우가 많다는 것을 알 수 있다. 다음으로 개인의 복음 전도로 이루어졌다는 것은 탈북하여 중국에서 선교사들에 의해 믿음을 가졌다는 것을 알 수 있다.

〈표 36〉 기간별 체포 원인(1945~2006년, 단위: 명)

믿음의 출처	1945~1950	1950~1953	1953~1972	1972~1988	1988~1995	1995~2006	총계	비율
은신 중 발각	-	21	5,742	67	264	1,325	7,419	43.68%
공개적인 신앙고백	28	469	5,005	14	110	11	5,637	33.19%
비밀리에 복음 전파	-	-	103	4	3	49	159	0.94%
전쟁 기간 동안 발각	20	653	-	-	-	-	673	3.96%
민족주의적 활동	70	34	31	-	-	6	141	0.83%
교회 건물 사수	5	27	-	-	-	-	32	0.19%
중국에서 강제 북송	-	-	-	-	-	111	111	0.65%
성경 소지 중	-	-	-	3	-	18	21	0.12%
인도주의적 지원 중	-	-	-	-	-	2	2	0.01%
알 수 없음	-	-	16	211	364	2,198	2,789	16.42%
총계	123	1,204	10,897	299	741	3,720	16,984	100%

출처: 이반석(2015). 비율은 필자가 계산하여 넣은 수치임.

그리고 주목해야 할 점은 북한이라는 독재 체제하에서 순교도 무릅쓰고 공개적으로 신앙을 고백한 5,637명약 33%의 사람들은 그리스도인의 참된 모습을 잘 보여주는 사례이다. 7,419명약 44%이 은신 중 발각되었다는 점에서 지난 70여 년간 북한의 그리스도인들은 은둔의 형태가 절대적으로 많음을 알 수 있다. 이는 드러나 있지 않는 그리스도인들의 수가 절대 적지 않을 거라고 짐작하게 하는 부분이다. 중국에서도 적지 않은 성도들이 납치되었다는 점에서 볼 수 있듯이 북한 정권은 중국의 국경 지대에서 활동하는 외국 선교사들이나 탈북민 성도들에게도 거침없이 마수를 뻗치고 있음을 알 수 있다. 실제로 많은 선교사들이 체포된 사실이 이를 뒷받침해 주고 있다.

〈표 37〉 기간별 체포 원인(1953~2006년, 단위: 명)

구분	1953~1972	1972~1988	1988~1995	1995~2006	총계	비율
개인	51	22	15	121	209	1.33%
가족	14	15	25	89	143	0.91%
집단	5,324	93	274	986	6,677	42.65%
조직	5,508	169	427	2,524	8,627	55.10%
총계	10,897	299	741	3,720	15,657	100%

출처: 이반석(2015). 비율은 필자가 계산하여 넣은 수치임.

위의 표에서 보다시피 조직과 집단의 비율이 절대적으로 높은 것을 볼 수 있다. 조직이나 집단으로 연결된 지하교회 성도들로 각 그룹은 대부분 헌신적인 평신도가 전임 지도자로 활약하였다.[6]

이반석은 70년간의 핍박을 겪으면서도 지체로서의 그리스도인의 참 존재는 북한에서 단 한 번도 사라진 적이 없었으며, 이는 북한의 지하교회가 예수 그리스도라는 반석 위에 세워졌기 때문이라고 역설한다.[7]

---

6) 이반석 2015, p.269.
7) 이반석 2015, p.342.

지하교회의 형성: 한국전쟁 이후 ~ 1970년대 초

앞에서도 언급했듯이 북한 정권은 이 시기 성분제를 도입하여 종교인을 적대계층으로 분류하여 각종 차별 정책을 실시한다. 그리고 '미국=기독교'라는 등식을 설정하고 서적, 영화 등 선전매체를 총동원하여 기독교를 탄압한다. 이 시기 반종교 활동이 정당, 직장, 학교, 근로단체 등 공공기관을 통해 공적으로 행해지면서 공식적인 종교의식도 사라지게 된다. 이 시기 적용된 헌법에는 "공민은 신앙 및 종교의식 거행의 자유를 가진다"라고 명시되었으나 실제로 종교활동은 근절된다. 이렇게 되어 그나마 교회 예배가 제한적으로 허용되던 것이 이제부터는 아예 지하로 들어갈 수밖에 없었던 것이다. 지하교회가 형성되기 시작한 것이다.

신평길전 조선노동당 간부은 1953~1960년대 말의 북한 종교정책에 대해 아래와 같이 지적한다.

> 전후 시기 1960년대 말의 주요 특징은 탄압, 제재, 처단 등 완전 말살 정책을 기본으로 하면서 일시 회유 기만책을 병행 구사한 것이다.[8]

이 시기 기독교인들은 공산당원들의 제거 대상 0순위였다. 1958년

---
8) 신평길 1995, p.54.

에는 핍박이 절정에 달하면서 그리스도인이라는 것이 발각되면 교회 활동의 참여도에 따라 처형되거나 투옥되었으며 풀려나는 경우는 거의 없었다. 비록 핍박에 못 이겨 하나님을 부정하거나 사무국의 밀고자가 된 자들도 있었지만 반대로 심한 고문을 당한 후 풀려나 죽는 경우도 있었다. 그러나 많은 성도들은 순교할지언정 신앙을 버리지 않고 끝까지 믿음을 지켰다. 교회는 지하로 들어갈 수밖에 없었다.[9]

실제로 북한 종교를 공식적으로 대변하던 조선그리스도교연맹은 1950년대 말부터 활동이 침체하기 시작했고 1957년 이후 1966~1972년까지 공식적인 모든 언론에서 사라졌다. 조선그리스도교연맹이 1961년 조국평화통일위원회가 조직될 때와 평화옹호민족위원회에 참여할 때 언론에 나왔을 뿐이다.[10]

이 시기 북한 주민들에게 복음이 전파되는 특이한 상황이 있었다. 당시 중국 조선족들이 대거 북한으로 이주하게 되는데 여기에 그루터기 신앙인들이 많이 포함되어 있었던 것으로 추정된다. 이는 에릭 폴리 Eric Foley 목사가 쓴 책에서 1961년경 북한에 입국한 배 씨 가족이 3대째 신앙을 유지해 왔다는 데서 엿볼 수 있다. 약 30만 명의 중국 조선족들이 전후 복구 과정과 이후 1960년대부터 1970년대에 북한으로 들어갔다. 연변에서 살기 무척 힘들었고 자녀들 교육이라도 제대로 시키려고 북한으로 들어간 것이다.[11]

1962년 김일성은 기독교 악질 종교 간부들을 모두 재판해서 처형했으며 일반 신자들 중의 악질분자들도 모두 재판하여 처벌했다고

---

9) 이반석 2015, pp.148-149.
10) 조은식 2014, p.250.
11) 김병로·윤현기·이원영·천지혁 2020, pp.20-21.

말한다.

> 우리는 기독교 천주교에서 집사 이상의 악질종교간부들을 모두 재판해서 처형해 버렸으며, 그 밖의 일반 종교 신자들 중에서도 악질분자들은 모두 재판하여 처벌하였고, 본인이 개심하면 일을 시키고 개심하지 않으면 수용소에 가두었다(1962년 김일성은 노동당 제4기 4차 전원회의에서 토의된 "공산주의 교양 강화 문제").[12]

실제로 1953년부터 1972년 초까지 가장 심각했던 핍박 기간 최소 10,897명의 그리스도인들이 북한 정권에 체포되었으며 최소 148명이 사형당했다. 122명은 죽기 직전까지 고문당한 후에야 풀려났다.[13]

1958년을 기점으로 그루터기 신앙인들은 체포되어 수감 또는 시골 오지로 추방되거나 북한 당국의 감시를 피해 개별적으로 신앙을 유지하는 등 여러 가지 형태로 신앙생활 형식이 갈라졌다. 1958년부터 기독교인들에 대한 체포와 조직적인 추방이 이루어진 것으로 보인다.[14]

1960년대 북한은 종교 잔재 흔적까지 뿌리 뽑는 강경 탄압 말살 정책을 실행했다. 지하에서 활동하던 일부 교인들도 검거, 투옥, 처형하기에 이른다. 종교계 정당 단체도 명목상 중앙급 조직만 존속시키고 도급까지는 없애버리는 극단적인 정책을 펼쳤다. 그러나 이러한 강경 탄압 정책에 종교인 가족, 연고자들까지 포함되면서 사회적으로 공포 분위기가 조성된다. 결국 북한 정권은 1968년 4월 초 노동당 정치국에서 "각계각층 군중과의 사업을 강화하여 당의 군중노선을 정확히 집행할 데 대하여"라는 결정에서 일시적인 회유 기만책

---

12) 신평길 1995, p.53에서 재인용.
13) 이반석 2015, p.155.
14) 김병로·윤현기·이원영·천지혁 2020, p.18.

으로 '풀어주는 사업'을 진행하게 된다. '풀어주기 사업'이란 과거 제재와 탄압을 받던 사람들 중 일부 요건을 충족하면 과거 허물을 말소시켜 주는 것이다.[15]

> 회유 기만책의 하나로 60대 이상 노인층 골수신자로서 신앙을 포기하지 않고 지하에서 종교 행위를 계속하고 있던 사람들에게 공식적으로 가정예배를 허용하는 조치를 취했다. 가정예배를 허용하되 신자들은 가족이나 주위 사람들에게 종교 선전, 선교 행위는 엄격히 금지시키고 오직 자신들만의 주일예배를 집에서 혼자 또는 2~3명이 모여 앉아 행하는 정도의 종교 행위를 허용하였다. 이들이 성경도 가지도록 허용했지만 다른 사람에게 보여주는 것은 절대 금지시켰다. 이 시기 평북 용천·선천·정주, 황해도 신천·재령·안악, 평남 남포·용강·정주·평원 등에서 처음에는 2백여 개소의 가정예배를 허용하였다.
> 대표적 가정예배 사례는 평남 남포에서 안중근 의사의 누이동생 안신호 여사를 중심으로 한 가정예배그룹, 평남 만경대 칠골 강지녀(김일성의 외척)를 중심으로 한 칠골예배그룹, 강원도 원산에서 당시 도당위원장이던 김원봉의 어머니 김XX 노인 중심의 가정예배그룹, 함경남도 영흥 지방에서 당시 장관급 간부 문만옥의 모친 황XX 노인 중심 가정예배그룹 등을 들 수 있다. 소위 저명인사, 고위 간부급 인사 등의 부모를 위시한 가족들이 중심이 된 가정예배그룹이 많은 수를 점했다.[16]

위의 내용을 종합해 보면 북한 정권의 가혹한 탄압에도 불구하고 북한에는 그루터기가 남아 있었으며 이들이 지하교회를 형성하고 있었음을 알 수 있다.

신평길은 기독교 탄압의 대표 사례 2건을 열거한다.

> 1957년 8월 최고인민회의 대의원선거 때 평북 용암포에서 김만화 목사의 지하교회 투표거부 투쟁 사건이다. 김 목사는 지하에서 군내 수백 개 지역에 3천여 명의 신자들을 연계 망라하면서 암암리에 지하교회를 운용

---

15) 신평길 1995, pp.58-59.
16) 신평길 1995, p.59.

하였다. 그는 대의원 선거에서 투표를 거부 방해하는 투쟁을 조직했다고 적발되어 체포, 처형되었다.

같은 시기에 황해도 재령군 재령면에서 송 목사가 재령, 안악, 신천 지방에 2백여 개소의 점 형태로 5천여 명의 신자들을 연계 망라시켜 지하교회를 운영하면서 협동화방해납부곡 거부 투쟁을 조작했다가 적발되어 체포, 처형되었다.[17]

〈표 38〉 연도별 핍박 건수(1953~1972년, 단위: 명)

연도	1953	'54	'55	'56	'57	'58	'59	'60	'61	'62
인원	1	1	2,000	2	2,131	127	3	21	17	-
연도	1963	'64	'65	'66	'67	'68	'69	'70	'71	'72
인원	-	1	-	-	6	2	1,545	5,034	4	-

출처: 이반석(2015).

실제로 북한 정권은 그리스도인들에 대한 처형을 줄이고 이들을 정치범수용소에 가두어 강제노동시키거나 사회와 격리하기 위해 오지로 추방하였다. 외딴곳에서 제한된 자유를 누렸으나 그곳도 강제노동수용소로 정치범수용소와 다를 바 없었다. 하나님을 예배할 수 있는 자유는 없었던 것이다. 그러나 오지로 보내진 성도들에게는 비밀리에 모일 수 있는 기회가 더 많이 주어졌기 때문에 예배를 드렸는데 이는 오히려 지하교회 성장의 기반을 마련해 주었던 것이다. 예배는 종종 아주 친밀한 친척들과 친구들로 이루어진 가족 모임으로 위장되어 진행되었다. 목사가 없었기 때문에 성직자와 평신도 구분은 없었고 정기적인 모임이 있었지만 노출될 가능성을 방지하기 위해 공개적으로 전도하지는 않았다.[18]

---

17) 신평길 1995, p.57.
18) 이반석 2015, pp.156-164.

〈표 39〉 기간별 핍박받은 성도들의 지역 분포(1953~2006년, 단위: 명)

구분	1953~1972	1972~1988	1988~1995	1995~2006	총계
국경 지대	-	-	10	21	31
함경북도	8	16	8	2111	2143
함경남도	3	64	-	293	360
황해도	131	1	86	512	730
자강도	-	-	-	5	5
강원도	5	3	-	2	10
평양	4	1	22	6	33
평안북도	9,185	11	221	27	9,444
평안남도	3	70	312	297	682
북한 전 지역	-	100	10	100	210
알려지지 않은 지역	1,548	6	65	329	1,948
양강도	10	27	6	6	49
중국	-	-	1	11	12
총계	1,0897	299	741	3,720	15,657

출처: 이반석(2015).

위의 표에서 보다시피 1953년부터 1970년대 초까지 평안북도와 함경북도에 절대적으로 많은 그루터기 신앙인들이 있었음을 알 수 있다. 이는 서북 지역이 기독교 중심지였던 분단 초기 상황과 맞물린다. 그러나 이 시기 북한의 추방 정책으로 함경남북도 오지로 다수의 기독교인들이 추방된 것으로 파악된다.[19]

---

19) 김병로·윤현기·이원영·천지혁 2020, p.19.

지하교회의 발전: 1970년대 초 ~ 1980년대

1972년 7·4 공동성명은 분단 27년 만에 자주·평화·민족 대단결의 3대 원칙으로 남북은 사상과 이념 및 제도적 차이를 초월하는 통일전선 형성에 노력하게 된다. 이에 조선기독교도연맹 등 북한의 종교단체가 활동을 재개하게 된다. 물론 북한 내에도 종교 활동의 자유가 있다는 보여주기식으로 종교 활동을 목적으로 한 것이 아니라 남한과의 통일전선을 형성하기 위하여 종교단체를 활용한 것으로 한국, 나아가 세계적인 종교단체와 밀접한 교류가 이루어진다.

이 시기 1972년 평양신학원이 재건되며 1983년에는 북한에서 최초 성경책의 출간에 이어 드디어 1988년 북한 첫 공식 교회인 봉수교회가 건립된다. 북한 종교단체의 맹활약에 남한 종교인들의 잇따른 방북도 성황을 이루게 된다. 남한 기독교인들에 대해 매우 우호적인 분위기가 형성된 것이다.

신평길은 1970년대와 1980년대의 북한 종교정책에 대해 아래와 같이 지적한다.

> 1970년대 시기의 주요 특징은 명목상 중앙급 단체의 어용화, 이용책을 기본으로 하면서 주요한 극소수 골수 교인에 대해서 가정예배 행위를 제한적으로 허용하면서 감시책을 구사한 것이다.
> 1980년대 이후 시기의 특징은 정책적 필요성과 요구에 따라 종교단체

들의 지방 조직을 확대(도·시·군 급)하여 위장화, 어용화시켜 이용하는 정책의 강화와 일부 위장 교인, 교회와 성당의 건축 등을 허용하였다. 관제 어용 종교인의 종교 행위 허용책을 썼던 것이다.[20]

남북대화 국면이 조성되자 1960년 말 200여 개 가정예배소에서 제한 억제 축소로 40개로 줄어들었던 것이 다시 100여 개소로 늘어난다. 그러나 남북대화가 중단되자 강경책으로 선회하면서 위장, 관제, 어용적 성격을 띤 20여 개가 명목상 허용된다.[21] 1978년 조선기독교도연맹은 북한 내의 가정교회를 외부에 최초로 공개한다. 이는 전쟁 후 북한 기독교 단체의 첫 공개로 역사적인 의미가 있다.[22] 1978년 평양에서 세계탁구대회의 개최로 재미 교포들이 참석하면서 조선기독교도연맹이 이들에게 가정교회를 처음으로 공개한 것이다. 1980년대 중후반에는 종교계의 '통일희년활동'이 두드러지게 부각되면서 종교단체의 활동도 활성화된다.

1970년대에 들어서 1960년대까지 배제하였던 종교인들을 혁명의 보고 역량이라고 하면서 조선기독교도연맹의 가입 성도 수를 늘리고 조직을 강화한다. 이렇게 가정예배소가 일시적으로 100여 개로 늘어났다. 또한 1972년 김일성 출생 60주년을 맞아 오지로 추방되었던 일부 기독교인들도 대사면으로 고향에 돌아와 활발해진 교회 활동을 선전하는데 동원되었다. 이는 조선그리스도교연맹이 북한 내 산발적으로 신앙생활을 하고 있던 신자들을 "1982년부터 조직적으로 장악하고 지도했다"라는 송철민2013년 4월 손효순 목사의 소천으로 봉수교회 담임을 맡은 목사의 말에서도 나타난다. 봉수교회 인근 지역 거주자

---

20) 신평길 1995, p.54.
21) 신평길 1995, p.60.
22) 이반석 2015, p.192.

기독교인들은 가정예배소 모임 대신 봉수교회로 흡수되었고 동평양 지역의 가정예배소는 그대로 운영하고 있는 것이다.[23)]

봉수교회에 과거 목사, 장로, 권사의 자녀들로 최소 20명 이상의 그루터기 신자들이 출석하고 있다. 공인된 교회에 그루터기 신앙인 가족이 동원되어 있다는 사실은 매우 중요하다. 이들은 사상적으로 인정을 받는 사람들이어서 당원일 가능성이 높다. 이들이 진정으로 신앙을 가지고 있는지는 판단하기 어렵다. 단, 현재 국회의원으로 활동하고 있는 탈북 출신 태영호는 봉수교회와 장충성당에 동원되어 나온 사람들이 시간이 흐르면서 신앙이 생겨난 데 대해 북한 당국이 촉각을 곤두세웠다고 한다.[24)]

1972년부터 1988년까지 이 기간에 핍박 관련 보고된 사건은 299건으로 51명 처형, 34명 투옥, 211명 체포되었는데 처벌 결과는 알려진 바 없다. 이들의 믿음의 유형을 살펴보면 65%에 달하는 193명은 오래전 한국전쟁 전부터 신앙을 가진 사람들이었으며 23%에 달하는 68명은 라디오 방송이나 성경을 통해 믿음을 갖게 되었고 11%에 달하는 34명은 부모에게서 신앙을 물려받았으며 1%에 달하는 4명은 주위 사람들에 의해 믿음을 갖게 되었으며 이 4명은 정치범수용소에 수감되었다고 한다.[25)] 여기서 주목할 사실은 아직도 신앙심이 깊은 적지 않은 그루터기가 살아 있었고 하나님의 복음을 전파하는 이들의 역할을 간과할 수 없다는 점이다.

---

23) 김병로·윤현기·이원영·천지혁 2020, pp.25-28.
24) 김병로·윤현기·이원영·천지혁 2020, pp.30-31.
25) 이반석 2015, p.192.

〈표 40〉 성도들의 체포 원인(1972.4.15.~1988.9.14, 단위: 명)

체포 원인	공개적 신앙고백	비밀리에 복음 전파	은신 중	성경책 소지	모름	총계
성도 수	14	4	67	3	211	299

출처: 이반석(2015).

〈표 41〉 체포된 성도들의 유형(1972.4.15.~1988.9.14, 단위: 명)

구분	개인	가족	집단	조직	총계
성도 수	22	15	93	169	299

출처: 이반석(2015).

위의 표에서 보다시피 북한 정권의 핍박과 감시에도 그리스도인들은 신앙고백이나 복음 전파를 멈추지 않았다. 그리고 개인이나 가족 모임으로 예배를 드렸다는 것은 구성원들 간에 목사, 평신도 등 직분의 구별 없었음을 알 수 있고 이보다 더욱 규모가 큰 집단이나 조직이 압도적으로 많은 수치를 보인다는 것은 지하교회의 규모가 커졌다는 것을 말해준다.

북한 지하교회에서는 어떻게 신앙생활을 하는가를 살펴보자. 모퉁이돌선교회의 이삭 목사는 1985년 중국 동북 지방에서 재중 교포로부터 100권의 작은 한글 성경책 배달을 요청받은 사실을 언급하면서 자세하게 북한 지하교회 성도들이 어떻게 예배를 드리는지를 알려 주고 있다. 아래는 모퉁이돌선교회 〈카타콤소식〉1991.3과 1993.9에 실린 북한 지하교회의 생생한 모습이다. 그리고 여기서 북한선교에서의 재중 교포의 역할도 엿볼 수 있다.

> 이 성경책의 용도를 묻자, 이 나이 많은 여인은 북한 성도에게 부탁을 받은 것이라고 대답했다. 그들은 지하교회 성도들에게 100권의 성경책을 주고 싶었던 것이다.
> 그 여인은 북한에 있는 지하교회와의 관계를 설명해 주었다.

매 주일, 이 성도들은 3~4시간을 걸어서 산에 숨겨진 비밀장소에서 예배를 드리고 있다고 하며, 그들은 크게 찬양을 부를 수 없었지만 집에서 보다는 조금이라도 더 크게 부를 수 있다는 사실에 행복해했다고 한다. 그들은 비밀장소가 발각될 것을 우려하여 조금 떨어진 곳에 보초를 세워 두었고, 인기척이 들리면 신호를 주어 성도들이 급히 피신할 수 있도록 하였다.

그녀는 백두산 근처에서 만난 27명의 성도 명단을 이삭 목사에게 주었다. 이 명단에서는 11명의 남자 성도들과 16명의 여자 성도들의 이름이 쓰여 있었다. 가장 어린 성도는 29살의 남자 성도였으며, 가장 나이 많은 성도는 81세의 할머니였다. 평균 나이는 55살이었고, 중간 나이는 58살이었다. 이 명단에는 아이들은 없었다. 그녀는 이삭 목사에게 "수년 동안 하나님께서 신실한 종들인 남은 자들을 보호하였다"고 말했다. 이것이 바로 1987년 북한에 존재하던 북한 지하교회의 모습이다.[26]

이 시기 또 한 가지 큰 변화는 해외 거주하는 친족들이 북한을 방문하면서 북한 주민들에게 하나님과 가까워질 기회가 더 많아진 것이다.

이반석은 하나님께서 재외 교포들을 사용하셔서 핍박받는 북한 교회에 영적인 파장을 일으켰으며 북한 지하교회에 숨통을 트여주시면서 그분의 사랑을 보여주셨다고 말한다. 이 시기 북한에 성경책을 전달하는 획기적인 사건이 발생한다. 해외 목회자들의 방북이 성황을 이루면서 1981년 6월에는 당시 미국에 거주하고 있던 김일성의 오랜 친구로 알려진 김성락 목사서울 숭실대학교 전 총장가 김일성의 초대로 북한을 방문하면서 남한어로 인쇄된 150권 성경책과 100권의 찬송가를 선물로 가져갔다. 귀국 후 김성락 목사는 북한이 곧 성경을 발행할 것이라는 소식을 전하기도 하였다.[27] 실제 1983년 북한에서는 신약성경과 찬송가, 그리고 1984년에 구약성경을 인쇄하기도

---

26) 이반석 2015, p.205.
27) 이반석 2015, pp.207-208.

한다.

　1988년 서울올림픽대회 개막 며칠 전인 9월 14~17일에 '북한도 복음화하라'로 불리기도 하는 '러브 노스 코리아Love North Korea'라는 심포지엄이 많은 나라 북한 종교 관련 전문가들이 참석한 가운데 서울 영락교회에서 모퉁이돌선교회 주관으로 열렸다. 이는 남한이 감당해야 할 북한선교에 대한 첫 국제대회이기도 하다. 모퉁이돌선교회 대표 이삭 목사는 남한 교회가 북한선교에 관심을 가져야 함을 강조했다. 이는 마치 중국 선교를 위해 1975년 23개국 430명 대표단이 참석한 '러브 차이나Love China'가 마닐라에서 열린 것과 같은 차원이었다. '러브 차이나'에서 간절히 기도한 것이 통했듯 '러브 노스 코리아'에서도 4일간 간절한 기도가 이어졌다.[28]

---

28) 이반석 2015, pp.214-215.

지하교회의 확장: 1990년대 ~ 현재

이 시기 기독교에 대한 변화는 1992년 4월 개정 헌법의 종교 관련 문항에서 체제 안에서 종교자유를 허용한 점, 그리고 현대 조선말 사전 1981년판, 조선말 대사전 1992년판, 조선 대백과사전 2000년판 종교 관련 용어 해석 변화에서도 기독교 용어에 대한 부정 표현의 삭제 및 긍정 표현이 부각되면서 기독교에 대한 장족의 변화를 감지할 수 있다. 또한 2005년에는 봉수교회, 칠골교회에 이어 세 번째 교회인 제일교회가 건립되기도 한다. 1988년 스위스 글리온에서 남북의 교회가 함께 1995년을 희년으로 선포한 것도 역사적인 일이다. 이 기간에는 김일성의 사망으로 김정일이 권력을 승계하면서 김정일의 지도 이념이 기독교에 크게 작용하던 시기이기도 하다.

그러나 이 시기 북한은 극심한 경제난으로 '고난의 행군'을 하게 된다. 남북 종교교류 활성화는 북한이 식량난을 해결할 좋은 기회이기도 했다. 종교교류를 통해 경제적 실리를 챙긴 것이다.

지하교회의 확장은 '고난의 행군'으로 대규모 탈북민이 발생하면서 시작된다. '고난의 행군'으로 1백 여만 명이 기아로 사망하는 과정에 약 30만 명의 탈북민이 발생하였고 이들 중 80% 이상은 경제적 지원과 선교 활동을 하는 한국 및 해외 선교사, 중국교회의 도움을 받았다. 20여만 명은 북한으로 돌아갔고 이들 중 새로 믿음을 가진 성도들은 그루터기보다는 좀 더 활발한 활동을 하고 있다. 그루터기 모임이 가족 혹은 친척 위주의 소규모 그룹이라면 이들은 2~3명 또는 7~8명의 네트워크 형태로 모임을 가진다.[29]

1985년부터 1998년까지를 지하교회의 성장기라 할 수 있다. 이 기간 종교교류 활성화에도 불구하고 북한 정권의 기독교 감시는 계속되었다. 1980년대 해외 친족들의 북한 방문이 많아지면서 1990년 이후 북한은 가정집 방문을 금지시키고 대신 평양 소재 호텔에서 가족 만남을 갖도록 했다. 이 호텔들은 감시와 도청이 용이했기 때문이다. 이렇게까지 북한 정권이 만남의 장소를 변경한 이유는 방문자 수의 증가에 따라 집수리 비용이 늘었고, 친족들에 의해 외부 소식이 전해졌고, 더욱이 복음이 전해지기도 했기 때문이다.[30]

〈표 42〉 기간별 핍박받은 성도들의 지역 분포(1953~2006년, 단위: 명)

구분	1953~1972	1972~1988	1988~1995	1995~2006	총계
국경 지대	-	-	10	21	31
함경북도	8	16	8	2111	2143
함경남도	3	64	-	293	360
황해도	131	1	86	512	730
자강도	-	-	-	5	5
강원도	5	3	-	2	10
평양	4	1	22	6	33
평안북도	9,185	11	221	27	9,444
평안남도	3	70	312	297	682
북한 전 지역	-	100	10	100	210
알려지지 않은 지역	1,548	6	65	329	1,948
양강도	10	27	6	6	49
중국	-	-	1	11	12
총계	1,0897	299	741	3,720	15,657

출처: 이반석(2015).

---

29) 김병로·윤현기·이원영·천지혁 2020, p.39.
30) 이반석 2015, pp.209-210.

〈표 42〉에서 보다시피 '고난의 행군' 시기 많은 그리스도인들이 핍박을 받은 것을 알 수 있다. 그것도 함경북도 지역에서 압도적인 수치를 보인다는 것은 새로 믿음을 가진 탈북민들이 많이 희생당했다는 것을 말해 준다. 실제로 북한과 마주하고 있는 옌벤 지역에는 남한으로부터 경제적 지원을 받는 많은 교회가 있을 뿐만 아니라 많은 한국 및 해외 선교사들도 국경 지역에서 적극적으로 탈북민들을 상대로 복음을 전파하고 있다.

한국선교연구협회의 자료에 따르면 1995년부터 1998년까지 중국에서 사역한 총 413명의 남한 선교사들 중 대부분이 북한 접경에서 북한 사람들을 대상으로 복음을 전했다. 일부 탈북민들은 성경공부를 하고 다시 북한으로 돌아가 죽음을 각오하고 성경과 전도지와 신학에 관련된 책자와 라디오와 설교 테이프를 갖고 전국 곳곳에 복음을 전하였던 것이다. 이들이 북한 복음 전파의 새로운 주역이 된 것이다.[31] 실제로 북한 내에서 탈북민들에 의한 선교가 많이 이루어지고 있다는 사실은 아래 내용에서 찾아볼 수 있다.

> 탈북자들에 따르면 현재 북한에는 기독교 전파를 경고하는 현수막이 곳곳에 걸려 있어 북한당국의 가혹한 탄압에도 불구하고 기독교 신자가 늘고 있음을 시사하고 있다. 북한에서 처형된 선교사들은 대부분 탈북자 출신이며 이들은 중국에서 기독교를 전도받고 북한 주민들에게 기독교를 전파하기 위해 다시 북한에 들어간 사람들이라고 옌벤지역 교회 관계자들이 전했다. 중국으로 탈출한 북한인들은 대부분 교회로부터 도움을 받고 있으며 말씀선교를 지향하는 선교단체들은 탈북자들에게 적극적으로 기독교를 전파하고 있다. 현재 옌벤지역에는 남한으로부터 재정적 지원을 받는 교회가 1백여 개 이상 있는 것으로 알려지고 있다.[32]

---

31) 강석진 2020, pp.221-222.
32) 김병로 2002, p.45.

김병로는 이때 생겨난 지하교회는 탈북민 중심으로 조직된 것으로 자발적, 순수한 신앙조직인지는 의문의 여지가 있다고 말한다. 첫째, 탈북민으로 위장한 북한의 정보원들이 지하교회에 침투하였기 때문에 정보기관에 이용당하고 있는 부분이 적지 않다는 점, 둘째, 지하교회 교인들의 신앙 자체의 문제점, 그리고 북한 체제에서 지하교회 교인들의 전도 활동이 정상적으로 이루어지지 못하는 점, 셋째, 지하교회가 탈북민들의 물질적인 도움이나 개인적 필요를 공급하는 수단으로 이용되고 있는 점을 들고 있다. 또한 지하교회가 비즈니스와 연결되었기 때문에 북한 권력자와 고위층들도 경제적 부를 축적하기 위해 개종을 가장한다는 문제점도 제기한다. 실제로 경제적인 욕구가 달성되면 신앙생활에 심각한 반감을 갖고 교회에 해를 끼치는 부작용도 있다는 것이다.[33]

북한 대기근으로 인해 1996년부터 10여 년에 걸쳐 북한으로 대량의 복음이 유입되었는데 크게 두 개 부류로 나누어 볼 수 있다. 첫 번째 부류는 보다 큰 규모의 사람들로 이들은 수만 명에 달하는 탈북민들이다. 이들의 연령대는 10대에서 청장년층이다. 두 번째 부류는 첫 번째 부류보다는 숫자적으로는 적지만 그래도 수만 명에 달하는 합법적인 친인척 방문자들로 대부분 장·노년층이다. 따라서 10대로부터 장·노년층까지 모두 복음을 접할 기회를 가진 것으로 지하교회에서도 성도 연령층이 모든 세대에 걸쳐 형성된 것으로 볼 수 있다.[34]

---

33) 김병로·윤현기·이원영·천지혁 2020, pp.40-42.
34) 강석진 2020, p.232.

필자의 북한 가정예배처소 방문기

　필자는 2000년대 여러 차례 북한을 방문하여 가정예배처소에서 예배를 드렸었다. 봉수교회와 칠골교회를 제외한 대부분의 북한 교회는 개인 또는 소규모 공동체를 중심으로 하는 처소예배를 기본적인 예배 형태로 하고 있었다. 필자는 2002년 5월 29일 평양 방문 시 대동강 가정예배처소에서 직접 예배와 설교를 하였다. 2003년에는 평양 형제산 구역 세포1동 35인민반 주민들과 함께 가정예배를 드리기도 했다. 2004년에는 평양 락랑구역 흥송1동 11-12인민반 주민들과 함께 가정예배를 드렸다.

　예배에 참석한 신자들에게서 느낀 점은 놀람 그 자체였다. 실제로 정말 가정예배처소가 존재하고 있구나 하는 생각에 놀람을 금치 못했다. 흔히들 가정예배처소는 보여주기 위한 것으로 급조되었다고 알고 있던 것과는 전혀 딴판이었다. 이분들의 신앙심은 누구 못지않다는 생각이 들었다. 가정예배는 틀에 매이지 않고 설교, 통성기도 등 자유로운 예배를 드릴 수 있었다. 손에 전기처럼 흐르는 이분들의 숨결이 하나님의 숨결이라고 생각되었다. 필자는 사회주의 체제에서 자유로운 신앙고백은 못 하지만 예배 시간에 이들이 눈가를 적시는 모습에서 내면에 흐르는 신앙의 맥을 부정할 수가 없었다.

　한 가정교회에서 예배를 드리며 그들의 신앙을 물었을 때, 거의 목사, 장로, 권사인 부모의 신앙을 물려받은 자녀들로서 자신의 신

가정교회에서 특송하는 성도의 모습.

가정처소교회에서 예배드리는 모습.

2004년 평양 락랑구역 홍송1동 11-12인민반 주민들과 함께 가정예배를 마치고.

2003년 평양 형제산 구역 세포1동 35인민반 주민들과 함께 가정예배를 마치고.

앙을 마음껏 고백하지는 못하지만, 부모의 신앙을 생각하며 자신의 신앙고백을 대신하는 것을 보면서 마음이 몹시 안타까웠다. 북한은 주체사상에 의해서 신앙을 고백하지 못한다. 따라서 부모의 신앙을 대신 고백함으로 자신의 신앙을 고백한다. 하나님이 마음에 계시냐는 필자의 질문에 강영섭 위원장은 자신의 어머니가 새벽마다 교회를 갔는데 얼마나 기도를 크게 하셨는지 옆 사람이 기도를 못 할 정도로 기도 생활을 하였다는 고백으로 자신의 신앙을 대신 표현했다. 가정교회를 방문한 필자는 비록 보여주는 가정교회이지만 내면에 예배 가운데 하나님이 움직이시는 성령의 인도하심을 느낄 수 있었다.

가정처소교회에서는 손풍금이 반주에 사용된다. 뒤쪽의 TV는 KNCC에서 비디오와 함께 제공하였다. 비디오로 공부하며 예배를 드린다. 칠골교회 담임목사의 말에 의하면 가정교회에서 1년에 평균 3~4명씩 전도가 이루어진다는 보고를 받는다. 약 500개의 가정예배소가 있고 약 1만 명이 예배를 드리는 것으로 알려져 있다. 특히 1950년대 중반부터 신앙생활을 계속해 온 가정예배처소가 있다고 들었다. 봉수교회와 칠골교회를 제외한 대부분의 북한 교회는 개인 또는 소규모 공동체를 중심으로 하는 처소예배를 기본적인 예배 형태로 하고 있다.[35]

---

35) 양병희 2006. pp.176-180.

제 **7** 장

북한 기독교의 이모저모

김일성 가계의 기독교적 배경과 주변의 기독교인들
북한교회의 예배
탈북민들을 통해 본 북한 기독교

김일성 가계의 기독교적 배경과 주변의 기독교인들

김일성 본가

김일성

김일성은 1912년 4월 15일 아버지 김형직과 어머니 강반석 사이에 맏아들로 태어났다. 김성주가 본명이었으나 1935년 무렵 김일성이라는 이름으로 전사이름nom de guerre을 채택했다.[1] 김일성은 중학교 시절 맑스의 『자본론』을 알게 되었던 것으로 보인다.

> 나에게 〈자본론〉을 안내해 준 선생이 박소이라면 고리끼의 〈어머니〉와 〈홍루몽〉을 소개해 준 사람은 상월 선생이었다. 상월 선생은 육문중학교의 어문교원이었다.[2]

김일성은 화성의숙에서 'ㅌ.ㄷ타도'를 조직할 때나 오가자 등에서 활동할 때까지만 해도 중국공산당과 관계가 없었다. 1931년 조아범曹亞范을 통해 중국공산당과 연계를 갖기 시작하였다.[3] 1940년 말 소련으로 들어가 소련 극동방면군 보병 제88특별교도여단 제1교도영

---

1) Lankov 2002, p.53.
2) 『세기와 더불어 1』, p.222.
3) 『세기와 더불어 2』, p.67.

장이었고 계급은 소련군 대위였다.[4] 88여단이 해체될 때 고위급들은 가명을 쓰도록 했다. 가명을 쓰도록 한 것은 지도부의 안전을 보장하기 위한 것으로 최석천은 최용건이라는 이름을 사용한 데 반해 김일성은 가명을 쓰지 않고 김일성을 그대로 사용했다. 최용건원명 최석천에 비해 권력 서열이 높지 않았다고 평가된다. 김일성은 중국말을 잘했기 때문에 혁명투쟁에 큰 도움이 됐다고 말한다.

> 나는 중국말을 잘하였기 때문에 오가자에서 활동하는 데 매우 유리하였습니다. 내가 어렸을 때 우리 아버님은 중국말을 잘 배우라고 하시였습니다. 나는 아버님의 가르치심을 명심하고 중국말을 배웠는데 그것이 혁명 투쟁을 하는 데 큰 도움으로 되였습니다(김일성이 1992년 4월 21일 강반석 어머니 탄생 100돐 기념오찬회 참가자들과 한 담화 "항일 투사들은 우리 혁명의 자랑스러운 첫 세대들이다").[5]

김일성은 목숨을 잃거나 감옥에서 썩을 결정적 위기를 적어도 세 번쯤 넘긴 것으로 보인다. 한번은 항일운동 초기에 일본 감옥에서 아래에서 이야기할 손정도 목사 덕분에 위기를 넘길 수 있었다. 두 번째 위기는 무장 항일투쟁에서 죽을 위기를 넘겼다. 1930년 일본군에 쫓겨 어떤 집에 숨어들었는데 '생판 모르는 아주머니가 생사를 가리지 않고' 김일성을 도와주어 살아났던 일을 회상하고 '교하의 아주머니'라고 부르기 시작했고 수십 년을 수소문했지만 못 찾았고 60년이 지난 후에도 아주머니 이름도 물어보지 못했다며 안타까워했다.[6] 세 번째는 1946년 3월 1일 3·1절 기념식에 김일성과 소련군 지도자들이 참석했는데 누군가 수류탄을 던진 사건이다. 연단에 있

---

4) 황장엽 1999, p.106.
5) 『김일성 전집 92(1992.1~1992.12)』, pp.341-343.
6) 『세기와 더불어 2』, pp.122-123.

던 소련군 노비첸코 중위가 수류탄을 몸으로 감쌌기 때문에 폭발하였지만 김일성은 다치지 않았다.

김일성은 『세기와 더불어』에서 자신이 어렸을 때 교회에 다닌 일을 자세하게 이야기하고 있다. 김일성은 "례배를 구경하는 게 재미없어요"라고 아버지에게 이야기하고 예배당에 잘 나가지 않았고 칠골에서 학교 다닐 때는 예배당에 나가지 않는 학생들을 통제했지만 한 번도 가지 않았다고 회고하였다.

> 일이 정 고달플 때면 어머니는 삼촌어머니와 함께 례배당으로 가군하였다. 송산이라면 지금의 군사대학이 있는 곳인데 거기에 장로교 계통의 례배당이 하나 있었다. 남리와 그 주변에는 기독교를 믿는 신자들이 적지 않았다. 살아서 사람다운 생활을 못하니 예수의 가르침을 잘 따르다가 죽어서 《천당》에라도 가보자고 생각하는 사람들이 없지 않았다.
> 어른들이 예배당에 갈 때면 아이들도 따라가서 례배를 보군하였다. 신자의 대렬을 늘이려고 례배당측에서는 이따금씩 아이들에게 사탕도 주고 공책도 주었다. 아이들은 그것을 받아보는 멋에 일요일만 되면 패를 지어 송산으로 밀려가군 하였다.
> 나도 처음에는 호기심이 나서 동무들과 함께 가끔 송산으로 다니었다. 그러나 동심에 맞지 않는 엄숙한 종교의식과 목사의 단조로운 설교에 싫증을 느낀 다음부터는 례배당에 잘 다니지 않았다.[7]

김형직 — 김일성의 아버지

김형직은 1894년 7월 10일 평안남도 대동에서 태어났다. 미국 북장로교 선교사 베어드Baird,W.M.가 평양에 설립한 미션계의 교육기관인 평양숭실학교를 다녔고 1916년 명신학교에서 교편 생활을 하다가 1917년 3월 강동군에서 비밀결사단체인 조선국민회에 가입했다. 1926년 32세로 사망하였다.

---

7) 『세기와 더불어 1』, pp.102-103.

김일성에 따르면 아버지 김형직은 붓글씨를 잘 썼던 것으로 보인다. 김일성은 아버지가 "왜 큰 뜻을 가져야 하는가에 대하여 많은 이야기를 들려주었다"라고 회상하고 있다. '지원'이라는 말이 김형직의 좌우명이었다. 원대하게 뜻을 가져야 한다는 말이다.[8] 김일성은 만경대의 할머니가 "우리 아버지를 범보다 무서운 사람"이라고 이야기했다.[9] 이로 보아 김형직은 완고한 성격이었던 것으로 추정된다.

독립운동가들이 김형직을 찾아 봉화리로 오기도 했고 아버지도 동지들을 보러 평안남도와 황해도를 자주 돌아다녔고 1917년 3월 23일 평양 학당골에 있는 리보식이라는 사람의 집에서 조선국민회를 결성하였다고 김일성은 기억하고 있었다.[10] 1917년 가을 아버지 김형직이 일본 경찰에 체포된 다음 날부터 봉화리의 기독교인들이 명신교회에 모여 아버지의 석방을 위해 새벽기도를 드렸다고 김일성은 말하였다. 김형직은 1918년 형기를 마치고 감옥에서 나왔고 1926년 사망하였다. 김형직이 남긴 유산은 '지원', '3개 각오', '동지 획득'이라는 글과 두 자루의 권총이었다.[11]

김일성은 1975년 평양사범대학을 김형직사범대학, 1988년 함경북도 양강도에 후방군을 김형직군으로 행정구역의 이름을 바꾸었다.

강반석 — 김일성의 어머니

김일성의 어머니 강반석은 하리교회 장로 강돈욱의 둘째 딸로 신앙심이 두터운 신자였다. 김일성의 외할아버지이자 강반석의 아버지 강돈욱은 고향에서 사립학교를 세우고 청소년들을 공부시키면서

---

8) 『세기와 더불어 1』, p.15.
9) 『세기와 더불어 1』, p.100.
10) 『세기와 더불어 1』, p.26.
11) 『세기와 더불어 1』, p.29.

독립운동을 했고 맏외삼촌 즉, 강반석의 오빠는 일찍부터 독립운동을 하였다고 김일성은 회고하였다.

강반석은 칠골교회에서 집사로 봉직했다. 앞서 인용했듯이 강반석은 김일성을 데리고 교회에 다녔다. 강반석은 "열두 식구나 되는 큰 집안의 장손 며느리로서 늘 바삐 지냈다"라고 김일성은 회고하였다. 그러면서도 "어머니는 어렵게 살면서도 돈에 대한 타산과 욕심이 없었다"라고 회고하고 있다. 돈이라는 건 있다가 없어지기도 하고 없다가 생기기도 한다는 것이 어머니의 철학이었다고 김일성은 회고하였다. "혁명을 하는 남편을 섬기니 그렇지 사실 순순한 녀성의 각도에서 보면 어머니의 일생은 힘에 부친 고생살이의 련속이었다"라고도 회고하였다.[12]

나중에 칠골교회를 건립한 것도 어머니 강반석을 기념하기 위한 것으로 반석교회라고도 불린다.

김정일 — 김일성의 아들

김정일은 김일성과 김정숙 사이에서 보로실로프 부근에서 태어났다. 1960년 대학에 갈 무렵 이름을 김정일로 고쳤으며 한자 이름도 처음에는 정일正一이었으나 정일正日로 바꾸었다. 김일성은 김성애와 사이가 좋아지면서 김정숙을 멀리했다.

황장엽은 김정일이 '백두혈통'이 아니라 분명히 소련에서 태어났다고 증언한다.

> 김정일이 러시아에서 태어나 '유라'라는 이름으로 유년기를 보냈다는 것은 세상이 다 아는 사실이며, 김경희가 내게 준 소련판 지도책에도 '유

---

12) 『세기와 더불어 1』, p.130.

라'라고 씌어 있었다. 그런데 굳이 그런 사실을 속이면서 백두산 아래에서 태어났다는 거짓말을 할 필요가 어디 있는지 나는 이해할 수 없고, 지금도 도무지 이해가 안된다.

 김일성은 항일 빨치산 출신들을 불러 김정일이 태어난 백두산의 밀영을 찾아내라고 지시하기도 했다. 그들은 백두산 일대를 뒤졌지만 애초에 없던 밀영지를 찾아낼 수 없었다. 그러자 김일성은 자기가 직접 나서서 찾아야겠다며 돌아다니다가 경치도 적당하고 위치도 그럴듯한 곳을 지적해 주었다. 그리고 그곳 뒷산을 '정일봉'이라고 명명했다.[13]

김정일은 어렸을 때부터 권력욕이 강했다. 그뿐만 아니라 영리했고 질투심도 강했다. 결국 그가 김일성의 마음에 들어 권력을 승계할 수 있었다고 황장엽은 말한다.

 그[김정일]가 어린 나이에도 불구하고 이미 정권에 대한 욕망이 상당히 컸다는 것이었다. 그는 아버지를 잘 모시는 일에 특별한 관심을 쏟았다. 아침마다 자기 아버지가 나갈 때 부축을 하고 나서는가 하면, 신발을 신겨주기도 했다. 김일성은 당시 47세로 원기왕성하여 부축을 받을 아무런 이유가 없었다. 하지만 김일성은 아들의 부축을 받을 때면 마냥 흡족해했다.[14]

당시 김정일에게 경쟁자는 삼촌이며 김일성의 동생인 김영주였다. 김정일과 삼촌인 김영주 사이에 후계자 자리를 놓고 대립했다. 김정일은 황장엽에게 "삼촌이 자꾸 주체사상을 반대하는데, 황 선생이 가서 설복을 시켜주시오"라고 했고 황장엽은 김영주를 만났는데 김영주는 "집안에서도 아마 김정일을 후계자로 내세우기로 결정한 것 같은데"라고 말하였다는 것이다.[15] 언젠가 김일성이 이렇게 말한

---

13) 황장엽 1999, p.245.
14) 황장엽 1999, p.126.
15) 황장엽 1999, p.168.

적이 있었다. "영주는 독하지 못한 것이 결함이고, 정일이는 저희 삼촌보다 독한 것이 장점이다"라고 했다는 것이다.[16] 범은 범의 새끼만을 키우는 것 같다.

김정일은 앞서 이야기했듯이 김일성의 우상화 작업에 박차를 가했고 군을 노동자보다 우선하는 선군정치를 추구했다. 김정일은 기독교에 대한 입장을 자주 언급하지는 않았지만 종교에 대해 부정적인 입장을 갖고 있었다고 볼 수 있다.

김정은 ─ 김일성의 손자

김정은은 1984년 1월 8일 김정일과 고용희 사이에서 태어났다. 원산에서 태어났다는 말도 있다. 스위스 유학 중에 '박운'이라는 이름을 사용했다. 친형은 김정철, 여동생은 김여정이 있다. 스위스 베른 근교에서 유학하였고 2000년 말 북한에 갔다. 아버지 김정일의 권유로 조선인민군에 전사한 대남공작원의 아들이라는 신분으로 하전사로 입대하였고 1년 6개월 후 중장으로 진급했다. 물론 실제 군에서 복무했는지는 의문이 있기는 하다. 2010년 조선인민군 대장, 당중앙군사위원회 부위원장을 맡으면서 후계자로 공식화되었다. 사회주의국가에서 당군사위원회에서 부위원장을 맡았다는 것은 권력 2인자가 된 것이다. 다음 해인 2011년 12월 17일 김정일이 사망하자 12월 30일 조선인민군 최고사령관으로 추대되었다. 2012년에는 조선로동당 제1비서, 국방위원회 제1위원장이 되고 대장에서 원수 칭호를 부여하였다. 이후 앞서 언급했듯이 장성택뿐만 아니라 기존 장군들을 대거 숙청하면서 권력을 장악하기에 이른다. 남북정상회담

---

16) 황장엽 1999, p.173.

등 굵직한 행사를 치렀으며 미국의 트럼프, 러시아의 푸틴과도 정상 회담을 하였다.

　김정은은 취미로 농구를 좋아했다고 하며 스위스 학창 시절에는 지금처럼 뚱뚱하지 않고 날씬했다. 마이클 조던이 나오는 영화나 게임을 즐겼으며 스키도 좋아했다. 김정은은 유럽의 기독교적인 문화환경 속에서 성장한 것만은 확실하기 때문에 평양에서만 살았던 자기 아버지인 김정일과는 다른 행태를 보일 것이라고 판단할 수 있으나 과연 기독교에 대해 어떤 정책을 추진할 것인가는 오리무중이다.

　할아버지 김일성은 김정은이 열 살 때 사망했기에 김정은은 기독교적인 환경에서 자란 할아버지의 영향을 받았을 가능성이 크고 또 서구적인 환경을 경험하였기 때문에 기독교에 대해 극도의 적대감은 보이지 않을 것으로 보인다. 단, 정권에 반대하는 세력에 대해서는 장성택을 사형시켰듯이 기독교도라 하더라도 가만두지는 않을 것이다. 독재자의 전형적인 특성을 지녔기 때문이다.

김일성의 외가

강돈욱(康敦煜) ― 김일성의 외조부
강량욱 ― 강돈욱의 육촌 동생

　강돈욱은 1871년 2월 3일~1943년 11월 14일 지금의 평양 만경대구역에 해당하는 당시 평안남도 대동군 용산면 하리 칠곡칠골에 근대 교육을 위한 창덕학교를 설립하고 초대 교장을 지냈다. 김일성은 1923년부터 1925년까지 외가에 머물며 창덕학교를 다녔다. 강돈욱은 일제강점기의 개신교 교육자로, 일제강점기 조선과 만주에서 장로교 장로로 활동했으며 칠골교회와 창덕교회의 장로로 시무하였다.

강량욱은 1903년 평안남도 평양부 룡산면 해리 칠곡마을에서 태어났다. 칠골 창덕소학교와 진남포득소학교에서 교원으로 일했다. 1943년 조선예수장로신학교를 졸업하고 다음 해 평양노회에서 목사안수를 받고 평양 기림리 고정교회의 담임목사를 했다. 광복 이후 1945년 조만식의 조선민주당에 참가하였고 1946년 북조선기독교도연맹 중앙위원장이 되었고 나중에 북조선임시인민위원회 상임위원회 서기장이 되었다. 1972년 국가부주석, 1981년 사회민주당 중앙위원회 위원장, 1982년 국가부주석이었고 1983년 사망하였다.

김일성은 1992년 자신의 기독교적 가정 이야기를 하였다. 어떻게 보면 1992년은 북한에서 기독교와 정권과의 관계가 개선되는 변화를 가져오는 해이기도 했다. 1992년 8월 20일 〈미국 전국 기독교 교회협의회 대표단과 한 담화〉에서 자기 가족의 기독교 역사에 대해 이야기했다. 외할아버지와 외삼촌이 기독교 신자였다는 내용과 김일성을 지지했던 강량욱에 대한 이야기도 하였다.

> 우리 외할아버지와 외삼촌도 기독교 신자였지만 다 나라의 독립을 위하여 헌신하였습니다. 큰외삼촌은 일제놈들을 반대하여 무장을 들고 싸우다 체포되어 13년이 넘도록 감옥생활을 하였으며 보석으로 집에 나와 있다가 세상을 떠났습니다.
> 강량욱 선생도 기독교 목사이지만 해방 직후부터 우리 당의 평화적 조국 통일 방침을 실현하기 위하여 적극적으로 활동하였습니다. [...] 지금 이 좌석에 조선기독교도련맹 중앙위원회 위원장이 참가하였는데 그가 바로 강량욱 선생의 아들입니다.
> 회장 선생이 자기 어머니가 창덕학교에서 얼마 동안 교편을 잡고 있을 때 강량욱 선생과 가깝게 지냈다는 말을 어머니로부터 들었다고 하는데 내가 창덕학교에 다닐 때 학교에는 여선생들이 여러 명 있었습니다. 그들의 이름은 잘 생각나지 않는데 아마 그 녀선생들 가운데 회장 선생의 어머니도 있었을 것입니다. 그때 우리 외할아버지는 창덕학교의 교감이였지만 학급도 담임하였습니다. 내가 창덕학교 5학년에 편입하여 공부할

때 담임 교원은 강량욱 선생이였습니다(1992년 8월 20일 김일성의 "미국 전국 기독교 교회협의회 대표단과 한 담화").[17]

김일성이 강량욱을 지목하여 북조선기독교도연맹을 만들었다는 데서 강량욱에 대한 믿음을 엿볼 수 있다.

김일성에게 영향을 준 목사들

손정도

김일성이 도움을 가장 많이 받았다고 하는 사람이 손정도 목사이다. 손정도는 1882년 평안북도 강서군 증산면 오홍리에서 전통적인 유교 집안에서 태어났다. 조씨 성의 목사를 만나 기독교를 처음 접했고 감리교 목사인 문요한John Z. Moore 목사에게 소개되었다. 숭실중학교에 입학하여 공부하였고 부인은 평양기독병원 기흘병원이라는 곳에서 잡역부 일을 하면서 집안을 꾸려나갔다. 평양 남산현교회 부목사로 일하면서 영창학교에서 교사로 일했다. 서울에 와서 협성신학당에서 목회자 훈련을 받았고 북감리교는 그를 진남포에 파견하였다. 이어 북만 지역에 파송되었고 하얼빈, 간도 등에서 선교 활동을 하였고 독립운동에도 기여하였다. 가쓰라 공작 암살 사건과 105인 사건으로 체포되기도 했다. 정동교회에서 목회 활동을 하기도 했고 평양으로 이주하여 독립운동을 지속하였다.

김일성은 손정도 목사가 자신을 친자식처럼 사랑해 주었다고 회고하였다. 목사 중에서 가장 친근했던 것으로 보인다.

---

17) 『김일성 전집 92(1992.1~1992.12)』, pp.341~343.

> 손정도 목사가 우리가 요구하는 것이면 무엇이건 다 해결해 주고 우리의 혁명 활동을 충심으로부터 지지해 주었기 때문에 나는 그를 친아버지처럼 따르고 존경하였다.
> 손정도 목사도 나를 친자식처럼 사랑해 주었다. 내가 감옥에서 겪고 있을 때 장작상에게 뢰물을 먹이면서 나를 석방시키기 위한 청원운동을 이끌어나간 주동인물도 바로 손 목사였다.
> 손 목사는 나를 친구의 자식으로뿐 아니라 일가견을 가진 혁명가로 대해주었다.[18]

김일성은 손정도 목사가 김일성 아버지와 함께 조선국민회라는 조직을 조직했는데 대부분의 구성원이 기독교인들이라고 말한다.

> 우리 민족해방투쟁사에서 큰 의의를 가지는 3·1운동 때 독립선언서를 발표한 33인 가운데도 기독교인들이 여러 명 있었습니다. 유명한 《105인 사건》 때 일제놈들에게 체포된 사람들 가운데도 손정도 목사를 비롯한 기독교인들이 적지 않았는데 그들의 대부분은 우리 아버지가 조직한 조선국민회 성원이였습니다(1992년 8월 20일 김일성의 "미국 전국 기독교 교회협의회 대표단과 한 담화").[19]

김일성은 길림에서 체포되었을 때 손정도 목사의 도움으로 석방될 수 있었다. 손정도 목사가 없었더라면 항일무장투쟁을 못 했을 것이라고 회고하였다.

> 나는 길림에서 활동할 때 손정도 목사의 도움을 많이 받았습니다. 손 목사는 내가 길림 감옥에 갇혔을 때 장작상에게 많은 돈을 먹이면서 나를 석방하기 위한 운동을 벌렸습니다. 나는 손 목사를 비롯한 진보적 인사들의 도움으로 감옥에서 나올 수 있었습니다. 만일 그때 내가 길림 감옥에 한 1년만 더 갇혀 있었더라면 일제 놈들의 손에 넘어갈 번하였습니다. 일제 놈들은 중국 동북 지방을 강점하자마자 길림 감옥에 가서 나부터 찾았

---

18) 『세기와 더불어 2』, p.6.
19) 『김일성 전집 92(1992.1-1992.12)』, p.341.

다고 합니다. 그들은 내가 감옥에서 이미 나갔다는 것을 알고는 한발 늦었다고 하면서 한탄하였다고 합니다. 그때 내가 일제 놈들의 손에 넘어갔더라면 항일무장투쟁을 벌리지 못하였을 것입니다(1992년 8월 20일 김일성의 "미국 전국 기독교 교회협의회 대표단과 한 담화").[20]

김일성은 초기 혁명 활동을 할 때 손정도 목사가 예배당을 제공하는 등 도움을 주었다고 회고하였다.

> 손정도 목사는 지난날 나의 초기 혁명 활동을 많이 도와주었습니다. 그가 길림에서 운영한 례배당은 나의 지하활동 장소였습니다. 그때 기독교청년회관도 리용하였는데 청년들은 일요일에 례배를 보는 날이지만 기독교청년회관에 모여들군 하였습니다. 기독교청년회관이 간판은 그렇게 붙였지만 우리가 청년들에게 혁명사상을 넣어 주는데 리용하는 구락부나 같았습니다. 미국에서 살고 있는 손정도 목사의 막내아들 손원태가 지난해에 조국에 왔다 갔고 올해에도 와서 나의 생일을 맞으며 진행하는 행사에 참가하고 돌아갔습니다. 나는 손원태를 길림에서 헤여진 다음 지난해에 처음 만나보았습니다. 내가 그를 좀 더 일찍 만날 수 있었는데 그가 나를 만나기 위해 나에게 보낸 편지가 도중에서 잘못되여 오래동안 만나지 못했습니다(1992년 8월 20일 김일성의 "미국 전국 기독교 교회협의회 대표단과 한 담화").[21]

김창준

김창준은 평안남도 강서에서 태어나 반석면의 소학교를 나와 평양 숭실중학교, 숭실전문학교를 졸업하고 일본에 유학도 하였다. 18세에 문약한 J. W. Moore으로부터 세례를 받았다. 1919년 3·1운동에 33인으로 참여하였다. 서울에서 설교를 하였고 1945년 전국농민총연맹에 평안북도 대표로 참여했다. 1948년 38선 이북을 방문했다가 북한에 머물렀다. 북한 최고인민회의 상임위원이었고 1950년 서

---

20) 『김일성 전집 92(1992.1-1992.12)』, p.236.
21) 『김일성 전집 92(1992.1-1992.12)』, pp.341-343.

울 남선기독교연맹을 조직하여 위원장을 했다. 김창준은 기독교 사회주의자였다. 한국전쟁 후 월북하여 최고인민회의 부의장을 역임했다. 김일성은 조국통일민주주의전선을 결성할 때에 김창준이 역할을 했다고 말한 바 있다.

김창준은 1948년 전 조선정당사회단체 대표자 연석회의에서 예수를 믿는 것은 미국을 믿는 것이 아니라면서 미국을 맹비난한다.

> 조선은 반드시 혁신해야 합니다. 낡은 것은 썩어서 새것을 추구해야 합니다. […] 왜 그러야 하면 우리는 예수를 믿지 미국을 믿는 것이 아닌 때문입니다. 미국은 예수가 아닐 뿐만 아니라 그와 반대로 약소민족을 침략하려는 제국주의자들이야말로 예수가 가장 미워하는 적들이기 때문입니다.[22]

김창준은 민족주의자이면서 기독교 사회주의자로 볼 수 있다. 김창준은 "예수의 운동은 사회운동이나 정치운동이 아니라 기독운동의 근본정신의 구령운동"이라고 보았고 온 인류를 하나의 대가족 공동체로 보았다. 아울러 김창준은 "몸이 없으면 좌도 우도 없다. 국가가 없으면 좌도 우도 없을 것이다. 먼저 합치하여 조국의 완전국가를 넘어 조국민족의 완전통일국가를 생각해주기 바란다"라고 호소하였다.[23]

---

22) 김창준 1992, pp.494-495.
23) 심의용 2021, p.166.

북한교회의 예배

2012년 9월 16일 〈국민일보〉에 게재된 평양 봉수교회 예배 모습이다.

> 주일을 맞아 형형색색 정장을 차려입은 북한 주민들이 봉수교회에 모였다. 남자들은 양복, 여자들은 한복 차림이었다. 예배가 시작되자 흰색 가운을 입은 성가대가 '복의 근원 강림하사' 등 찬송 3곡을 연이어 불렀다. 예배실에는 장의자가 놓여 있고 강단에 붉은 카펫이 깔려있는 등 남쪽 여느 교회와 다르지 않았다.
> 찬양이 끝나자 여성 장로가 강단에 올라 "우리 주 예수 그리스도의 높으신 공로를 받들어 기도드립니다"라며 대표기도를 했다. 한복을 차려입은 여성 집사가 이사야 말씀을 봉독했고, 다시 성가대가 '내 평생 살아온 길'을 불렀다. 이어 설교가 시작됐다. 봉수교회 3대 담임인 손효순[24] 목사는 "끝까지 자기가 선택한 길을 향해 걸어가야 한다"며 다양한 예화를 들어 말씀을 전했다.
> 북한 주민 70여 명이 참석한 예배였으며 예배 중에 찬송가를 10곡 가까이 부르는 점이 특이했다.
> 봉수교회는 남쪽 교회의 지원으로 1988년 완공된 이래로 평양 주민과 평양 주재 외교관들이 매주 찾고 있다.[25]

김병로는 북한교회의 예배와 설교 내용은 외형적으로는 남한과 크게 다르지 않으나 깊게 들여다보면 상당한 차이가 있다고 한다. 실제로 북한교회의 예배 순서와 성경, 찬송가는 남한과 거의 비슷하다.

---

24) 영상에서 설교한 손 목사는 별세했다. 현재 봉수교회 4대 담임은 송민철 목사다.
25) http://news.kmib.co.kr/article/view.asp?arcid=0924097833&code=23111322&cp=nv.

북한교회의 예배와 설교 내용은 외형적으로 보기에는 남한과 크게 다르지 않지만 깊이 있게 들여다보면 상당한 차이가 있다. 겉으로 보아 가장 유사한 것은 예배순서와 성경, 찬송가의 사용일 것이다. 예배순서는 전통적인 한국의 예배방식을 따르고 있다. 즉 묵도에 이어 찬송과 기도, 찬송, 성경봉독, 성가대찬양, 설교, 찬송(특송)과 헌금, 축도 등으로 이어지는 예배순서는 거의 비슷하다. 잠자리채 모양의 헌금대를 사용하는 것도 해방 전 한국교회의 모습을 그대로 답습하고 있다.[26]

필자는 2000년대 북한을 몇 차례 방문하면서 봉수교회, 칠골교회 그리고 가정예배처소에서 예배도 드렸다. 북한교회는 분명히 우리와 다른 특징이 있는 것도 몸소 체험할 수 있었다.

① 주보는 전혀 없다.

이유는 재정적 지원 부족으로 주보를 인쇄하지 못한다.

② 신앙고백도 금지한다.

주체사상과 대립되기 때문이다. 필자가 북한 방문 시 강영섭 위원장과 만찬을 하면서 하나님이 마음에 계시냐고 위원장에게 물었을 때

강영섭 위원장은 자신의 어머니가 새벽마다 얼마나 기도를 크게 하셨는지 옆 사람이 기도를 못 할 정도로 기도하시는 소리를 들으면서 자랐다는 고백으로 자신의 신앙을 대신 표현했다.[27]

③ 헌금기도는 크게 다르다.

헌금기도는 교회 성도들이 하나님께 드린 헌금에 대한 축복을 기원하는 것인데, 북한교회는 축복을 하나님께로부터 올 수 있는 것이 아니라 김일성, 김정일 부자를 통해서 올 수 있다고 강조하고 있다.

④ 18세 미만은 예배에 참석할 수 없다.

---

26) 김병로 2002, pp.94-95.
27) 양병희 2006, p.200.

북한은 18세 미만의 어린이와 청소년들은 종교를 가질 수 없다고 법적으로 규정되어 있다.

> 필자가 이춘구 목사(선교부장)와 오경우 목사(서기장)에게 "왜 자녀들이 교회에 오지 않느냐"라고 질문하자 "우리는 18세 미만은 종교를 갖지 않는다"고 이야기하였다.[28]

⑤ 성경과 찬송가

개인적으로 소지할 수 없고 예배드리는 동안에만 교회에 비치된 성경과 찬송가를 사용할 수 있다.

조그련은 1983년과 1984년 신약성서와 구약성서를 각각 1만 부 출간하였고, 그리고 신구약 합본인 성경전서와 찬송가를 각각 2만 부 발행하였다.[29] 북한의 성경책이나 찬송가는 남한과는 조금 차이가 있다. '하나님'을 '하느님'으로, '예수께서'를 '예수가'로 북한식 표기법을 채택한 차이를 보인다.

> 1990년 발행 「성경전서」는 총 589쪽의 신구약 합본으로 공동성경의 표기법에 따라 '하나님'을 '하느님'이라고 표현하였고, '예수께서'라는 높임말 대신에 '예수가'라는 표현을 사용하고 있으며, 북한식의 문화어 표기법을 채택한 차이를 보인다. 또 모두 401곡을 수록한 북한 「찬송가」는 남한에서와 같은 방식으로 편집되어 있으나 작사가, 작곡가 이름을 명시하지 않고 있다. 「찬송가」의 부록에 주기도문, 사도신경, 십계명을 담고 있으나 교독문은 없다. 북한 「찬송가」는 「성경전서」와 달리 2쪽에 "이 찬송가책은 1939년 조선예수교장로회 총회 종교교육부에서 발행한 신편찬송가를 조선 문화어의 표기법에 기초하여 다시 편집한 것"이라는 편집위원회의 설명을 명시하고 있다.[30]

---

28) 양병희 2006, p.201.
29) 김병로 2002, p.94.
30) 김병로 2002, pp.94-95.

⑥ 설교는 상대적으로 자유롭다.

교리적이거나 이웃 사랑과 같은 사회실천적인 설교나 사회사업을 통한 선교 활동을 제한 없이 하고 있다.

⑦ 시설과 수준은 높다.

남한의 어떤 교회보다 오히려 뛰어나다. 성가대는 시립합창단 수준이다.

⑧ 성직자 교육기관 및 목사 자격은 김일성종합대학 종교학과의 개설과 1972년 평양신학원 재건 부분을 참조하기 바란다.

탈북민들을 통해 본 북한 기독교

많은 탈북민들은 북한에 있을 때 '하나님/하느님/예수님', '목사/신부/수녀', '스님' 등의 종교 용어를 몰랐다고 한다. 그리고 북한에 살고 있을 적에 종교에 대한 정보가 전무했으며 종교를 접하면 처벌을 받는다고 알고 있었다.

> "저희는 성경이란 말도 들어본 적이 없고, '하나님', '예수님', 이런 개념조차도 없었어요. 단지 '하나님'이라는 개념은 막연하게 들어서 알고 있었지만, 그거에 대해서 뭐, 별로 생각해 본 적이 없었어요."
> "(종교)활동은 없고요."
> "외부에 보여주기 위한 홍보용이죠."
> "주민들은 거의 몰라요. 저희는 알 수가 없죠."[31]

북한에서의 종교는 해외 단체나 기관으로부터 지원금 또는 지원 물자를 받기 위한 도구로 이용된다고 탈북민은 말한다.

> 결국, 재밌는 게, 모든 종교위원회가 어디에 소속되어 있냐 하면, 통일전선부 대남공작부 밑에 들어가 있어요. 그 말 자체로는 대남공작부인데, 한국을 연결시켜 가지고 […] 외화벌이, 돈을 끌어모으는 거죠. (북한)교회가 외화벌이 기관 중 하나예요. 돈 버는 기관 중 하나라는 말이에요.[32]

---

31) 이순형·최연실·진미정 2015, p.65.
32) 이순형·최연실·진미정 2015, p.64.

선교사들의 '은밀한' 노력으로 북한에서 '제자양육교재'와 성경책, 그리고 소책자 두세 권을 입수하여 공부하였다는 한 탈북민 가족은 당시 두려운 심장을 피력한다.

> 무서웠죠. 북한 사회에서 믿음 생활한다는 건 굉장히 두려웠죠. 왜냐하면 발견되는 그 즉시 온 가족이 수용소에 끌려가서, 거기 가서 어떤 일을 당할지 모르니까. 거의 죽는다고 저희는 믿었죠. 거기서 만약 발각이 되면. 그래서 절대 발각이 되면 안 되는 상황이었어요. 그래서 성경책이나 라디오는 항상 옷장 깊숙이 숨겨놓고 그러다가 필요할 때마다 꺼내서 읽고 꼭 거기에 숨겨놓고. 위험했지만 그렇게 했어요. 6~7개월 정도….[33]

북한 정부는 기독교 유입 차단에 특별히 신경을 쓰는 것 같다. 북한에 종교의 자유가 있다는 것은 거짓말이라고 탈북민은 증언한다.

> 북한에 있다가 탈북자들이 중국으로 탈출하잖아요? 그러다 강제 북송 되잖아요? 그럼 제일 먼저 묻는 게 너 교회 갔었냐 물어요. 선교사 만났냐? 교회 사람한테 뭐 돈 받았냐? 만약에 그렇다고 하면 정치범수용소로 곧바로 간다고. 제일 싫어하는 게 탈북자들이 크리스천을 만나는 거예요. 그런 나란데 무슨 교인들이 자유롭게 가서 예배를 드려?[34]

---

33) 이순형·최연실·진미정 2015, p.75.
34) 이순형·최연실·진미정 2015, p.63.

제8장

북한선교의 이해와 선교 전략

성경적 선교
전통적 선교와 통전적 선교
북한 기독교의 특수성
북한선교에 대한 이해
미래 북한선교 전략

성경적 선교

선교는 '보낸다'라는 의미의 라틴어 'mitto'에서 유래된 단어로 "하나님의 구원 역사를 위해 믿지 않는 영혼들을 구원하기 위해 파송되는 것"을 의미한다.[1] 17세기 보에티우스Gisbertus Voetius는 선교의 목적을 ① 하나님께 영광, ② 교회 설립, ③ 이방인의 회심으로 보았다. 성경은 그리스도인의 지상명령Great Commission으로 복음 전파를 제시하고 있으며 이 지상명령은 예수 그리스도의 마지막 유언이자 복음명령evangelical mandate이다.[2] 엥겐Charles Van Engen은 "선교란, 하나님의 백성이 의도적으로 교회로부터 교회가 없는 곳으로, 신앙이 있는 곳에서 신앙이 없는 곳으로 장벽을 넘어가는 것"이라고 했다.[3]

선교는 복음을 통하여 하나님을 믿지 않는 사람들을 믿도록 하는 것이다. 그러나 선교 대상에 제한을 둔 사례가 있다. 과거 230년 전 영국의 비국교파로 박해를 받았던 특수 침례교회의 대속론과 예정론은 타문화권 선교를 하지 못하게 했다. 예정된 사람만이 예수님을 믿을 수 있기 때문에 아무에게나 전도하는 것은 교리에 어긋난다는 것이다. 예수님의 대속은 선택된 사람들을 위한 것이고 선택된 사람들은 숫자가 정해져 있다는 것이다. "적용되지 않으니 초청하지 않

---

[1] 김영석 2003, p.294.
[2] 박성범 2011, p.281.
[3] 황종하 2020, p.414.

는다no application, no invitation"는 것이다. 결국 극단적인 대속론과 예정론은 특수 침례교회의 쇠퇴를 가져왔다.[4]

선교는 누구나 받을 수 있도록 개방되어 있다. 그리고 선교는 누구나 할 수 있다. 선교의 방법은 다양한데 교회를 세우고 복음을 전하는 직접 선교나 배고픔을 해소해 주면서 간접적으로 선교하는 간접선교도 있다. 그리고 선교의 역할은 복음을 전하는 데만 머무르는 것이 아니라 사회 문제 해결에도 있다. 우선 구약과 신약에서의 선교를 살펴볼 필요가 있다.

개혁주의 선교는 성경에 뿌리를 두고 있기 때문에 북한선교도 성경에서 방법을 찾아야 한다. 구약의 방법으로는 아담이 죄를 범했을 때 하나님께서 직접 찾아가 죄를 지적하고 회개시킨 것을 예로 들 수 있다. 가인이 범죄를 저질렀을 때 하나님께서 죄를 지적하고 징벌까지 내리셨는데 이것이 선교이다. 그러나 인구가 점점 많아져 직접 선교하기보다는 족장들을 통해 선교하셨다. 그리고 사렙다 과부에게 베푼 엘리야열왕기상 17:2-24, 수리아 장군 나아만을 전도한 이스라엘의 계집종열왕기하 5:25은 파송선교사 외에도 평신도 선교사도 가능한 모델을 제공해 주고 있다.[5] 구약에서는 모세, 아브라함, 다윗, 다니엘, 요나 등을 최초의 선교사로 보고 있다.[6]

문제는 사람들로 하여금 회심시키는 데 있다. 성경에서 회심은 '돌이키다', '되돌아오다'라는 의미이다. 구약성경에서는 '돌이키다'라는 의미의 '슈브'가 1,000번 정도 사용되었다.[7] 회심은 죄악으로부터 돌이켜 복음을 통해 성령을 믿는 것이다.

---

4) 김한성 2023, pp.220-223.
5) 이원옥 2015, pp.339-343.
6) 박영환 2013, p.19.
7) 임재환·공기인·이은성·정성준 2022, pp.161-162.

한국기독교통일연구소가 2013년 출간한 『성경으로 읽는 북한선교』는 구약성경과 신약성경을 통해 북한선교를 다루고 있다. 이 중에 창세기를 다룬 박영환의 글을 보면 선교는 개인에서 단체, 국가로 발전해 나간다고 보았다.

> 창세기에 나타난 선교유형은 개인과 가정, 족속과 민족, 그리고 국가를 하나님 앞으로 이끌어내는 데 초점이 맞추어져 있다. 왜냐하면 하나님의 활동은 전 세계를 향해 나아가기 때문이다. […] 선교유형은 개인을 넘어서는 가정과 가문, 족속, 그리고 국가의 선교로 나타났다. 아담과 하와의 가정, 살인자 가인의 가정, 무차별한 살인을 저질렀던 라멕의 가문(창 4:23-24), 셋과 에노스의 경건한 가정(창 4:25-26), 노아의 가정이라는 예는 선교의 유형이 개인적 유형에서 집단적 유형으로 발전해 갔음을 보여준다.[8]

교회는 북한선교에서 '못자리'의 역할을 해야 한다. 박영환은 "세계 선교는 마가의 다락방에서 120문도가 열정을 다해 기도할 때 성령이 불같이 임하여 시작되었다"라고 말하면서 교회의 '못자리' 역할을 강조하고 있다.[9] 여기서는 신약에서의 선교를 마태, 누가, 바울을 통해 살펴보고자 한다.

마태의 선교

마태는 선교를 '제자 만들기 disciple-making'에 주력했다고 볼 수 있다. 마태는 마태공동체를 분파로 간주하지 않고 '예수의 교회'로 선언하고 예수가 이방인들 사이에서 했던 활동을 강조하며 주위의 이방인들을 선교함으로써 화해, 용서, 상호 사랑을 통해 바리새인과의 갈등을 해결하려고 했다. 마태는 교회라는 의미의 에클레시아

---
8) 박영환 2013, pp.41-42.
9) 박영환 2018, p.257.

ekklesia를 주장한 유일한 복음주의자이다. 마태는 '낮은 그리스도론 low Christology' 차원에서 예수를 항상 사도들과 함께 죽을 때까지 선교하며 같이 있는 예수로 묘사하였다. 마태에게는 하나님의 제자가 되는 것은 하나님의 지배, 정의와 사랑, 하나님의 의지에 복종하는 것을 포함하였다. 선교는 처음부터 새로운 신자를 만드는 것이었다. 마태가 주로 사용한 언어는 보내라, 가라, 선언하라, 고치라, 악을 쫓아내라, 평화를 만들어라, 보아라, 가르쳐라, 제자를 만들어라 등이다.[10]

누가의 선교

누가의 선교는 마태의 선교와 다르다. 누가는 빈민을 구제하는 것에 관심을 가졌고 그것이 선교라고 생각했다. 가난을 의미하는 프토코스ptochos라는 말은 누가에서 10번이나 나오는 데 반해 마가와 마태에서는 5번 나온다. 프토코스라는 말은 사회적 약자들을 총체적으로 가리키는 말이다. 누가에서는 빈민뿐만 아니라 바리새인에 대해 돈을 사랑하는 사람philargyroi이라는 말을 사용하는가 하면 부자, 소유라는 용어도 사용한다. 누가는 빈민과 주변적 집단에 대해 관심을 가졌다. 마가나 마태에서는 예수와 사마리아와의 만남에 대해 거의 언급이 없는 데 반해 누가는 사마리아에게도 관심을 가진다. 자선을 의미하는 엘레모쉬네eleemosyne는 누가의 저술에서만 나타난다. 마태의 복음에서는 '교회의 복음gospel of the church'인 데 반해 누가의 복음에는 교회와 교회주의churchism가 없고 제자, 추종자만 있다.[11]

---

10) Bosch 2011, pp.57-84.
11) Bosch 2011, pp.85-124.

바울의 선교

바울의 선교 패러다임은 마태의 선교 방법과 누가의 선교 방법의 통합을 이루었다고 평가할 수 있다. 바울은 '운명적 필연성anangke'을 강조한다. 바울의 선교 패러다임은 교회를 새로운 공동체로 보았다. 문화적으로 분리된 세계그리스인 대 야만인, 종교유대교 대 이방인, 경제부자 대 빈민, 사회자유인 대 노예에서 차이에도 불구하고 예수 그리스도 안에서 하나의 통일을 이루려 하였다. 인종, 종족, 사회적 차별 등 어떤 형태의 차별도 복음을 부정하는 것으로 간주하였다. 바울은 사회에 개입하는 것을 찬성하지만 너무 개입하는 것은 주저했으며 한편으론 약한 것과 강한 것 등 서로 정반대되는 것들을 통합시키려 하였다. 선교 전략도 이전과 달랐다. 과거의 선교는 개인이나 민족에 대해 선교를 생각했고 지역적으로는 이방인Gentiles 지역 시리아와 길리기아에 한정되어 있었다. 그러나 바울은 여러 국가와 지역을 중심으로 로마나 스페인까지 전 세계에 복음을 전하려고 했다. 특히 바울은 지역 도시를 선교 전략적 거점으로 선택했다. 예를 들면 마케도니아는 빌립보, 마케도니아와 아가야는 데살로니가, 아가야는 고린도, 아시아는 에베소를 택했다.[12]

바울은 세 번의 전도 여행을 떠나는데 거점 도시 위주로 사역을 한다. 한곳에 정착하지 않는 순회선교사였다. 로마, 고린도, 골로새, 빌립보, 데살로니가, 아덴은 중요한 요충지였고 번성하는 문화의 중심지였다. 바울의 거점 선교는 사회지리적으로 중요한 주요 거점을 선교하는 것이다.[13] 사도행전은 선교적 교회의 모델을 제시하며 바

---

12) Bosch 2011, pp.125-184.
13) 이일수 2012, p.152.

울의 서신서는 선교의 기록이다.[14] 사도 바울은 로마 제국의 중심지 도시들에 교회를 세우는 선교정책을 취했다. 정치, 경제, 사회의 중심지에 거점으로 지방에 교세를 확대시키는 전략이다. 바울은 유대 회당도 찾아 복음을 전했는데 전략적 요충지로 삼아 헬라인들을 만나려는 의도가 있었다. 로마를 전진기지로 삼아 스페인을 복음화하려고도 했다로마서 15:23-24.[15]

마태복음, 누가복음, 로마서에 나오는 선교 구절

"예수께서 온 갈릴리에 두루 다니사 그들의 회당에서 가르치시며 천국 복음을 전파하시며 백성 중의 모든 질병과 모든 약한 것을 고치시니"마태복음 4:23.

"그러므로 너희는 가서 모든 민족을 제자로 삼아 아버지와 아들과 성령의 이름으로 세례를 베풀고 내가 너희에게 분부한 모든 것을 가르쳐 지키게 하라"마태복음 28:19-20.

"예수께서 이르시되 내가 다른 동네들에서도 하나님의 나라 복음을 전하여야 하리니 나는 이 일로 보내심을 입었노라 하시고 갈릴리 여러 회당에서 전도하시더라"누가복음 4:43-44.

"헬라인이나 야만인이나 지혜 있는 자나 어리석은 자에게 다 내가 빚진 자라 그러므로 나는 할 수 있는 대로 로마에 있는 너희에게도 복음 전하기를 원하노라"로마서 1:14-15.

---

14) 박성범 2011, p.285.
15) 홍기영 2008, p.2.

"그런즉 저희가 믿지 아니하는 이를 어찌 부르리요 듣지도 못한 이를 어찌 믿으리요 전파하는 자가 없이 어찌 들으리요 보내심을 받지 아니하였으면 어찌 전파하리요 기록된 바 아름답도다 좋은 소식을 전하는 자들의 발이여 함과 같으니라" 로마서 10:14-15.

전통적 선교와 통전적 선교

초대교회 때 사도는 복음을 전하는 일을 하고, 집사들은 섬김과 봉사에 전념하기로 하였다 사도행전 6장. 흔히들 복음전도사역과 사회봉사사역을 합쳐 하는 선교를 총체적 선교Integral Mission 또는 통전적 선교Holistic Mission라고 한다.[16] 전쟁, 기근, 질병 등으로 생존의 위험에 직면한 사람들을 돕는 것도 복음에 추가된 것이다. 복음만을 전할 것이냐, 기아나 빈곤 등에 대해 사회적 책임도 같이 질 것이냐의 문제이다.

마태, 누가, 바울의 선교 방법은 여전히 논쟁이 되면서 지금까지도 이어지고 있다. 선교에서 복음주의와 사회적 책임은 두 개의 명령이라고 할 수 있다. 복음주의는 영적인 것으로 예수를 통해 구원의 복음을 전하는 것이고, 사회적 책임은 사회적인 것으로 기독교인들이 인간 사회에 책임 있게 행동하여 인간의 안녕과 정의를 위해 일하는 것이다.

19세기 중반부터 20세기 초를 보면 복음적 임무가 우선이었다. 근본주의로 알려지게 된 전천년설premillennialism이 사회복음Social Gospel에 반대했기 때문이다. 이에 따라 1865~1900년에 사회정치적 행동에 대한 관심이 적어지다가 1900~1930년에는 완전히 사라

---

16) 박영환 2022, pp.15-17.

졌다. 그러나 19세기 초에 '복음화하다evangelize'라는 동사와 여기에서 파생된 명사들이 교회 등에서 다시 살아났고 19세기 말에 지배적으로 되었다. 1920년대에서 1960년대까지 간헐적으로 사용되었지만 1970년 이후 프로테스탄트나 가톨릭에서 우세해지게 된 것이다. 명사와 관련해서는 프로테스탄트 복음주의운동Protestant evangelical movement과 로마가톨릭은 복음화evangelization를 선호한 데 반해 프로테스탄트 에큐메니컬Protestant ecumenical은 복음주의evangelism를 선호했다. 물론 복음주의, 복음화가 선교mission라는 말을 대체하기 시작했지만 복음화, 선교는 같이 사용할 수 있다고 본다.[17] 성경적 복음화 선교는 박성범이 지적하는 것처럼 '그리스도의 봉사자로서 하나님의 비밀을 맡은 자로서 파송되는 것'이며 선교의 목적은 '예수 그리스도를 따르지 않는 사람들에게 전도하기 위해 복음을 들고 문화의 경계를 넘는 것'이다.[18]

그러다가 선교를 하나님의 선교로 이해하는 경향이 나타났다. 1차 세계대전 이후 바르트Karl Barth가 선교를 '하나님 자신의 행동activity of God himself'으로 규정하면서부터이다. 선교는 하나님의 바로 그 성격에서 유래된 것으로 이해된 것이다. 하나님의 선교Mission Dei는 기존의 삼위일체 즉, 성부가 성자를 보내고 성부와 성자가 성령을 보내는 것에 하나 더 덧붙여 성부, 성자, 성령이 교회를 세상에 보낸 것이 첨가된 것이다. 그러면서 이전 세기와는 완전히 달라졌다. 두 가지 차원 즉, 복음과 사회적 책임을 모두 총괄하게 된 것이다.[19] 결국 보쉬의 『선교전환』에 나타난 선교의 통전적 관점holistic view에서는 사

---

17) Bosch 2011, pp.418-429.
18) 박성범 2011, p.282.
19) Bosch 2011, pp.398-401.

회행동이 선교에서 빼놓을 수 없는 부분으로 인정되었다.[20]

전통적 선교관은 기독교 신앙의 기본적인 교리를 전하는 활동이 교회의 사명으로 이해되었지만 20세기에 '하나님의 선교 Missio Dei'라는 개념이 나오면서 선교관의 변화를 가져오고 교회 중심적 선교에 안주하지 않고 사회에서 교회가 담당해야 할 책임도 있다는 관점이 제기된 것이다. 선교관이 확장되었다고 볼 수 있다.[21]

---

20) Morisy 2004, pp.4-5.
21) 윤은주 2012, pp.140-143.

북한 기독교의 특수성

북한 종교 유형과 종교인 비율

평양은 '조선의 예루살렘'이라고 지칭될 만큼 기독교의 뿌리가 오래전에 내렸던 하나님의 축복받은 지역이었다. 그러나 일제강점기 기독교 탄압과 공산정권의 기독교 말살로 현재는 예전의 영광은 아예 사라져 버렸다.

현재 북한에서의 기독교인 숫자가 어떻게 되는지는 기관마다 평가가 다르다. 그러나 대체로 40만 명 정도로 추산하고 있다. 오픈도어즈Open Doors는 북한 기독교 신자를 40만 명으로 추정하고 있다.[22] 여호수아 프로젝트는 북한 인구 26,034,000명 중 미전도 인구는 25,844,000명 즉, 인구 총수의 99.3%로 추정하고 있다. 비종교인은 68.8%, 크리스천 신자는 1.66%로 추정하고 있다. 복음화율은 1.57%이며 매년 복음 증가율은 6.0%로 추정하고 있다.[23] 이에 반해 ARDAThe Association of Religion Data Archives가 사용하고 있는 존슨Todd M. Johnson과 그림Brian J. Grim이 수집한 세계종교 데이터베이스World Religion Database에 따르면 북한의 크리스천은 인구 총수의 0.38%에 불과하다.

아래 북한의 종교 유형 및 종교인 비율을 세계 그리고 남한과 비

---

22) Open Doors International/World Watch Research 2022.
23) Joshua Project.

교하여 살펴보자.

〈표 43〉 북한과 남한, 세계적으로 존재하는 종교 유형 및 종교인 비율(2020년)

종교	북한	남한	세계
바하교(Baha'is)	-	0.07%	0.11%
불교(Buddhists)	1.52%	24.65%	6.83%
-대승불교(Mahayanists)	1.52%	24.47%	4.89%
-소승불(Theravadins)	-	0.18%	1.72%
-라마교(Lamaists)	0.00%	-	0.23%
중국민간종교(Chinese folk-religionists)	0.06%	0.07%	5.98%
크리스천(Christians)	0.38%	33.18%	32.16%
-무소속 기독교(unaffiliated Christians)	0.00%	0.80%	1.46%
-동방(Orthodox)	-	0.00%	3.75%
-가톨릭(Catholics)	0.01%	10.73%	15.90%
-신교(Protestants)	0.02%	20.46%	7.51%
-독립(Independents)	0.35%	22.10%	5.00%
도교(Daoists)	-	-	0.11%
유교(Confucianists)	-	10.92%	0.11%
종족 종교(Ethnic religionists)	12.28%	15.11%	3.65%
힌두교(Hindus)	-	0.00%	13.58%
-바이쉬나비트(Vaishnavites)	-	0.00%	5.15%
-샤이비트(Shaivites)	-	0.00%	4.86%
-샥티스트(Saktists)	-	0.00%	3.57%
자이나교(Jains)	-	-	0.08%
유대교(Jews)	-	0.00%	0.19%
무슬림(Muslims)	0.01%	0.14%	24.20%
-수니(Sunnis)	0.01%	0.14%	21.56%
-시아(Shias)	-	-	2.44%
-이슬람 시마틱스(Islamic schismatics)	-	-	0.21%
신종교(New religionists)	12.88%	14.20%	0.85%
신토(Shintoists)	-	0.06%	0.04%
시크교(Sikhs)	-	0.00%	0.34%
영혼교(Spiritists)	-	-	0.19%
조로아스터교(Zoroastrians)	-	-	0.00%
비종교(Non-Religious)	72.87%	1.60%	11.57%
-불가지론자(Agnostics)	57.29%	1.50%	9.65%
-무신론자(Atheists)	15.58%	0.10%	1.92%

출처: World Religion Database(2022); ARDA.

〈표 43〉에서 보다시피 북한의 비종교인 비율은 72.87%에 달하며 그중 불가지론자 57.29%, 무신론자 15.58%에 달한다. 북한의 비종

교인 비율은 한국 1.60%보다 훨씬 많은 수치이며 불가지론자, 무신론자 비율 역시 한국 1.50%, 0.10%보다 훨씬 많다. 북한 비종교인 비율은 절대적으로 많은 수치로 세계 평균 수치를 크게 웃도는 수치이다.

북한 선교사역의 어려움

북한은 '종교는 아편'이라는 반종교 정책을 줄곧 고수해 오고 있다. 북한은 종교 자유가 없는 사회주의국가이기 때문에 선교사 파송이 불가능하다. 1988년 공식적인 교회로 봉수교회가 세워지고 그 후 칠골교회가 복원되는 등 제도 안에서 종교 활동이 어느 정도 가능해지긴 했지만 여전히 제한적이다. 보여주기식 교회에 지나지 않는다는 평가를 받는 이유이기도 하다.

북한은 사회주의국가로 종교를 인정하지 않는 전체주의 체제 국가이다. 북한은 '종교는 아편'이라는 기본 프레임을 가지고 있는 국가이며 주체사상이 종교적인 수준인 국가이다. 따라서 북한 체제 안에서의 직접 선교는 어렵다. 여행 선교, 노방 선교는 아예 불가능하며 성경 배포 역시 공개적으로 할 수 없고 교회 설립은 당연히 상상할 수도 없는 일이다. 즉, 현재로서는 직접 선교나 북한에 교회를 세우거나 선교사를 파견하는 방법은 통하지 않는 것이다. 이광순은 북한선교에 대해 '진퇴양난'이라는 표현을 쓰고 있다. 북한 사회는 폐쇄되어 있고 베일에 싸여 있을 뿐만 아니라 자유로운 왕래가 허용되지 않아 전통적인 방법인 선교사 파견이 어려운 상황이기 때문이다.[24]

역사적으로 남북 관계의 변화에 따라 북한 종교단체나 종교인들

---

24) 이광순 1997, p.322.

과의 직접적인 교류 또는 단절이 반복되어 왔다. 그나마 남북 관계가 안정이 되면 지속적인 선교 전략의 수립이 가능하나 럭비공처럼 어디로 튈지 가늠하기 어려운 남북 관계 상황에서 우리 기독교인들의 선교사역은 다양한 맞춤형 전략 시나리오를 구축해야 한다.

북한 기독교 발전의 긍정적 측면

냉전적 상황은 지속되고 있어서 북한선교에 대해 낙관적인 전망은 하기 힘들다. 그럼에도 불구하고 북한에는 인구사회적으로 기독교 발전에 유리한 요인들이 있는 것도 사실이다.

첫째, 북한은 높은 문자해득률과 낮은 출산율을 보이고 있다.

인구사회학적으로 북한은 여느 선진국 못지않다. 첫째, 북한에는 문맹률이 거의 없다. 후진국일수록 글자를 알지 못하는 인구의 비율이 높은 데 반해 북한에서는 글자를 모르는 사람이 거의 없다고 볼 수 있다. 둘째, 합계출산율이 이제는 인구를 계속 유지하지 못할 정도로 낮아지고 있다. 후진국은 합계출산율이 높은 데 반해 선진국들은 거의 인구를 유지 못 할 정도로 합계출산율이 낮다. 2022년의 경우 합계출산율이 남한 0.874, 북한 1.793이다. 합계출산율은 가임여성이 1인이 가지는 아이의 숫자로 2.1명 이하이면 인구가 줄어드는 것이다.

이제는 인구의 유지도 어려울 만큼 되었다. 북한도 합계출산율은 거의 유럽 수준이다. 또한 문자해득률이 남성 인구의 50%, 여성 인구의 30%도 안 되는 국가들이 많은 데 반해 북한은 거의 100%를 달성하고 있어 이것도 유럽 수준이다. 따라서 '붉은색 가면을 쓴' 전체주의적인 정치적 억압이 풀리면 기독교는 급속하게 발전할 가능성이 높다. 동구권이나 러시아에서의 크리스천 비율만큼 북한에서도

<그림 7> 북한과 남한의 합계출산율(1950~2022년, 단위: 명)

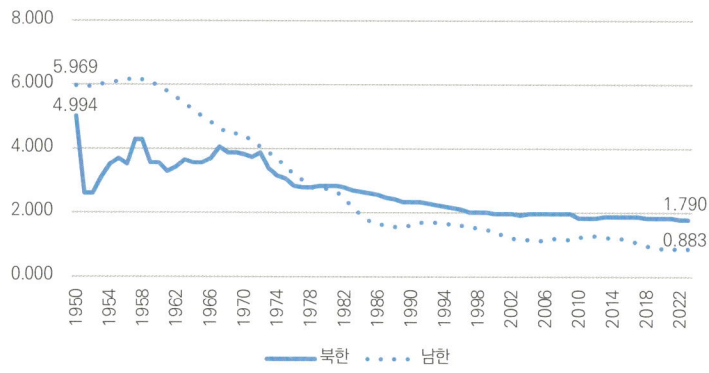

출처: KOSIS.

기독교가 번성할 것이다.

둘째, 규제 약화로 급성장 가능성이 있다.

과거 소련과 중국을 비교하면 소련이 종교를 통제하고 모니터하는 데 약 20년이 걸렸다면 중국은 1950년에 통일전선 전략을 구상하여 1957년 모든 주요 종교집단을 중앙조직으로 만들었다.[25] 소련이 20년, 중국이 7년 걸렸다면 북한은 1946년에 북조선기독교도연맹을 만들었기 때문에 2년밖에 걸리지 않은 셈이다. 마찬가지로 종교성은 규제가 제거되면 급속하게 회복한다. 종교조직은 종교의 수요와 공급 하락을 막기 위해 새로운 조건에 적응하는 경향이 있다.[26]

선교에서 빠질 수 없는 것이 인터넷 활용이다. 최근 북한에도 핸드폰, 스마트폰을 가진 사람들의 숫자가 늘어나고 있다. 2020년 조사에 의하면 북한에서 휴대폰을 보유했다는 응답률이 56.0%였다. 물론 사용하는 용도에 대해서는 사업용 48.4%, 일상적인 대화와 소

---
25) Marsh 2011, p.168.
26) Simons and Westerlund 2015, p.201.

식 33.9%, 공적 업무 8.1%, 사진·동영상·게임 8.1%였다.[27] 2004년 인터넷 서비스가 북한에서 역사상 처음으로 시작되었다.[28] 따라서 사회 각 개개인은 이제 과거 전체주의적 획일주의적 정보통제에서 벗어나 네트워크를 점차 형성해 나갈 수 있는 여지가 만들어진 것이다. 비록 정권이 인터넷을 통제하고 있지만 밀물처럼 쏟아지는 변화에 어느 정도 통제권을 상실할 수 있는 여지도 있는 것이다.

셋째, 북한은 남한과 동족이라는 이점을 갖고 있다.

북한과 남한은 같은 민족이어서 의사소통이 가능하다는 장점을 가지고 있다. 성경이나 신앙서적도 한글은 동일하나 표현이 조금 다를 뿐이어서 어렵지 않게 북한에서 사용할 수 있을 것이다. 북한은 같은 문화를 가진 같은 민족임에도 불구하고 북한을 타문화권 선교로 접근해야 한다고 보는 관점이 있는 것도 사실이다. 김영호는 북한이 동일 언어를 사용하지만 북한 사람의 행동, 습관, 관습, 제도가 남한과 다르고 가치관이 다르기 때문에 타문화권으로 간주해야 한다고 한다.[29] 물론 접근 방법은 다를 수 있어도 같은 언어를 쓰는 같은 민족이라는 점을 부정할 수는 없다.

남덕우는 동족 복음화 우선 사상에 근거한 북한선교를 주장한다. 예수의 선교 전략은 '동족 복음화 우선 사상'이었다는 것이다. 예수 그리스도가 열두 제자를 파송할 때 '이방인의 길로도 가지 말고 사마리아인의 고을로도 들어가지 말고 오히려 이스라엘 집의 잃어버린 양에게로 가라'마태복음 10:5-6라고 했다. 선교의 자연스러운 출발은 유다 백성들로부터였다. 바울은 이방인의 사도로 선택받았으나 '유

---

27) 『북한사회변동 2020』, pp.73-74.
28) Schwekendiek 2011, p.130.
29) 김영호 2015, p.77.

대인에게 먼저'로마서 1:6라는 원리를 따르고 있다. 사도행전에 나타난 선교의 구속명령을 보면 예루살렘에서 시작하여 유대와 사마리아로 가고 전 세계까지 가도록 되어 있다.[30] 북한선교는 같은 민족에게 선교하는 것이지만 분단 이후 형성되어 온 문화적 차이도 선교에 반영되어야 할 것이다.

---

30) 남덕우 2015, pp.629-630.

북한선교에 대한 이해

왜 북한에 선교해야 하는가? 예수님이 지상명령을 주셨기 때문이다. "오직 성령이 너희에게 임하시면 너희가 권능을 받고 예루살렘과 온 유대와 사마리아와 땅끝까지 이르러 내 증인이 되리라 하시니라"사도행전 1:8. 땅끝이 멀게만 있는 것이 아니다. 지척에 있어도 닿지 못하는 북한 땅이다. 북한선교를 반대하는 것은 기독교인의 자세가 아니다.

'하나님의 선교' 차원에서 보면 북한선교는 북한 주민들에게 구원의 메시지를 전하여 구원을 받을 수 있도록 하는 것도 중요하지만 동시에 북한 주민들이 기아와 빈곤에서 벗어나도록 구원의 손길을 주는 것도 시급한 당면한 과제이다. 북한이 식량난을 겪었을 때 우리 남한 기독교인들은 북한 동포에 대한 인도적 지원을 아끼지 않았다. 비록 현재 남북 관계의 악화로 직접적인 사역이나 지원은 할 수 없지만 우리는 어떻게든 북한선교의 출구를 찾아야 한다. 럭비공처럼 어디로 튕길지 모르는 도무지 예측불허한 한반도 상황에 대비해 우리 기독교인들은 정치인들만 쳐다보지 말고 스스로 북한선교의 맞춤형 시나리오를 만들어 나가야 할 것이다.

북한에서 복음의 직접 사역, 즉, 자유로운 복음 선포나 노방전도, 교회 개척 등이 불가능하므로 북한선교를 할 수 없다고 항변한다면 이 또한 주님의 지상명령에 순종하지 않는 것이다. 우리는 때를 얻든

지 또는 얻지 못하든지 복음을 전해야만 하는 사명을 갖고 있다.[31]

김영석은 북한선교의 원칙은 복음적이고 인도적이어야 한다고 주장한다. '인간을 위해 죽으셨다가 부활하신 예수님의 사랑과 복음'을 북한 주민들에게 전해야 한다는 것이다. 그렇게 되려면 '북한에 대한 배타적이고 부정적인 고정관념을 버리고 포용력이 요구'된다는 것이다.

> 요한복음 4장 말씀에 나오는 예수님께서 사마리아인을 대하는 모습에서 한국교회는 북한선교의 복음적인 원칙을 발견할 수 있다. 민족성이 강한 유대인들은 다른 나라의 피와 종교가 섞인 변질된 사마리아인들을 이방인보다 더 싫어하고 멸시했다. 그래서 유대인들은 유대 지역과 갈릴리 지방을 왕래할 때에는 지름길인 사마리아 지역을 통과하지 않고 다른 지역으로 우회해서 통행하였다. 이방인들과 상종하여 지낼 수 있어도 동포였던 사마리아인들과는 상종할 수 없다는 당시의 유대인의 태도(요한복음 4:9)는 오늘날 한국교회가 갖고 있는 북한에 대한 감정과 유사하다.[32]

현재 미국 장로교단 Presbyterian Church of America의 목사로 북한선교 전문 기관인 모퉁이돌선교회의 총무로 사역하고 있는 이반석은 북한선교에 일생을 바치게 된 계기가 어머니의 유언 때문이라고 한다. 북한선교에 목마른 이반석 어머니의 일화는 눈물 없이는 들을 수 없는 그리스도인의 이야기이다.

> 어머니는 한국교회 가난한 목사 사모로 종종 피를 팔아 가난한 이들을 도왔었다. 어머니는 형(현 모퉁이돌선교회 대표 이삭)이 선교사가 되어 북한으로 가기를 기대하셨는데 한국전쟁이 끝난 지 10년도 안 되어 북한으로 들어간다는 것은 상상 불가였다. 형이 미국 시민권을 따서라도 선교사가 되기를 바랐던 어머니는 아들의 미국행 비행기표를 마련하고자 눈을 팔 생각까지 하셨다. 그런데 한쪽 눈 값으로는 도저히 비행기표를 살

---

31) 박영환 2013, p.15.
32) 김영석 2003, p.295.

수 없고 그렇다고 두 눈을 다 팔면 사람들에게 짐이 될 수 있다고 생각하여 어머니는 눈을 팔 생각을 포기했다. 나는 눈을 팔려던 어머니의 계획이 실패해서 너무나 감사했다. 다음 해 어머니가 소천하셨고 몇 년이 더 지나 하나님은 놀라운 방법으로 우리 가족을 미국으로 보내주셨다. "어머니께서 당신을 위해 눈까지 팔아야 했냐"며 하나님을 원망도 했지만 하나님의 세미한 음성 – "나는 나의 독생자를 십자가에서 죽게 했다. 그것이 그의 순종의 값이다"라는 음성을 듣고 나는 북한으로 성경을 밀수하는 형과 함께 선교사역에 동참하게 되었다.[33]

남북 관계의 긴장 악화로 전혀 북한선교의 출구가 보이지 않는다고 낙담할 필요는 없다. 우리는 선구자들의 북한선교 발자취를 돌이켜 보면서 선교의 지혜를 얻을 수 있다. 이 대목에서 남한의 북한선교 역사적 흐름을 살펴볼 필요가 있다.

북한선교의 최초 선교는 방송선교였다. 1954년 극동방송국이 창설되면서 북한뿐만 아니라 러시아, 중국 등 북방 사회주의권을 포함한 선교 방송이었다.

교회를 통한 북한선교의 시작은 1974년 충현교회의 씨앗선교회가 작은 기도 모임으로 출발하였고, 1977년에는 북한선교회가 설립되었으며, 이후 1989년 〈남북교류협력법〉이 제정, 1991년 구소련의 붕괴, 남북 동시 유엔 가입, 1992년 한중수교 등으로 북한선교는 가속화되었다.[34]

임희모는 남한 교회의 북한선교 정책에 대한 시대 구분을 ① 1970년대 이전을 '북진통일적 선교', ② 1980~1990년대를 '평화를 위한 대화 추구 선교', ③ 1990년대 초반을 '흡수통일적 선교', ④ 1990년대 중반 이후를 '공존적 사회복지 선교'로 분류하였다.

---

33) 이반석 2015, pp.8-10.
34) 임창호 2020, pp.29-30.

1970년 이전에는 기독교인들이 이승만 정권의 북진무력통일의 통일정책에 따라 상대방의 상황을 전혀 고려하지 않고 일방적으로 복음을 전도했다.

1980년대에는 북한을 인정할 수밖에 없는 상황에서 대화적 선교를 택했다.

1990년대 초에는 동구권 몰락으로 북한의 붕괴를 예상하고 흡수통일적 선교가 추진되었다.

1993년 이후에는 북한교회 재건론으로 나타났다.

1990년대 중반은 북한의 식량난으로 고통을 겪음에 따라 NGO 단체들을 통해 보건의료 지원과 함께 빵 공장, 국수 공장을 세워주는 등 사회복지적 선교를 했다.[35]

1990년대 이전에는 한국교회의 통일운동을 보면 한기총의 북한선교회, 한교협의 '민족의 통일과 평화에 대한 한국기독교회의 선언 88선언' 등이 있었다. 1990년대에는 보수주의 교회들의 '사랑의 쌀 나누기', 진보주의 교회들의 '인간 띠 잇기' 등 통일운동이 있었다.[36]

1990년대 이후 2010년까지 북한선교의 대체적인 양상은 ① 한국교회협의회한교협와 북한의 조그련을 중심으로 한 통일선교, ② 한국기독교총연합회한기총를 중심으로 한 북한교회재건운동과 북한 지하교회 지원, ③ NGO 단체들의 북한선교였다.[37]

개별적 선교 프로젝트로는 '나오미' 프로젝트, '보따리 프로젝트' 등이 있었다. '나오미' 프로젝트는 탈북 여성을 인신매매나 매춘 등으로부터 보호하고 신앙 훈련을 시키는 프로젝트이다. 중국에서 보

---

35) 임희모 2005, pp.54-58.
36) 전준봉 2016, pp.59-65.
37) 임창호 2020, p.30; 허성업 2015, p.407.

호받지 못하는 불법 체류자 탈북 여성이 3만 명에 이르기도 했고 중국 남자 사이에 태어난 아이들도 3,000~5,000명이 된다.[38] '보따리 장사' 프로젝트는 중국에서 조선족들이 신앙 훈련을 받고 기독교인으로서 북한에 들어가 지하교회를 세우거나 보따리 장사로 성경이나 신앙 서적을 북한에 반입해 장사하면서 선교하는 것이다. 생필품 등을 제공하면서 복음을 전파하는 것이다. 조선족 보따리 장사들은 매월 2회 정도 북한에 들어간다.[39]

현재 탈북민 대상으로 선교는 활발하게 진행되고 있다. 탈북민 선교는 북한선교의 선행예습이라고 볼 수 있다. 따라서 탈북민 선교에서의 문제점을 파악하고 해결책을 마련한다면 북한선교의 좋은 교과서가 될 것이다.

한국교회가 탈북민 선교에 적극적으로 나서고 있지만 탈북민의 종교 활동은 아주 저조한 게 현실이다. 남북하나재단이 탈북민 2,461명을 대상으로 실시한 『2021 북한이탈주민 사회통합조사』를 살펴보자.

〈표 44〉 북한이탈주민의 사회단체 활동(2020~2021년, 단위: %)

구분 연도	있음	(있음 중에서 차지하는 비율)					없음	계
		종교 단체	시민사회 단체	친목 및 사교 단체	취미, 스포츠 및 레저 단체	학술 단체		
2020년	24.0	47.7	35.3	23.5	14.2	3.5	76.0	100.0
2021년	18.4	42.8	39.1	25.4	16.1	5.4	81.6	100.0

출처: 『2021 북한이탈주민 사회통합조사』

〈표 44〉에서 보다시피 단체 활동이라고 하는 활동 중에 종교단체 활동은 2020년 47.7%, 2021년 42.8%에 불과했다. 즉, 전반적으로

---

[38] 유석렬 2017, p.22.
[39] 유석렬 2017, pp.22-23.

종교단체 활동에 참여한 비율이 2020년 11.4%, 2021년 7.9%에 불과하다는 것을 말해 준다. 거기에 이 수치는 기독교뿐만 아니라 모든 종교단체를 합친 수치이다. 이는 ARDA가 보여주는 한국의 종교인 비율 약 98.4%, 북한 약 27.1%인 점과 비교해 볼 때 오히려 한국에 입국한 탈북민들의 종교인 비율이 북한 자체 내부 비율보다도 아주 적은 수치인 것을 알 수 있다. 특히 한국에 있는 각종 종교단체가 탈북민에 대한 선교에 적극적인 관심을 보인다는 점을 감안한다면 탈북민에 대한 선교 방법에 문제가 있지 않을까 조용히 제기해 본다.

탈북민 모두가 그러지 않겠지만 탈북민들이 교회에 다니는 이유, 또는 교회를 다니다가 그만두는 이유에 대해 아래와 같은 인터뷰 내용에서 찾아볼 수 있다.

> 어떤 분은 [교회를] 4개까지 다녀요. 가면 돈을 주기 때문에. 요즘은 탈북사역을 시작하는 교회가 많아지니깐 탈북자가 와야 하는거에요… 이분의 표현은 주일알바에요. 저희 교회가 좋대요. 1시라서. 오전에 2군데 갔다가 저희 [교회] 왔다가 오후 4시에 있는 곳에 또 가시고. 심방 가면 교패도 한 2-3개까지 붙어놓은 성도님도 계세요. 근데 그게 나쁜지 모르세요. '내가 예수님 믿는데 이렇게 많은 교회를 다니면 좋은 거 아니냐'라고도 하세요(인터뷰 18).[40]

> 북한 사람들이요. 교회 가다가 그만두는 이유가 뭐냐 하면은, 일단은 교회 가면은 사람들이 목사님이 처음에 설교를 할 때, 막 헌금, 헌금, 헌금하거든요. 그게 부담스러워서 안 가요. 그리고 일단은 교회 가면은 헌금해야 한다는 부담감이 천 원이든 이천 원이든 좋은데, 그게 양심적으로 하면은 괜찮아요. 근데, 헌금, 헌금, 헌금하잖아요(인터뷰 2).[41]

---

40) 김의혁 2017, p.162.
41) 김의혁 2017, p.154.

> 그때 당시는 [설교 듣기가] 많이 힘들었어요. 이해를 못했어요. 성경적 얘기를 하는 게. 삶에 적용하고 다 맞는 소리인데 이해가 잘 안되었어요. 예를 들면, 설교하는데, 어떤 경험을 했는데, '이게 다 하나님 뜻이다'라고 하니깐, 그게 왜 하나님 뜻인지 이해가 안 되었거든요. 지금도 성경 지식이 부족하지만, 그때는 아예 몰랐으니까요.[42]

> 솔직히 지금도. 하나님에 대해서 잘 안겨 오지 않아요. 잘 모르고, 계속 의문점만 생기고, 하나님에 대해서 의문점만 생기고. 교회 분들이 하도 괜찮고, 그냥 그저 의리적으로 이따금씩 가는 거에요(인터뷰 10).[43]

위의 사례에서 보다시피 '돈을 주기 때문에' 4개의 교회를 다닌다 거나, 교회에 나가면 '헌금, 헌금, 헌금' 해서 나가기 싫다거나, 설교를 '이해를 못 해'서 교회 나가기 꺼려진다거나, '하나님에 대해 의문점만 생기고' 해서 '의리적으로 이따금씩' 교회에 나가는 다양한 행태를 읽을 수 있다. 김승호는 한국교회가 탈북민들의 마음을 읽지 못한다면서 그릇된 탈북민 선교에 일침을 가한다.

> 북한이탈주민들 가운데 상당수가 한국교회를 다니는 잘못된 동기를 갖고 있다. 사람을 만나거나, 재정적 지원을 받거나, 도움을 받기 위해 신앙 없이 교회를 다니다가 자기의 필요 욕구가 채워지지 않으면, 교회에 나오지 않거나, 자신에게 더 많은 도움을 주는 교회를 찾아 떠나간다. 자기 욕구를 충족시키기 위해 이 교회 저 교회를 옮겨 다니는 것이 남한 교인들의 눈에 좋게 보일 리가 없다. 물론 교회가 그들처럼 어렵고 힘든 사람을 도와야 하지만 그 자체가 교회 출석의 주목적이 되어서는 안 된다. 북한이탈주민들로 교회에 대해 지나친 경제적 도움을 기대하지 않도록 조심할 필요가 있다. 북한이탈주민들 역시 교회를 북한당국에서 배급을 주는 기관으로 생각해서는 안 된다.[44]

---

42) 김의혁 2017, p.154.
43) 김의혁 2017, p.156.
44) 김승호 2015, p.257.

안교성은 "한국선교는 공산주의에 대한 몰이해나 무관심으로 인하여 공산주의 내지 후기공산주의 권역에서 사역하면서도 공산주의 내지 후기 공산주의 선교의 독특한 선교 노하우를 축적하지 못하였다"라고 평가를 내린 바 있다.[45] 그러면서 지난 20년간 이들 공산주의 또는 후기공산주의 국가에서의 선교를 이론화했다면 북한선교에 귀중한 자산이 될 수 있었을 것이라고 아쉬워했다.

한국의 해외 선교사 수는 꾸준히 증가해 왔다. 안교성에 따르면 1979년 93명이던 것이 2010년 22,014명으로 거의 200배 증가하였다. 이태웅에 따르면 선교사 1인당 교인의 비율은 1980년대 1: 6,250, 1990년대 1: 4,669, 1994년 1: 3,636, 1996년 1: 2,726이고 안교성에 따르면 2010년 1: 390이다.[46] 1980년대 이후 교인 수에 비해 선교사 수가 증가해 왔다. 그러나 한국의 선교는 문제가 없는 것도 아니다. 가시적인 성과 위주의 선교로 인해 소위 '콘크리트 선교'로 이어지고 다시 '선교기지형 선교'로 이어지며 선교 재산 문제를 야기시키기도 했다. 중앙아시아와 러시아 등의 선교지에서 선교센터나 교회건물을 현지인에게 빼앗기거나 선교사가 사유화한 경우가 있는 것이다.[47]

한국선교 30년을 뒤돌아본 한국선교는 전통적인 선교관을 벗어나지 못해 전도 중심의 선교관, 교회 개척 중심의 선교사역, 선교사 중심의 선교주도권 등의 특징을 가지게 되었다.[48]

---

45) 안교성 2013, p.107.
46) 안교성 2013, p.93.
47) 안교성 2013, p.99.
48) 안교성 2013, p.101.

미래 북한선교 전략

일찍 한반도 선교를 위해 한반도에 온 선교사들은 젊은이들로 패기는 넘쳤으나 선교 방법을 터득하지 못하여 복음의 전파가 더뎠다. 갈피를 잡지 못해 안절부절못하는 상황에서 언더우드가 네비우스에 도움을 요청했던 것이다. 한반도 기독교의 성장은 네비우스의 선교 방법을 적재적소에 잘 활용하였기 때문에 가능했다. 그리고 우리는 우리만의 제도적 창출로 독특한 '길선주 방법'을 비롯한 교회 직분 제도의 응용으로 한반도의 부흥을 이끌어 내기도 하였다. 외국 선교사들이 교파별 지역을 분할 담당하면서 복음 전파의 효율성을 극대화시킨 점 또한 부정할 수 없다.

물론 100여 년 동안 우리는 앞에서 언급한 여러 가지 방법이나 제도를 경험하면서 많은 긍정적인 측면도 있었지만 부정적인 면도 없지 않아 있었다는 걸 잘 알고 있다. 그러나 외국 선교사들이 당시 순교도 무릅쓰고 복음을 전파하기 위해 우리 한반도에 왔다는 점, 그리고 선교의 어려운 점을 어떻게 극복했는지를 살펴보면 지금 우리가 처한 상황도 너무도 비슷함을 알 수 있다.

따라서 우리의 경험을 돌이켜 보면서 앞에서 살펴본 북한 기독교의 현주소와 결부하여 북한 상황에 적용할 수 있는 맞춤형 선교 전략을 아래에 제시하고자 한다. 첨단기술의 발전으로 우리는 일찍 한반도에 발을 들인 외국 선교사들보다 훨씬 더 많은 도구를 사용할 수 있다는 점은 그나마 다행인 점이다.

현재 남한과 북한은 너무나도 다른 점이 많다. 따라서 극복해야 할 난관도 많다. 북한에는 반종교적이고 신의 존재를 부정하는 주체사상이나 맑스-레닌주의가 자리 잡고 있다는 점이다. 이찬석은 북한의 주체사상을 악마화하여 배척하기보다 주체사상을 흡수하면서 창조적으로 구성하여야 한다고 주장하기도 한다.[49] 정교진은 북한에서 주체사상이라는 '신들림의 현상'이 점점 엷어지고 있어서 이것이 북한선교의 공략점이라고도 지적한다. 신들려 있는 상태에서 깨어나게 해주어 자율적인 사고를 할 수 있게 해야 한다는 것이다. 특히 북한 주민들이 외부 세계에 눈뜨도록 하여 하루빨리 신들림의 현상에서 벗어나게 해주는 것이다.[50]

교회의 재건이나 기독교학교의 설립, 노방 선교나 순회전도, 사경회의 조직 등 직접 선교는 꼭 필요한 중요한 부분이다. 그러나 북한체제의 이념의 변화가 없이는 불가능하다. 직접 선교가 불가능한 어려운 환경이라 하더라도 한반도에 순교의 위험을 무릅쓰고 복음의 씨앗을 뿌리고 꽃을 피우고 열매를 맺게 해준 선구자들의 경험을 살려서 우리가 북한선교에 머리를 맞대고 고심한다면 길은 생겨나기 마련이다.

우선 남북한의 만남이 이루어져야 한다. 야곱과 에서가 만난 후에 문제가 해결되었듯이 남북한 기독교 단체와 사역자들 간의 협력이 무엇보다도 중요하다. 아울러 국제 종교단체와의 협력도 간과해서는 안 된다. NGO를 통한 인도적 지원은 현재처럼 남북 관계 악화로 대북 지원이 직접 이루어지지 못하는 상황에서 북한 동포들의 생명을 구

---

49) 이찬석 2016, pp.605-606.
50) 정교진 2017, p.303.

하는 데 필수적이다. 국제적인 단체로는 세계교회협의회WCC: World Council of Churches, 기독교평화회의Christian Peace Conference, 기독교청년회YMCA: Young Men's Christian Association, 기독교여자청년회Young Women's Christian Association, 오픈도어즈Open Doors 등이 있다. 이런 단체와 긴밀한 유대관계를 형성하여 북한 주민들에 대한 인도적인 지원과 선교에 관심을 갖도록 지속적으로 자극하는 게 바람직하다.

단, 북한선교에서 가장 기본이 되는 것은 성경과 사역자이다. 참본Michel Chambon이 지적하듯 중국이나 한국에서 과거 지역 엘리트 양반들이 기독교 서적을 자신들의 주변 인맥에 소개하자 여기서부터 교회들이 생겨났듯이 선교사와 성경 둘 중 하나만 있어도 교회가 세워지게 되기 때문이다.[51]

북한선교는 대내외 환경의 영향을 받을 수밖에 없다. 외부 환경의 변화 즉, 남북 관계의 변화는 럭비공처럼 어디로 튈지 모를 정도로 가늠하기 힘들다. 하노이 정상회담이 결렬된 이후 남북 관계는 거의 단절되다시피 되어 왕래나 교류 자체가 어렵게 되었다. 내부 환경의 변화로는 북한이 사회주의 체제 내에서 중국의 개혁 개방이나 구소련의 페레스트로이카, 베트남의 도이머이 같은 것을 실행할 것이냐에 달려있다. 문제는 대내외 환경의 변화는 우리가 좌지우지할 수 없으므로 어떤 상황에라도 대응할 수 있는 맞춤형 북한선교 전략을 모색해야 한다.

선교 대상 우선순위

네비우스 10대 정책[52]을 살펴보면 선교 대상에 우선순위를 두었

---

51) Chambon 2020, p.285.
52) ① 노동자 계급에게 우선 전도, ② 가정주부의 개종 중시, ③ 지방에 소학교 세워 기독교 교육, ④ 한국인 교역자 양성, ⑤ 성경 번역, ⑥ 모든 종교 서적의 한글 출판, ⑦ 자급 자치의 교회 만들기, ⑧ 신자는 누구나 전도자, ⑨ 의료선교, ⑩ 지방 환자의 경우 지방까지 심방

고 신자 누구나 전도자가 되어야 한다고 강조한다. 한국의 기독교 역사에서도 이 원리가 잘 적용된 것을 알 수 있다. 평신도 중심의 선교운동, 특히 사회에서 소외되고 가난한 자들에게 선교의 초점을 맞춤으로써 많은 평신도 지도자가 배출되어 교회의 중심 역할을 하였다. 성직자 중심의 하향식이 아닌 평신도 중심의 상향식 선교 정책을 실행하였기 때문에 대부분의 교인들이 선교에 참여할 수 있었던 것이다.[53]

북한선교의 대상은 당연히 북한 전체 주민이다. 그리고 효과적인 선교를 위해서 당연히 우선순위를 정해야 할 것이다. 그러나 전 주민을 대상으로 하는 선교는 평화통일을 이룬 후에야 가능하다. 현재는 일단 북한 내부 상황을 잘 분석함으로써 항상 평화통일에 대비하는 마음가짐으로 준비에 임해야 할 것이다.

북한은 1960년대에는 사회계층을 3개 계층으로 핵심계층 28%, 동요계층 45%, 적대계층 27%로 나누어 계층별로 제한을 두면서 주민들을 통제하였다. 1980년 당대회에서 25% 핵심계층, 50% 동요계층, 25% 적대계층으로 정했다.[54]

현재는 이전과 상황이 많이 달라졌다. 북한 경제가 몹시 어려워 우선 먹고사는 문제가 해결되어야 할 것이다. 따라서 시대가 시대인 만큼 정치적인 계층 분류보다는 경제적인 측면에서 바라보는 것이 바람직할 것이다.

> 주체사상에 대한, 혹은 공산주의 이념에 대한 믿음이 투철한 사람은 이거에 대해 극구 거부하는 마음이 있었을 거예요. 근데 저희 안에는 일단

이다.
53) 김은수 2008, p.10.
54) French 2014, p.63.

> 그런 마음 자체가 없었어요. 공산주의에 대한 신념도 없었고, 이건 잘못된 거라는 믿음이 있었기 때문에 그래서 뭔가 새로운 대안을 만났을 때 그걸 받아들이는 마음이 더 적극적으로 반응들이 있었던 거 같아요.[55]

탈북민들의 '주체사상'에 대한 인식도 시대의 흐름에 따라 많은 변화를 보인다고 선교사는 본인의 경험을 얘기한다.

> 아이들마다 달라요. 사상이 철저한 사람들은 좀 더 오래 걸리고, 그렇지 않은 사람들은 좀 더 쉽게 바뀌는 경우가 있어요. 그리고 어떤 경험을 하게 됐나 그거에 따라서 다르고, 또 얼마만큼 힘들고 고생했나 이거에 따라서 다르더라고요. 지금은 아닌데 그 당시만 해도 사상적으로 굉장히 많이 강한 분들이 있거든요. 그런 분들은 좀 걸려요. 지내보면서 '나, 내가 북한에서 배웠던 거 가짜였구나, 내가 속았구나' 이런 게 오시는 분들은 더 쉽게 영접하는데….[56]

통계청 포털의 북한통계에 따르면 1990년 빈민가 거주 도시 인구는 68.5%였다. 빈민 가구는 개선된 물improved water에 대한 접근, 개선된 위생시설improved sanitation에 대한 접근, 충분한 거주 공간, 내구성을 갖춘 거주지housing 가운데 하나 이상을 갖추지 못한 한 지붕 하에서 거주하는 개인들의 집단으로 정의되었다. 통계청 포털의 북한통계에 따르면 노동소득 분포의 경우 2019년 1분위 0.29%, 10분위 56.30%였다. 이 자료는 세계노동기구ILO의 자료로 각 십분위에 해당하는 총노동소득의 비율을 백분율로 표시한 것이다. 가장 소득이 많은 10분위에 해당하는 10%가 전체 소득의 56.35%를 점하고 있는 것이다.

---

[55] 이순형·최연실·진미정 2015, p.79.
[56] 이순형·최연실·진미정 2015, p.79.

⟨표 45⟩ 2019년 북한 노동소득 분포율(단위: %)

제1분위	제2분위	제3분위	제4분위	제5분위	제6분위	제7분위	제8분위	제9분위	제10분위
0.29	0.5	0.94	1.75	2.85	4.36	6.77	9.94	16.31	56.3

출처: KOSIS.

지니계수Gini index를 봐도 북한은 불평등이 아주 심각하다. 시기별로 보면 불평등을 나타내는 지니계수가 2014~2016년 0.528, 2017~2019년에는 0.481이었다. 이 수치는 아주 높은 불평등을 말해 준다.[57] 따라서 소외당하고 살기 힘든 취약계층에 대한 선교에 중점을 두는 것은 네비우스적 선교 방법이라고 할 수 있다.

선교 사역자 양성

사역자 양성은 선교에서 빠질 수 없는 부분이다. 네비우스는 구체적으로 지방에 소학교를 세워 기독교 교육을 시키고 한국인 교역자 양성을 하라고 하였다. 기독교 교육의 중요성을 강조한 것이다.

김일성도 선교 사역자 양성은 아니지만 통일 후 종교정책의 방향을 언급하면서 이에 대비한 교육을 강조하였다. 당연히 북한이 남한을 통일한다는 차원에서 한 말이다. 남한의 종교에 부식되지 않도록 어린 학생들에게 종교의 해독성을 잘 알게끔 잘 가르쳐야 한다는 것이다.

> 지난날의 책들을 다시 검토하는 것과 함께 불교, 예수교 같은 종교와 불교문화 및 유교문화도 옳게 평가하여야 합니다. 우리 공화국 북반부에서는 이미 종교 문제를 기본적으로 해결하였다고 볼 수 있습니다. 그러나 남조선에는 종교를 믿는 사람이 적지 않습니다. 그러므로 앞으로 조국이 통일된 다음에 우리 사람들이 남반부에 나가서 종교와의 투쟁을 잘 하도

---

57) 이종민 2022, p.124.

록 하려면 학생들에게 종교의 본질과 그 해독성이 무엇인가를 똑똑히 알려 주어야 합니다.

지금 우리 학자들이 종교에 대한 평가를 옳게 하지 못하고 있습니다. 학자들이 쓴 책들을 보면 종교가 나쁘다는 것을 론증한 것이 아니라 반대로 종교가 무슨 큰 역할이나 논한 것처럼 되여 있습니다. 그래서 서산대사를 비롯한 불교의 중들을 굉장한 인물로 높이 평가하고 있습니다. 특히 불교나 유교가 들어와서 우리나라의 문화 발전에 많은 도움을 준 것처럼 보고 있습니다. 우리가 지난날의 문화 가운데 있는 불교문화나 유교문화를 다 부정할 수는 없습니다. 그러나 종교가 들어와서 우리 문화를 발전시켰다고 보아서는 안 됩니다(1968년 3월 14일 김일성이 교육 부문 일군들 앞에서 한 연설 "학생들을 사회주의, 공산주의 건설의 참된 후비대로 교육 교양하자").[58]

북한에서 방패를 들고나오면 우리는 방패를 뚫을 무기를 갈고 닦아야 할 것이다. 당장 그리고 사회주의 체제 특성상 북한에 신학교를 세우고 교회를 세워 사역자를 육성하고 기독교 학교를 운영한다는 것은 불가능하다. 그리고 북한이 어느 정도 개방을 한다 하더라도 사회주의 체제하에서는 자체 신학교에서 배출한 목사들만 선교가 가능할 것이다. 그렇다고 손 놓고 기다릴 수는 없는 일이다. 평화통일을 이루면 북한 내 미션스쿨의 건립도 적극적인 지원이 필요하겠지만 평화통일을 대비해 현재부터 북한선교를 위한 여러 인적 자원의 육성에 심혈을 기울여야 할 것이다. 이런 준비 차원에서 탈북민 선교가 가장 시급하다고 할 수 있다.

탈북민 선교

탈북민들은 '북한선교의 마중물priming water'이다.[59] 펌프로 물을

---
58) 『김일성 저작집 22(1868.1-1968.9)』, p.52.
59) 김승호 2015, p.242.

지하에서 뽑아내려면 먼저 펌프에 물을 넣어 주고 나서 펌프질해야만 물이 나온다. 이러한 의미에서 북한이탈주민을 마중물이라고 부르는 것이다. 여기에는 두 가지 경우가 있을 수 있다.

첫 번째 경우는 탈북하여 제3국에서 합법적인 신분을 갖고 체류하고 있는 탈북민들을 북한선교 지도자로 양성하는 것이다. 탈북민들 중에는 그루터기들도 적지 않다. 이들은 북한선교에 대한 열정이 대단하다. 이들에게 신학대학교에서 정규적인 교육을 받도록 지원해 주는 것이다. 동시에 교회는 교육받은 탈북민 출신 목사나 전도사를 채용하여 이들에게 교회 제반 사역 업무를 훈련시켜 북한선교를 전담하여 사역하도록 하는 것이다.[60] 탈북민 사역자들은 한국 체류 탈북민들과 어느 정도 인적 네트워크가 형성되어 있고 또한 북한 사회의 실상을 누구보다 잘 알고 이해하기 때문에 한국 내 탈북민들을 위한 선교나 나중에 통일선교로 북한에서 선교사역을 감당할 수 있는 좋은 인적 자원이다.

두 번째 경우는 중국이나 러시아 등 제3국에서 불법 체류하고 있는 탈북민들이 북한으로 돌아가 교회를 세우도록 지원하는 것이다. 1985년부터 북한선교에 초점을 두고 사역해 온 모퉁이돌선교회는 사역 초기에는 주로 성경 배달을 중심으로 북한 내에 있는 지하교회와 접촉하면서 그들을 섬겼다. 2012년 9월 말까지 북한에 2,683명의 사역자들을 동원하여 1,316개의 지하교회를 세웠다. 가장 많은 지역인 함경북도에는 15개 지역에 지하교회 558개, 성도 수는 893명으로 집계하고 있다. 실질적으로 그들에게 북한 지하교회들이 활동하는 모습을 보여주고 적절한 훈련을 통한 지원을 해야 한다.[61] 이들은

---

60) 임창호 2013, p.290.
61) 이반석 2015, pp.387-389.

북한 내 인적 네트워크가 형성되어 있어 자체적으로 전도하여 지하 교회를 개척할 수 있는 좋은 인적 자원이다.

특수 인력 선교

북한 사회주의 체제 특성상 특수 인적 자원을 잘 활용해 나가는 것이 효과적일 것이다. 제3국 즉, 북한과 우호적이거나 북한과 왕래를 할 수 있는 특수 인적 자원에는 북한 화교, 해외 북한 유학생, 해외 조교朝僑 등이 포함된다. 제3국으로는 대표적으로 북한과 인접하고 우호적인 관계를 꾸준히 유지하고 있는 중국과 러시아가 있다. 더욱이 이 지역에는 조선 국적의 조교도 적지 않다. 조교들은 상대적으로 쉽게 모국을 왕래할 수 있는 이점을 갖고 있다.

현재 북한에는 수천 명의 중국 화교가 거주하고 있으며 중국에 와서 유학하는 화교 유학생들도 적지 않다. 그뿐만 아니라 외국에서 유학 생활을 하는 북한인들도 적지 않다. 중국과 북한의 교육 교류에 관한 조선민주주의인민공화국 주재 중화인민공화국 대사관 자료에 의하면 〈중화인민공화국 교육부와 조선민주주의인민공화국 교육위원회 간의 2020~2030 교육교류협력협정〉을 체결하였다. 베이징대학을 포함한 16개 대학이 김일성대학을 포함한 8개 대학과 협정을 체결하고 대학 간 교류 관계를 수립했으며 유학생 교류도 활발히 진행되고 있다. 양국 간 교육 교류 협정에 따라 양측은 매년 정부 장학생을 교환한다. 현재 중국에서 공부하고 있는 북한 학생 수는 연간 400명이며 현재까지 총 5,000여 명에 이른다.[62] 우선 이들에게 복음을 전하는 한편 이들이 선교 사역을 담당할 수 있게 하는 것이다.

---

62) "中朝教育交流简况," http://kp.china-embassy.gov.cn/zcgx/jyjl1/jyjljk/.

성서의 보급

성서의 보급은 선교에서 사역자 양성에 못지않게 중요한 부분이다. 네비우스는 당시 성경 번역과 모든 종교 서적의 한글 출판을 강조했다. 현재는 현대기술의 발전에 힘입어 성경 인쇄본 외에도 디지털 형태의 성서가 많이 보급되고 있다.

필자가 이사장으로 역임했던 대한성서공회에서도 인쇄물뿐만 아니라 2012년 스마트폰용 〈모바일성경〉 및 아이패드용 〈연구성경〉을 출시하였고 2013년 9월에는 〈대한성서공회 USB 성경 1.0〉을 출시하였다. 대한성서공회에서는 하나님의 말씀을 가까이하려고 해도 정치적, 종교적, 경제적 등 다양한 이유로 성서를 접할 수 없는 지역이나 나라에 성서를 무상으로 보내주기도 한다. 대한성서공회는 1973년 해외 성경 보급을 시작한 이래 지금까지 총 1억 9,090여만 부를 제작해 보급했으며 2022년 한 해에만 87개 나라 129개의 언어로 된 성경 391만 9,630부를 보급했다.[63]

북한 동포들에게 성서를 전달하여 하나님의 말씀을 전하는 것은 기본 중의 기본인 것이다. 현재는 북한 체제 안에서 우리 남한 기독교인들의 직접적인 성서의 보급이 불가능하지만 남북 관계의 화해와 더불어 언젠가는 가능할 수 있을 것이다. 우리는 그날을 대비하여 만반의 준비를 해야 한다.

인도적 차원의 지원

필자는 기회가 있을 때마다 이야기하는 것이 있다. 북한선교는 당장 교회를 세우고 복음을 전하겠다는 것보다 의약품이나 빵 공장,

---

63) https://www.newsjesus.net/news/articleView.html?idxno=3761.

국수 공장 같이 북한 주민의 피부에 와닿는 사회봉사의 장을 넓히는 것을 우선으로 해야 한다. 인도주의적 차원의 접근이 필요하며 속도보다 방향이 더 중요하다. 빠른 것만이 능사는 아니다.

과거 중세나 근대 시대에는 교회나 성당이 배고픈 사람들에게 먹을 것을 제공하고 잠자리를 제공하는 자선 역할을 했지만 이후 국가가 다 이러한 역할을 도맡아 하고 있다. 그러나 현대에 들어 국가의 역할이 곳곳에 구멍이 숭숭 나서 얼마 전에만 해도 먹고 살기 어려워 자살하거나 도움받을 곳을 찾지 못해 숨지는 일이 허다하게 발생하였다. 이미 선진국을 자처하고 있는 남한에서도 이러한데 기아에 허덕이는 북한의 상황은 더 처절하다는 것을 우리는 예상할 수 있다. 과거 중세나 근대 시대에 했던 역할을 교회가 다시 해야 하지 않나 생각하게 된다.

필자가 대표회장으로 있는 사단법인 동북아한민족협의회는 북한 주민들이 기아와 빈곤으로부터 벗어나야 한다는 차원에서 2002년 9월 28일 평양 봉수교회와 칠골교회, 가정예배처소에 양복 옷감 약 2,000벌, 액수로 치면 약 2억 원 상당을 지원하였다. 2006년 6월에는 평양 빵 공장에 냉동설비, 액수로 치면 12억 원 상당을 북한 그리스도교연맹을 경유하여 지원하였다.

현재 북한의 의료체계는 몹시 빈약하다. 장마당에서 약을 구입하는 비율이 70%나 된다. 국제적인 의료지원이 이루어지고 있음에도 불구하고 북한의 비공식 의료시장이 확대되고 있는 것이다. 박상민 서울의대 교수는 서울에서 열린 "북한 재난의료 지원체계 수립" 토론회2019.1.29.에서 북한의 열악한 의료체계를 지적한다.

"특히 유엔에서 대북 지원을 할 경우 이런 의약품들이 시장으로 주로 가고 병원으로는 별로 많이 가지 않는 경우를 보입니다"
"북한이탈주민 600명을 대상으로 장마당에서의 약 구입 경험을 물었더니 한 70% 정도 그런 경험이 있다. 왜 장마당을 사용하느냐. 첫 번째 이유는 병원에 약이 없어서…"[64]

한반도 기독교 역사를 살펴보면 알렌 등 초기 선교사들은 의료선교를 통해 한국에 복음을 전했다. 네비우스 10대 선교 방법 중에도 의료선교를 제시하고 있다. 필자가 대표회장으로 있는 사단법인 동북아한민족협의회에서도 일찍 북한에 생필품과 의약품을 꾸준히 지원해 왔다. 2000년 5월과 2003년 5월 항생제, 비타민, 영양제 등 의약품, 액수로 치면 약 56만 불 상당을 북한 조선그리스도교연맹을 경유하여 지원하였다. 남북 관계가 악화되면서 대북 지원이 쉽지 않은 상황에서 2020년 유진벨재단이 예외를 허용받아 결핵 치료용품을 북한에 반입한 사례도 있다.[65] 열악한 북한의 의료, 보건 체계를 감안할 때 남한 기독교인들은 해외 선교사들의 발자취를 따라 북한 의료선교에 최선을 다해야 할 것이다.

과거 김일성은 "목사들이 아무리 《하느님》을 찾아도 《하느님》은 밭 한이랑 준 일이 없고 오직 인민의 정권만이 땅을 줄 수 있었으며"라고 이야기했는데 지금 와서 보면 《목사》들이 먹을 것, 입을 것, 치료 약을 지원해 주는 아이러니한 상황이다. 인민정권이 할 수 없는 일을 《목사》가 하는 역전 현상이 일어난 것이다. 김일성이 한 말이 틀렸음을 보여주는 좋은 사례이다. 하나님은 죽음의 광야에서 이스라엘인들이 생존할 수 있도록 '만나'를 내려주시었듯이 하나님은 자기의 백성 누구도 굶지 않게 한다는 것을 인식시켜야 할 것이다.

---

64) https://www.bbc.com/korean/news-47037942.
65) 전순영 2022, p.75.

동북아한민족협의회에서 북한의 봉수빵공장 옆에 냉동기를 설치하고 개원식을 하는 모습. 필자의 오른쪽이 오경우 서기장이다.

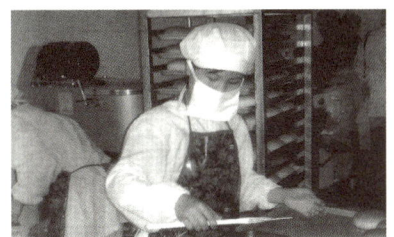
합동교단에서 지원한 봉수빵공장.

효과적인 선교 방법

음악선교

북한 체제 선전 선동에서 북한 정권은 음악을 매체로 잘 활용한다. 또한 외교 수단으로도 잘 활용한다. 2013년 김정은은 "모든 예술인들이 모란봉악단의 수령결사옹위정신"을 본받으라고 하며 2014년에는 "모란봉악단의 창조 기풍을 적극 배워 근본적인 혁신을 일으키라"고 지시한 데서 '모란봉악단'의 위상을 엿볼 수 있다. 2015년 7월 청봉악단 창설에 이어 2018년 삼지연관현악단의 강릉과 서울에서의 공연, 그리고 2020년에는 국무위원회 소속 대형연주단으로 오케스트라와 합창단 및 가수로 구성된 국무위원회연주단을 만들어 노동당 제8차 대회 등 중요한 행사에 참여시켰다. 북한은 음악을 문화외교에도 활동한다. 국제교류음악회와 각종 음악회를 개최하기도 하는데 2017년 평양 장애자교류단의 영국 공연, 2018년 제1차 평양국제성악콩클대회, 2019년에는 대규모 예술대표단을 중국에 파견하기도 했다. 2019년 방중 공연은 김정은 체제에서 이루어진 최초의 정

상급 문화공연으로 음악을 문화외교에 잘 활용한 사례이다.[66]

북한에서는 다양한 소조 활동을 통해 재능있는 학생을 발굴한다. 학교에서는 예술 소조 활동을 대대적으로 벌여 학생들이 한 가지 이상의 악기를 다룰 수 있도록 지도하고 있다. 또한 '1인 1기'라 하여 각종 악기 배우기를 권장하여 정치 모임이나 각종 현장에서 선전·선동 활동에 이용하려는 목적도 있다.[67]

루터Martin Luther는 교회음악 예찬론자였다. '하나님의 선물'로서 영혼을 즐겁게 하고 마귀를 몰아내며 죄 없는 기쁨을 일으키고 음악은 '평화의 때'를 지배한다는 것이다. 전경배는 교회음악을 매개로 '능동적이고 생명력 있는 선교적 기능'으로 발전시킬 수 있다고 주장한다.[68]

특히 북한에서 수령을 찬양하는 음악들이 복음성가와 비슷하다는 점에 착안하여 음악선교가 효과적일 수 있다는 것이다. 수령형상 음악은 가사에 기독교적 특성을 가지고 있으며, 당 송가에 교회의 공동체성이 발견된다. 아울러 북한의 수령형상 음악과 한국의 복음성가를 비교 분석한 결과 두 음악 모두 가사를 표현하기 위한 극적인 선율을 가지고 리듬과 화성, 구조와 형식에서 공동점을 가지고 있다고 백미순은 분석한다. 수령형상 음악의 악곡에 한국 복음성가적 특성이 인입되어 있다는 것이다.[69]

음악선교와 관련해 태영호가 재미있는 이야기를 하였다. 학생들이 봉수교회 담장 밖에서 몰래 찬송가를 채보했다는 이야기이다.

---

[66] 『2023 북한이해』, pp.291-293.
[67] 통일부 북한정보포털 https://nkinfo.unikorea.go.kr.
[68] 전경배 2016, pp.323-324.
[69] 백미순 2019b, p.277.

놀라운 일이 목격되었다. 교회에서 찬송가 소리가 들려오면 청년 몇 명이 나타나 교회 담장에 기대 무언가를 열심히 적는 것이었다. 보위부가 그들을 체포했다. 음악대학 작곡반 학생들이었다. 1980년대에는 북한의 음악대학에서 자유주의 국가의 명곡을 가르치지 않았다. 어느 날 찬송가 선율을 들은 한 음악대학 학생이 그 사실을 급우들에게 알렸다. 급우들은 찬송가를 채보하고 싶었지만 교회에 들어갈 수는 없었다. 담장 밖에서 몰래 채보를 하다가 보위부에 붙잡힌 것이다. 학생들은 보위부의 경고만 받고 풀려났다.[70]

북한의 음악에는 기독교적 특성들이 다양하게 포함되어 있다. 악곡의 구조적 특성, 선율적 특성을 찬송가나 복음성가에 연계시킬 수가 있다. 가사적인 부분을 부각시키지 않고 선율적 특성만으로도 북한 주민들의 접근성이 쉬울 수 있다. 북한에서 악기 보급은 개인이 아닌 학교 중심으로 이루어져 있다. 개개인에게는 아주 제한적이라고 볼 수 있다. 북한 정권이 음악을 통한 정치를 하기 때문에 북한 주민들의 삶은 음악과 밀접하게 연관되어 있다. 음악적 NGO 활동은 북한 전역 207개 군으로 다양한 악기를 보급하는 것이다. 특히 어린이나 청소년들이 악기를 다룰 수 있도록 교육하는 과정속에서 영향을 주게 되는 것이다. 찬송가나 복음성가의 선율적 특성을 적용하여 이들에게 친숙한 느낌을 주는 것이다. 이렇게 되면 향후 복음적 평화통일 시대에 직접적으로 복음을 전하는데 있어서 거부감을 상쇄하는 효과가 나타날 수 있을 것이다. 따라서 북한 복음화를 위한 음악적 NGO 활동은 지금부터 준비해야 할 선교 전략이다. 이러한 선교적 도전이 복음적 평화통일의 기반을 마련하는 계기가 될 것이다.[71]

필자는 2023년 9월 대한예수교장로회 백석총회 설립 45주년 기념

---

70) 태영호 2018, pp.529-530.
71) 백미순 2019a, pp.137-138.

대회에서 준비위원회 위원장으로서 사회를 맡게 되었다. 서울 송파구 올림픽공원 체조경기장에는 3만여 명의 성도들이 모였다. 7천 명 연합 성가대가 한목소리로 '할렐루야'를 열창할 때 온몸에 전율을 느꼈다. 언젠가는 우리 남북한 동포들이 손에 손잡고 '할렐루야'를 열창할 날이 오기를 손꼽아 기다린다.

네트워크, 매스컴 선교

각국에 퍼져 있는 네트워크를 통해 '상상공동체imagined community'를 이루는 것이다. 상상공동체는 엔더슨Benedict Anderson이 발자크 소설 등에서 동시에 일어나는 상황을 설명한 논리이다.[72] 현대기술의 발전으로 이전의 아날로그 방식이 아닌 공중 전파로 모든 것이 소통 가능해졌다. 네트워크는 국경을 넘어서도 커뮤니케이션이 이루어진다는 점에서 북한선교에서 요긴한 선교 도구가 된다. 조수진은 라스웰Harold Lasswell이 1948년 썼던 논문 "커뮤니케이션의 구조와 기능The structure and function of communication in society"의 원천, 메시지, 채널, 수신자라는 개념을 설정하여 SMCRE 모델을 제시하고 있다. 사실 방송을 통한 북한선교는 1954년 극동방송국이 창설되면서 시작한 이래 오랜 경험을 가지고 있다.

남북한의 관계가 단절되어 직접적인 교류가 없다 하더라도 남한의 기독교 단체나 개인은 북한의 기독교 단체나 개인과 제3국의 기독교 단체와 개인을 중간 매체로 네트워크를 구축할 수 있는 것이다. 이렇게 남북한 경제공동체가 형성되면 직접적인 방법이나 우회적인 방법을 통해 서로서로 인식하고 정보를 전달할 수 있는 시대가

---

72) Anderson 1991, pp.25-26.

〈표 46〉 해럴드 라스웰의 SMCRE 커뮤니케이션 모델과 대북방송의 이해

커뮤니케이션 과정	내용	대북선교 방송 내용
S(Source)	송신자는 남한의 대북방송 매체 국내(지상파) 라디오방송과 민간대북방송)와 국외 주체로 유형이 다양화되고 있음	남한의 지상파 라디오방송(종교방송) 중파 - FEBC 극동방송(서울극동방송 AM1188, 제주 극동방송 1566KHz) 새벽 시간대 대북프로그램, 낮 시간대 통일 프로그램 - CBS 기독교방송(AM837KHz) 새벽 시간대 방송 청취 가능 및 통일프로그램 선교 단체를 중심으로 한 단파방송 북방선교방송(단파 7510KHz)광야의 소리(단파 1540, 중파1566KHz) VOM 순교자의 소리 외
M(Message)	방송 콘텐츠 초기 심리전으로 시작해 현재는 프로그램 형식과 내용이 다양해짐 탈북민들의 참여가 늘고 있음	방송 콘텐츠 - 설교, 신학 강의, 예배 실황, 성경낭독, 찬송 해설, 탈북민 간증 등
C(Channel)	라디오(중파와 단파) 앱, 유튜브를 활용한 영상 콘텐츠도 늘고 있음 세대에 따라 접하는 채널이 다양해지고 있음	라디오 (중파와 단파) 선교 단체를 중심으로 앱, 유튜브를 활용한 영상 콘텐츠도 제작
R(Receiver)	북한 주민, 해외 거주 북한 주민	북한 주민, 해외 거주 북한 주민, 북한 지하교회 성도 중국 동북삼성의 조선족교회 성도 및 지도자
E(Effect)	외부 정보를 통한 인식의 변화	복음 전파, 신앙 성장, 사역자 및 지도자 양성

출처: 조수진(2021).

열릴수 있을 것이다.

　기독교는 기본적인 종교적 네트워크를 다양화하여 흔히들 사회자본social capital이라고 하는 것을 종교적인 차원에서 종교자본religious capital으로 만들어 나갈 수 있는 여건이 충분하다. 믿음을 가진 사람들의 사회활동 영역은 아주 다양하며 여기서는 성별, 나이, 직업의 차이가 없이 모두가 평등한 차원에서 교류할 수 있기 때문이다. 이는 여러 가지 특성을 가진 그룹들을 형성시킴으로써 다양한 영역에서 네트워크가 활발히 형성될 수 있는 기반이 마련될 때 우리는 이런 네트워크로 서로서로 소통하고 하나님의 공동체를 만들어 나갈 필요가 있는 것이다.

스토리텔링 선교

상대방에게 알리고자 하는 바를 재미있고 생생하고 설득력 있게 전달하는 행위는 스토리텔링story-telling만한 것이 없다. 이는 무신론자 또는 불가지론자, 나아가 어린이들의 조기 기독교교육에 아주 유용한 방식이다. 스스로 하나님의 사랑을 깨닫게 하는 좋은 방법인 것이다.

마르텐Michael Marten은 스코틀랜드 선교사들이 1839~1917년 레반트Levant 지역에서 선교를 한 내용을 다룬 책에서 탈무드적 방법Talmudical logic이 필요하다는 것을 피력한다. 탈무드는 BC 500년에서 AD 500년까지 구전되어 온 내용을 망라한 유대인들의 경전이자 잠언서로 우화나 동화 같은 이야기로 생활에 지침을 주는 책이다. 선교사들이 사용한 이러한 방법은 티베리아스Tiberias 선교지부의 여성선교사와 베두인 여성과의 대화를 통해 나온다.

예로 '베두인의 역설'을 들 수 있는데 아래 대화의 마지막 부분에서 알 수 있듯이 베두인 여성은 자신이 가지고 있던 생각이 허상일 수 있다는 것을 스스로 깨닫게 된다.

> "당신은 죄인입니까?" – "아니요." 화를 내며 "나는 죄인이 아닙니다."
> "당신은 거짓말을 합니까?" – "가끔요."
> "당신은 저주합니까?" – "예, 많이요."
> "맹세합니까?" – "아주 자주요."
> "도둑질합니까?" – "예, 가끔요. 올리브를."
> "미워합니까? 논쟁하며 싸웁니까?" – "아. 예. 자주요."
> "그래요, 모든 것이 죄예요." – "그것이 죄라구요?"
> "예. 지금 당신은 죄인이 아닙니까?" – "신이 알겠죠."[73]

---

73) Marten 2011, p.310; Marten 2006, p.148.

여기서 베두인 여성은 자신이 죄인일지도 모른다는 생각을 하게 되었다는 것과 신의 존재를 언급한 것을 볼 수 있다. 이는 불가지론자, 무신론자에게 복음을 처음에 어떻게 전해야 할지를 말해 주는 가이드이다.

사실 이러한 일은 일상생활에서 다반사이다. 예를 들어 신을 믿지 않는 사람들도, 신의 존재를 알지 못하는 사람들조차도 일상생활에서 당혹스럽거나 조급하거나 자신의 무력함이나 간절함을 느낄 때 자연스럽게 "신이여", "하나님이여"를 부르게 된다. 그리고 종종 "내가 그걸 어떻게 알아? 신이나 알겠지", "하나님 맙소사", "Oh My God" 하면서 도무지 이해하지 못할 일에 대해서는 '신에게 책임을 돌리고' 자신은 책임을 회피하는 경향이 있다. 이는 알게 모르게 신의 존재를 인정하는 것이라고 할 수 있다.

앞에서 언급한 바와 같이 북한의 비종교인은 72.9%에 달하고 이 중 불가지론자 57.3%, 무신론자 15.6%였다. 따라서 이들에게 신앙과 믿음 그리고 하나님에 대한 인식을 어떻게 가지게 할 것인가 하는 고민에 대한 해결책으로 위에서 아이디어를 얻을 수 있을 것이다.

스토리텔링은 사람들 사이에 쉽게 전파되며 사람들 간의 마음의 간격을 좁혀준다. 나이, 성별, 종족 등 차이를 뛰어넘어 영향을 미칠 수 있는 것이다.[74] 물론 이러한 스토리들은 복음을 전파하고 외부와 연대 관계를 맺거나 상호 간의 공감대를 형성함으로써 인적 관계도 돈독하게 해준다. 이뿐만 아니라 이러한 스토리들은 시공간을 뛰어넘어 폐쇄된 국가나 지역에도 전파될 수 있다.

임창호는 러셀Russell의 '기독교교육은 선교다'라는 정의를 인용하

---

74) Morisy 2004, pp.67-69.

면서 기독교교육은 '하나님의 선교에 참여하도록 그리스도가 초청하는 하나님의 선교의 도구이며 방법'이라고 보고 있다.[75] 우리는 기독교 학교나 교회학교뿐만 아니라 스토리텔링으로 교육의 장을 넓힐 수 있다.

사업선교

사회주의 체제 내에서 선교적 목적의 기업활동Business as Mission: BAM이 주목받고 있다. 2004년 9월 태국 파타야 로잔회의[76]에서 비즈니스선교 보고서가 발행되었고 비즈니스선교가 하나님 나라의 관점과 목적과 영향력을 가진 비즈니스라고 말한다. 비즈니스 환경으로 현지에서 불신자들과 일상적인 관계를 맺으면서 일터에서 복음을 말과 행동으로 보여줄 수 있다는 것이다.[77] 2005년 2월 로잔회의에서 선교로서의 비즈니스 선언을 보고했고 비즈니스 사역은 국경, 인종, 이데올로기, 종교 등을 뛰어넘을 수 있다고 제시한다. 선교를 목적으로 선교기업을 만들고 예수 그리스도를 위해 기업이 이익을 창출하는 것이다.[78] 이런 비즈니스선교는 최근 논의되고 있는 전통적인 의료, 교육선교의 연장선상에서 효과적인 선교가 될 수 있다. 기독교 선교사들이 여행사, 빵 공장, 축산업, 고아 지원 사업 등을 하는 경우 이러한 사업들을 선교사업이라고 부르는 것이다.[79] 이는 북한과 같은 폐쇄적인 국가에서 효과적인 선교 활동이다. 북한에

---

75) 임창호 2020, p.35.
76) 로잔회의는 전 세계 복음주의자들의 국제대회로 처음 1974년 스위스의 로잔에서 열렸기 때문에 붙여진 이름이다. 제1회 대회 의장은 미국 침례교의 빌리 그레이엄 목사였다.
77) 이찬욱 2023, pp.314-315.
78) 김은홍 2006, pp.124-125.
79) 전순영 2022, p.82.

서 5개 분야인 시장Market, 중산층Middle class, 휴대전화Mobile, 자동차 Motor, 의식변화Mind Set 등의 변화를 '5M의 변화'로 보고 이러한 변화를 염두에 두고 선교를 해야 한다는 주장도 있다.[80] 남북 관계가 정치적으로 차단되고 있어 기업선교 모델은 북한선교에서 더욱 빛을 발할 수 있는 선교 방법인 것이다.

북한은 김정은 체제가 들어서면서 화교, 재일동포, 간부층의 대리인, 중국에서 시장경제를 체험한 탈북 출신 등이 새로운 자본층을 형성하고 있다. 국가은행이 제 기능을 상실하자 '돈주'로서 이들을 통해 송금과 환전과 대출하고 있다. 이들은 대단위 아파트 건축, 의복과 신발 등 생활용품 공장에 원자재 공급 등 다양한 영역에 진출하여 정부와 역할을 분담하기 때문에 국가경제를 민간경제가 움직이는 비중이 날로 증대되고 있다. 사회주의 특성상 사기업은 불법이지만 국영기업과 연관된 사업은 허용된다는 점에서 이들은 더 많은 부를 축적하면서 북한경제 전반에 미치는 영향력이 증대되는 것이다. 이런 신흥 부자들은 정권과도 밀접한 네트워크를 형성하고 있어 국제사회의 제재에도 북한의 안정된 수입원 역할을 한다. 1990년대 대규모 기아 사태를 겪었던 '고난의 행군' 당시 하나도 없던 시장이 2018년 공식 인가를 받은 시장 수는 480개로 추정되며 여기에 최소 60만 명이 종사한다. 도시와 농촌 지역에 시장이 형성되고 북한은 시장 거래에 세금을 매긴다. 규모는 연간 약 5,680만 달러약 633억 원에 이르는 것으로 추산됐다. 시장의 규모는 지역별로 다양하며 가장 작은 것은 2,800제곱피트약 260㎡ 정도이고 가장 큰 시장은 청진시에 있으며 25만 제곱피트약 23,225㎡에 이른다. 콜린스 연구원은 "김 위

---

80) 주승현 2023, pp.222-223.

원장은 돈주에게 돈을 벌 수 있는 제한된 자유를 주는 것과 시장 활동 및 개발계획에 자금을 공급하도록 하는 것 사이에서 줄타기해야 할 것"이라며 "돈주들을 통제하면서도 경제개발 사안에 끌어들여야 할 것"이라고 한다.[81] 돈주들의 영향력을 크게 보는 것이다.

이찬욱은 중국, 베트남, 라오스, 북한 등 아시아권 사회주의국가들에서 5년 이상 BAM 기업 7곳을 연구하면서 북한선교에 BAM 적용이 가능하다고 한다. 그러면서 BAM 기업들의 정착 성공 요인 36가지를 강조한다.

〈표 47〉 BAM 기업들의 정착 성공 요인 36가지

지속가능한 실제 비즈니스 (10개)	사회주의국가 창업환경 (8개)
(1) 다양한 업종과 상품, 하나의 목적 (2) 비즈니스 전문성 강조 (3) 선교지 기업가로서 필요한 역량 (4) 지속가능성을 위한 BAM 커리큘럼 (5) 비영리적 태도에 대한 배제 (6) 과거 비즈니스 경력의 중요성 (7) 빠르게 적응하고 상황화하는 능력 (8) 현지인, 현지자원, 현지 시장의 활용 (9) 외국인 100% 지분 회사 (10) BAM에 대한 오해-시행착오 극복	(11) 감시와 통제는 기본 (12) 현장의 열악한 인프라 극복 (13) 현지 공무원 문화에 대한 지혜로운 대응 (14) 현지 뒷돈문화에 대한 지혜로운 대응 (15) 이해관계자들의 비윤리적 행동에 대한 유연한 대처 (16) 지역사회 내 좋은 입소문과 평판 확보 (17) 전체주의 정서 속에 현지인들과 하나 됨 (18) BAM 사역과 현지 장기체류 문제
총체적 변혁의 과정 (10개)	하나님 나라의 리더십 (8개)
(19) 열정을 넘은 지혜로운 선교 (20) 존재 그 자체가 선한 영향력 (21) 일터와 노동의 중요성 (22) 사회주의 체제 속 시장경제 가치 (23) 사람과 공동체를 우선하는 기업문화 (24) 창의적인 재정지원 환경 조성 (25) 과실송금이 아닌 지역사회 재투자 (26) 업계와 도시로 확산되는 실제적 변혁 (27) 사회주의 세계관을 이겨내는 다양한 방식 (28) 삶으로 그릇된 인식 바로잡아 주기	(29) 삶으로 본을 보이는 리더 (30) 온유하고 유연한 성품의 리더 (31) 하나님의 청지기로서의 리더 (32) 복음을 전하고 제자를 세우는 리더 (33) 현지인 리더십을 세우는 리더 (34) 사역 공동체로부터 보호받는 리더 (35) BAM에 관해 이해받는 리더 (36) 하나님의 인도함을 받는 리더

출처: 이찬욱(2023).

---

[81] https://www.yna.co.kr/view/AKR20180827058000009.

현재 활발한 비즈니스를 할 수 있는 북한 신흥 부자들, 그리고 사회주의 체제 안에서 가능한 비즈니스를 하고 있는 BAM 성공 사례에서 우리는 비즈니스선교가 북한에도 적용 가능하다는 것을 알 수 있다.

'장마당' 선교

김정은 체제가 들어서면서 북한 장마당은 공식적 또는 밀무역으로 중국과 거래하면서 북한 지하경제를 형성하고 있다. 장마당에 종사하는 적지 않은 지하 성도들은 중국에 친인척 배경을 갖고 있으며 과거 중국으로 탈북하여 중국의 시장경제를 체험했던 이들도 상당수가 장마당에서 경제활동에 종사하고 있다. 이들이 한류 대중문화와 기독교 복음 전파의 못자리 역할을 하고 있다.[82] 현재 북한 장마당은 정부의 허용과 양성화로 그 영향력이 배가 되고 있으며 북한 주민들은 자본주의적 시장경제에 익숙할 정도로 큰 규모로 성장하고 있다. 현재 북한 전역에서 상품과 음식, 의약품을 판매하는 공식 시장과 장마당비공식 시장 숫자가 증가하여 북한경제를 지탱해 주고 있으며 북한 주민의 약 70%가 장마당을 통해 생활용품들을 조달받을 정도로 장마당에 의존하고 있다. 미국 국제전략문제연구소CSIS 연구 보고서에 따르면 북한 전역에 공식 시장만 하더라도 최소 436개가 있다. 시장은 농촌과 도시 지역에 넓게 분포되어 있으며 평양특별시, 남포특별시, 나선시 등 9개 도에 평균 48개의 시장이 있다.[83]

장마당에서는 영상 매체의 유통이 활발하게 이루어지고 있다. 최근에는 CD와 DVD, 그리고 USB 재생, TV 전파 수신까지 가능한

---

82) 강석진 2020, pp.232-233.
83) Cha and Collins 2018.

일명 '노트텔'이라고 불리는 중국산 EVD Enhanced Versatile Disc가 대량 유통되며 이 밖에도 MP3, MP5, 핸드폰 등의 기기도 확산되고 있다. 영상물과 기기들이 검열에 걸리면 뇌물을 주고 무마하기도 하며 압수당한 물품이 재판매되는 경우도 있다. 그동안 라디오 같은 미디어를 통해 접하는 정보가 뉴스, 날씨 정보, 음악 등이었다면 지금은 시대가 변하여 디지털 매체를 통해 남한의 예능, 드라마 등 다양한 콘텐츠가 유통되고 있다.[84]

한 조선족 여인이 성경 100권을 북한에 전달하려고 모퉁이돌선교회 이반석에게 요구한 사례에서 보다시피 실제로 '장마당' 선교가 이루어지고 있는 것이다. 이들을 통해 성경이나 신앙서적이 대량 밀수 판매되고 있다는 것은 이들이 권서 역할을 확실하게 하면서 복음을 전파하고 있다고 볼 수 있다. 시장에서 복음이 전파되고 있다는 사실은 탈북민의 증언에서도 찾아볼 수 있다.

> 현재 북한 안에 40만 명 정도의 교인이 있을 것이라고 예상을 합니다. 사역과 선교를 통해서 자생적으로 개신교인이 생겨나고, 순교에 대한 보고도 들어와요. 중국에서 활동하는 선교사들의 노력으로 북한의 다양한 지역의 언더(under)에서 교회가 퍼져 있어요. 이들은 성경을 못 가져가니까 암송해서 가거나, 혹은 책으로 들어가기보다는 MP3, MP4로 들어갑니다.[85]

이러한 상황에서 미국 전략국제연구소CSIS 보고서에 따르면 "북한에는 2개의 정당이 존재하는데 여당이 '조선로동당'이고 야당이 바로 '장마당'이며 이들 당원이 전 주민의 약 70%라는 것이다"라는 말

---

84) https://terms.naver.com/entry.naver?docId=4390827&cid=42192&categoryId=59988.
85) 이순형·최연실·진미정 2015, p.73.

이 나온다.[86] 이러한 규모의 '당원 수'라면 파급력이 어마어마할 것이다. 여기에 앞에서 권서인 역할을 하는 조선족 보따리 장사꾼 규모까지 합치면 북한선교의 미래는 결코 어둡지만은 않아 보인다.

---

86) 강석진 2020, pp.232-233.

제 9 장

북한 기독교의 미래

북한 기독교 흐름에 대한 모델 논쟁
남북 관계 개선의 성경적 해법
남북 관계 변화 시나리오와 북한 기독교의 미래
북한의 개혁 개방 시나리오와 북한 기독교의 미래
북한의 탈사회주의 시나리오와 북한 기독교의 미래

북한 기독교 흐름에 대한 모델 논쟁

북한의 기독교와 교회의 전망에 대해 알아보려면 그동안 기독교가 북한에서 어떻게 생존해 왔으며 또한 어떻게 명맥을 유지해 왔는가를 추적하면 해답을 얻을 수 있을 것이다. 따라서 북한 기독교에 대한 학자들의 역사 단계에 대한 논란들을 살펴볼 필요가 있다.

김병로는 한국전쟁 이후 북한에서 종교가 완전히 사라지게 된 이유와 결과에 관해 기존 연구가 충분히 설명하지 못한다고 지적한 적이 있다.

> 기존의 북한 종교 연구는 북한 사회주의 체제하에서 종교가 어떤 상황에 처했는지, 특히 6·25 전쟁 이후 북한에서 종교가 완전히 사라지게 된 이유와 결과에 대해 분석하였다. 그러나 북한의 종교가 완전히 사라진 상황에서 1972년 조선그리스도교연맹(조선기독교도연맹이 1999년 2월 개칭, 이하 조그련)의 재등장이나 1988년에는 봉수교회와 장충성당 건립 등을 설득력 있게 설명하지 못한다. 종교가 부재하다고 판단한 상황에서 갑작스럽게 등장한 조그련 조직과 교회설립을 설명하려다 보니 북한당국이 대외적으로 보여주기 위한 '쇼' 내지 '가짜'라는 비난만 제기할 뿐 진지한 탐구의 노력은 시도하지 않았다.[1]

류대영Dae Young Ryu은 2006년에 쓴 논문 "새 포도주를 담을 새 부대: 북한 기독교에 대한 새로운 관점Fresh Wineskins for New Wine: a New Perspective on North Korean Christianity"에서 북한

---

1) 김병로 2011, p.159.

의 국가와 종교에 관한 새로운 관점을 제시하려 하였다. "새 포도주를 낡은 가죽 부대에 넣는 자가 없나니 만일 그렇게 하면 새 포도주가 부대를 터뜨려 포도주와 부대를 버리게 되리라 오직 새 포도주는 새 부대에 넣느니라 하시니라마가복음 2:18-22"를 인용하여 기존의 모델을 설명하고 새로운 모델을 제시하려 하였다.

첫 번째 전통적인 관점은 '근절 모델Eradication model'로 냉전적 관점이다. 기독교 등 종교들이 북한에서 근절되었다는 논리이다. 북한에서는 종교 역사가 존재하지 않으며 최근의 현상을 선전을 목적으로 한 것으로 보는 관점이다.

두 번째 관점은 '잔존 모델remnants model'이다. 박해를 받아 제거되었지만 어떤 형태로든 다시 살아남았다는 논리이다. 첫 번째와 두 번째 모델 모두 북한에서 종교가 사실상 사라졌다고 보는 것이다.

세 번째 관점은 수정주의적 관점으로 '내재 모델immanent model'이다. 북한의 현상은 외부에서 이해할 수 없으며 북한 자체의 관점에서 봐야 한다는 논리로 북한의 가치체계는 자본주의 사회와 근본적으로 다르다는 관점이다. 잔존 모델이 왜 1970년 이전 휴지기dormant period를 거치고 갑작스러운 부상으로 전환된 것을 설명하지 못한다는 것이다.

네 번째는 '기독교 중심적 모델Christian-centered model'이다. 북한은 종교정책에 대해 공식적으로 밝힌 바 없기 때문에 북한 기독교의 경험을 바탕으로 모델화하여야 한다는 논리이다. 서구적 견해와 달리 북한 지도부는 김일성이나 사회주의를 지지하는 기독교인에 대해 관용적인 태도를 취해왔다는 것이다. 북한의 기독교인들도 생존하고 적응하고 변화하려는 건설적 노력을 하고 있다는 점을 이해해야

<표 48> 북한 기독교의 시대 구분

		저자	북한 기독교의 시대 구분
전통주의적 / 남한 중심적 관점	반공주의적 관점	최석우(1979)	소련군 주둔기(1945~48), 인민공화국 초기(1949~53), 휴전 이후(1954~)
		윤동현(1986)	제한/탄압(1945~46/ 1946~50), 말살기(1950~60년대), 역이용기(1972~)
		박완신(1989)	제한/탄압(1945~46/ 1946~50), 말살기(1950~60년대), 역이용기(1970년대)
		고태우(1992)	종교의 제거기(1945~60년대), 종교부재의 갈등기(1970년대), 종교의 외부적 표출기(1980년대~현재)
		변진홍(1997)	종교자유 제한기(1945~48), 종교활동 탄압기(1949~53), 종교활동 말살기(1954~72), 종교단체 재등장기(1973~80), 종교활동 부활시기(1981~)
	북한 종교를 제한적으로 인정하는 관점	사와 마사히코 (1982)	견제/제거기(1945~53), 공동체로서의 기독교 부재기(1953~72), 기독교 재발견기(1972~)
		신법타(1994)	제한적 제거기(1945.8~49 말), 본격적 제거기(1950~53), 종교 부재기(1954~72), 종교 재등장기(1972~)
		윤이흠(1990)	저항기(1945~53), 해체기(1953~70), 피이용기(1971~87), 재생기(1988~)
수정주의적 / 북한 중심적 관점	북한식 시기 구분을 이용한 관점	법성(1990)	혁명시기(~1947), 인민민주주의 혁명강화 발전단계(1947~58), 사회주의 완전승리를 위한 계속혁명단계(1958~)
		류성민(1992)	민주건설시대(1945~50), 조국해방시대(1950~53), 사회주의 건설시대(1953~)
		강인철(1992)	내적 갈등(1945~47 초), 분단/축소/재편(1947 후~58), 환만한 축소/사회주의적 재편(1959~71), 사회주의적 종교지형 정착/안정화(1972~85), 사회주의적 종교지형 강화발전/완만한 확대(1986~)
		한국기독교 역사연구소 (1996)	내적 갈등(1945~47 전), 분단과 위축(1947 후~58), 반종교운동(1957~71), 반종교운동의 부분적 이완(1972~85), 신종교정책 등장(1986~)
	북한 종교인들의 신앙 경험에 주목한 관점	김흥수·류대영 (2002)	사회주의화의 조우기(1945~53), 사회주의 속에서의 생존모색기(1953~72), 사회주의적 종교 생성기(1972~88), 사회주의적 종교 변화기(1988~)

출처: 김흥수·류대영(2002b).

한다는 논리이다.[2]

이후 류대영과 김흥수 공동으로 2002년 집필한 책 『북한종교의 새로운 이해』에서 이러한 모델들에 대해 언급하였다. 전통주의적/남한 중심적 관점과 수정주의적/북한 중심적 관점으로 크게 나누어 분

---

2) Ryu 2006, pp.660-674.

류하였다. 전통주의적/남한 중심적 관점으로는 반공주의적 관점최석우, 유동현, 박완신, 고태우, 변진흥과 북한 종교를 제한적으로 인정하는 관점사와 마사히코, 신법타, 윤이흠으로 보았다. 반공주의적 관점은 북한 종교가 제한/탄압을 받았고 제거/말살되었다가 역이용/재등장했다는 것이다. 북한 종교를 제한적으로 인정하는 관점은 북한의 종교 말살정책에도 불구하고 북한 종교가 종교 기능을 완전히 상실했다고 보지 않고 북한 종교단체를 어용이나 위장으로 보지 않는 관점이다. 수정주의적/북한 중심적 관점은 북한식 시기 구분을 이용한 관점법성, 류성민, 강인철, 한국기독교역사연구소, 북한 종교인들의 신앙 경험에 주목한 관점김흥수, 류대영이 있다. 시기 구분 관점은 북한의 사회주의 발전단계에 따라 구분하는 것이고 북한 종교인 경험에 따른 관점은 해방 이후 북한 사회에서 종교인들이 나름대로 존속해 왔다는 관점이다.[3]

김병로는 북한의 종교정책에 대해 ① 종교의 배척해방에서 한국전쟁 이전까지, ② 종교의 억압과 반종교선전한국전쟁부터 1972년까지, ③ 제도종교의 허용1972년부터 1988년까지, ④ 공식종교의 인정1988년 이후 등의 네 시기로 구분하기도 했다.[4]

보어Roland Boer는 2019년에 출간한 『좌파 신학: 기독교 공산주의 전통Red Theology: On the Christian Communist Tradition』에서 유대영이나 김흥수를 언급하며 북한 종교에 대해 네 가지 모델로 설명하고 있다.[5]

첫 번째 모델은 반공 냉전 모델anti-communist Cold War model로 근절, 공백, 선전적 차원의 종교로 외양을 속이고 있다fake appearance는 관점이다. 북한이 종교에 근본적으로 적대적이라는 점을 김일성을 인용하면서 증거로

---

3) 김흥수·류대영 2002b, pp.35–55.
4) 김병로 2002, p.1.
5) Boer 2019, pp.230–231.

제시하지만 김일성의 저작들을 자세히 읽어보면 다른 그림을 그릴 수 있다고 보어는 지적한다.

두 번째 모델 즉, 박해를 견디고 살아남았다는 '잔존 모델'은 기본적으로 반공 모델을 기본으로 하고 있어 결점이 있다고 지적한다.

세 번째 모델인 '내재 모델'에 대해서는 북한에서 기독교에 내재적인 요인이 아닌 정치 경제적 요인으로 설명하고 있다고 지적한다.

네 번째 모델인 '계급 요인 모델class factor model'은 북한의 초창기 시기를 강조한다고 지적한다.

이 모델들 중 특히 앞의 두 모델은 대체로 박해를 당해 기독교가 완전히 없어졌느냐 아니면 살아남았느냐, 그리고 이후 다시 거짓으로 재현했느냐 아니면 정말 재현되었느냐의 문제와 연결되어 있다. 그러나 필자가 앞서 지적했듯이 정책은 정권에 불리하게 작용할 때는 박해를 하는 반면 정권에 유리할 때는 오히려 권장하는 선별 집행, 선별 장려 정책과 관련이 있다고 보아야 할 것이다.

사실 김일성은 북한에 교회가 없는 것은 북한 정권의 탄압으로 없어진 것이 아니라 미국의 폭격 때문이라고 줄곧 이야기해 왔다. 그래서 몇몇이 그냥 모여서 예배를 보는 관행이 자리 잡았다고 이야기해 왔다.

> 우리나라에서 례배당을 마사버리고 종교를 없애버린 것은 공산주의자들이 아니라 미 제국주의자들입니다.
> 우리나라에서 부농들도 미 제국주의자들에 의하여 파산되였습니다. 미 제국주의자들의 폭격에 의하여 농촌이 다 재더미로 되다 보니 부농이나 중농이나 할 것 없이 다 파산되였습니다. 우리가 부농들을 수탈한 것은 하나도 없습니다.
> 전쟁으로 말미암아 부농과 중농을 비롯한 개인농경리가 다 파산된 조건에서 다시 개인 농경리를 발전시키고 부농을 재생시킨 다음 그들과 계

급투쟁을 할 필요는 없었습니다(김일성이 1973년 9월 3일 단마르크와 조선 사이의 협조 관계 촉진위원회 대표단과 한 담화).[6]

보어에 따르면 미 전략공군 사령관 커티스 르메이Curtis LeMay가 "모든 도시를 불태웠다"라거나 미 국무장관 딘 러스크Dean Rusk가 미국은 '북한에서 움직이는 모든 것, 서 있는 모든 벽돌everything that moves in North Korea, and every brick standing on top of another'을 폭파시켰다고 말하였다.[7] 김일성도 이를 근거로 말한 것인지는 판단하기 어려우나 여하튼 교회가 없는 것은 미군의 폭격 때문이라고 줄곧 주장해 왔다. 문제는 왜 한국전쟁 이후 기독교가 재현되지 못했는가에 대해 여러 가지 논란도 있지만 당시 전쟁의 참화로 인해 교회가 파손되었어도 북한에서 교회 재건에 신경을 쓰지 않았다고 평가할 수 있다.

우리가 주목해야 하는 것은 김일성은 전후 정권에 반대하지 않은 목사들이나 장로들에 대해 일자리를 마련해주도록 말한 바 있다는 것이다. 정권에 반발하지 않는 이상 먹고사는 문제는 해결해 주겠다는 것이다. 앞에서 인용했듯이 김일성은 "목사와 장로들에게 능력에 맞는 일자리를 알선해 주는 것이 좋겠습니다"라고 했던 것이다.

결국 북한에는 종교 탄압에도 불구하고 기독교가 명맥을 유지하고 있다고 보아야 할 것이다. 변진흥은 '침묵의 교회'라고 표현한 적이 있다. 북한 기독교가 '북한 공산정권의 점진적이고도 빈틈없는 탄압 정책에 의해 고사의 길'을 걷고 있다는 것이었다. 제1차 동부아시아 주교회의에서 중국, 북한, 베트남에서의 교회 상황을 언급하면서 주교, 사제, 수도자, 신도들과의 자유로운 교류가 단절된 것에 대

---

6) 『김일성 저작집 28(1983.1-1973.12)』, pp.469-470.
7) Boer 2019, pp.226-227.

해 비판하면서 '침묵의 교회'를 언급하였다.[8] 금주섭Jooseop Keum은 '카타콤 패러다임paradigm of Catacomb'이라고 이야기한다.[9] 북한에서 1958년 이후 잔존하는 크리스천들이 자유로운 종교활동을 공개적으로 하는데 어렵게 되었고 종교와 국가 간의 관계가 네로 황제의 박해가 있었던 시기 로마에 있던 카타콤의 패러다임과 비슷하다는 것이다. 카타콤은 초기 크리스천의 지하 묘소로 지하동굴에 마련된 기독교 초창기 성도들이 피난처로 사용했고 예배를 드렸던 곳이다.

'침묵의 교회'나 '카타콤 패러다임'은 모두 기독교가 살아남았다는 잔존 모델과 연결되는 논리들이다. 종교와 국가의 관계에서 탄압으로 숨을 죽이고 있는 교회와 교인들을 말하는 것이라고 볼 수 있다. 혹자는 북한 기독교도들은 가짜 신앙인이라고 매도할 수 있을지도 모른다. 그러나 앞에서 인용했듯 태영호가 '자발적인 모습'을 지적하듯 "예배와 찬양을 하는 시늉만하던 이들이 믿음이 생기자 […] 예배 시간 전부터 교회나 성당에 나오는 사람들이 많아졌다"라고 말했고 '자발적'으로 "진짜 신앙이 생겼음"을 당이 알게 되었다는 것이다. 하나님의 은총이 북한에도 내리리라는 것은 부정하기 어려울 것이다.

북한 기독교가 종교 탄압에도 불구하고 살아남아 오늘까지 이어지고 있는 것은 하나님의 섭리라고밖에 설명할 수 없을 것이다. 어렵게 탄압을 견디며 하나님을 믿는 북한의 기독교인들이 신앙생활을 자유롭게 영유할 수 있는 그런 환경과 조건을 만들어 가는 것이 하나님의 지상명령이 아닐까 생각해 본다.

---

8) 변진흥 1988, p.423.
9) Keum 2019, p.57.

남북 관계 개선의 성경적 해법

남북한 분단 70여 년의 역사를 돌이켜 보면 마음이 무겁다. 광복을 맞이한 남북한 한민족은 하나같이 환호성을 올리며 기쁨에 겨워했다. 그러나 기쁨도 잠시 한반도에는 미국과 구소련에 의해 분단의 검은 그림자가 드리워졌다. 잇따라 6·25라는 참혹한 민족적인 참극이 발생하면서 엎어지면 닿을 거리지만 70여 년간 부모 형제를 만날

〈표 49〉 남북한 통일방안의 변천 과정

구분	남한		북한	
1948년~1960년	이승만 정부	유엔 감시하 남북한 자유총선거에 의한 통일론		민주기지론(민족해방론)에 의한 무력·적화통일론
1960년대	장면 정부	남북자유총선거론(유엔 감시하)		남북연방제(1960)
	박정희 정부	선 건설 후 통일론(1966)		
1970년대	박정희 정부	평화통일외교정책선언 (1973.6.23.)	김일성 정권	고려연방제(1973)
		선 평화 후 통일론(1974)		조국통일 5대 강령
1980년대	전두환 정부	민족화합 민주통일방안(1982)		고려민주연방공화국 창립방안(1980) (고려민주연방제 통일방안)
1990년대	노태우 정부	한민족공동체 통일방안(1989)		'1민족 1국가 2제도 2정부'에 기초한 연방제(1991)
2000년대	김영삼 정부	민족공동체 통일방안 (1민족 1국가) (1994)	김정일 정권	낮은 단계의 연방제(2000)
	김대중 정부			
	노무현 정부			
2010년대	이명박 정부		김정은 정권	조국통일 3대 헌장(조국통일 3대 원칙, 고려민주연방공화국창립방안, 전민족 대단결 10대 강령)
	박근혜 정부			
	문재인 정부			
2020년대	윤석열 정부			

출처: 『2023 통일문제 이해』

수도 불러도 대답을 들을 수 없는 멀고 먼 세상에서 살고 있다. 북녘 하늘을 바라보면서 하루하루 살아가는 이산가족의 고통을 어찌 그들만큼이나 뼈저리게 느끼랴마는 남북이 하나로 합쳐져 하나가 되어야 한다는 것은 한민족이라면 누구나 공감할 것이다. 나름대로 그동안 남한은 민족공동체 통일방안 등을 주장했고 북한은 고려 연방제 등을 주장하였다. 그러나 남북한의 통일방안은 전혀 진전이 없었고 합의가 이루어지지 않았다.

남북한 관계는 성경적 해석에서 그 출구를 찾을 수 있다고 본다. 우선 에스겔37:16-22의 두 개의 나무막대기stick of wood가 서로 합쳐지듯 남북 관계도 긍정적인 화합의 길로 갈 수 있지 않을까 고민해 본다.

> 인자야 너는 막대기 하나를 가져다가 그 위에 유다와 그 짝 이스라엘 자손이라 쓰고 또 다른 막대기 하나를 가지고 그 위에 에브라임의 막대기 곧 요셉과 그 짝 이스라엘 온 족속이라 쓰고 그 막대기들을 서로 합하여 하나가 되게 하라 네 손에서 둘이 하나가 되리라 네 민족이 네게 말하여 이르기를 이것이 무슨 뜻인지 우리에게 말하지 아니하겠느냐 하거든 너는 곧 이르기를 주 여호와께서 이같이 말씀하시기를 내가 에브라임의 손에 있는바 요셉과 그 짝 이스라엘 지파들의 막대기를 가져다가 유다의 막대기에 붙여서 한 막대기가 되게 한즉 내 손에서 하나가 되리라 하셨다 하고 너는 그 글 쓴 막대기들을 무리의 눈앞에서 손에 잡고 그들에게 이르기를 주 여호와께서 이같이 말씀하시기를 내가 이스라엘 자손을 잡혀간 여러 나라에서 인도하며 그 사방에서 모아서 그 고국 땅으로 돌아가게 하고 그 땅 이스라엘 모든 산에서 그들이 한 나라를 이루어서 한 임금이 모두 다스리게 하리니 그들이 다시는 두 민족이 되지 아니하며 두 나라로 나누이지 아니할지라(겔 37:16-22).

비록 당분간 두 개의 나무막대기가 합쳐지지는 않더라도 창세기 33:3-7와 창세기33:16-17에서 볼 수 있듯이 야곱과 에서는 적대적인 관계를 청산하고 화해를 이루어 각자 행복한 길을 걷게 되는 데서 우리는 영감을 얻을 수도 있다.

> 자기는 그들 앞에서 나아가되 몸을 일곱 번 땅에 굽히며 그의 형 에서에게 가까이 가니 에서가 달려와서 그를 맞이하여 안고 목을 어긋 맞추어 그와 입 맞추고 서로 우니라(창 33:3–4).

> 이날에 에서는 세일로 돌아가고 야곱은 숙곳에 이르러 자기를 위하여 집을 짓고 그의 가축을 위하여 우릿간을 지었으므로 그 땅 이름을 숙곳이라 부르더라(창 33:16–17).

야곱과 에서의 이야기는 남북한 간에 서로 화해하고 서로를 품으면서도 서로의 길을 간다는 것을 의미한다. 이를 위해서는 서로의 노력도 필요하다. 칼과 같은 무기를 녹여 보습과 같은 생산적인 것을 만들어야 전쟁이 없어지고 평화가 이루어지는 것이다. 이사야2:4, 미가4:3-4에서 칼을 보습으로 창을 낫으로 만들면 전쟁은 없고 평화롭게 살 수 있다고 말씀하고 있다.

> 그가 열방 사이에 판단하시며 많은 백성을 판결하시리니 무리가 그들의 칼을 쳐서 보습을 만들고 그들의 창을 쳐서 낫을 만들 것이며 이 나라와 저 나라가 다시는 칼을 들고 서로 치지 아니하며 다시는 전쟁을 연습하지 아니하리라(사 2:4).

> 그가 많은 민족들 사이의 일을 심판하시며 먼 곳 강한 이방 사람을 판결하시리니 무리가 그 칼을 쳐서 보습을 만들고 창을 쳐서 낫을 만들 것이며 이 나라와 저 나라가 다시는 칼을 들고 서로 치지 아니하며 다시는 전쟁을 연습하지 아니하고 각 사람이 자기 포도나무 아래와 자기 무화과나무 아래에 앉을 것이라 그들을 두렵게 할 자가 없으리니 이는 만군의 여호와의 입이 이같이 말씀하셨음이라(미 4:3–4).

요엘3:9-10 말씀도 상기할 필요가 있다. 여기서는 반대로 보습을 칼로 낫을 창으로 만들라고 하고 있다. 남의 재산을 약탈하고 사람들을 팔아넘기는 행위에 대해서는 강하게 맞서야 한다는 것을 의미한다.

> 너희는 모든 민족에게 이렇게 널리 선포할지어다 너희는 전쟁을 준비하고 용사를 격려하고 병사로 다 가까이 나아와서 올라오게 할지어다 너희는 보습을 쳐서 칼을 만들지어다 낫을 쳐서 창을 만들지어다 약한 자도 이르기를 나는 강하다 할지어다(욜 3:9-10).

상술한 여러 성경 구절 모두 남북 관계 개선에 영감을 주는 성경적 해법이라고 볼 수 있다. 우리 기독교인들은 남북 관계의 정상화를 위해 성경말씀을 머릿돌로 삼고 행동해야 할 것이다. 북한 기독교의 밝은 미래가 하루빨리 도래하기를 하나님의 말씀으로 지혜를 모아 기도해야 한다.

남북 관계 변화 시나리오와
북한 기독교의 미래

　남북 관계의 변화가 북한 기독교에 미치는 영향은 간과할 수 없다. 그동안 남북 관계가 악화되면 남북한 기독교인들의 교류가 차단되고 반대로 남북 관계가 개선되면 기독교인들의 교류가 활성화되고 북한 교회도 활발하게 움직이는 모습을 보여온 것이 사실이다.

　그동안 남북 관계를 살펴보면 1972년 〈7·4 남북공동성명〉, 2000년 〈6·15 남북공동선언〉, 2007년 〈10·4 선언〉, 2018년 〈판문점선언〉과 〈평양공동선언〉이라는 선언을 채택하고 2018년 평창 동계올림픽에 개회식 공동 입장 등 해빙기도 있었다. 그러나 기본적으로 핵문제가 남북 관계를 가로막는 요인이었고 2008년 금강산 관광객 피격 사건, 2010년 천안함 폭침 사건, 연평도 포격 사건, 금강산 지구 내 남한 측 자산 몰수 등으로 남북 관계가 악화되었으며, 2020년 남북공동연락사무소 폭파 등으로 남북 관계는 최악의 상황이 되었다. 특히 트럼프와 김정은 간에 2018년 6월 싱가포르에서 열린 정상회담이 핵문제 등에 합의를 끌어내는 듯했으나 2019년 2월 하노이에서 개최된 정상회담에서 합의에 실패하고, 2019년 6월 판문점에서 정상회담이 있었지만 합의를 이루지 못했다.

　1970년대부터 2022년까지 남북한 간에 667차례의 남북회담이 분야별로 있었다. 총 667회의 남북회담 중 분야별로 보면 정치 261회

39.1%, 군사 53회7.9%, 경제 135회20.2%, 인도적 분야 156회23.4%, 사회문화 62회9.3%였다. 그러나 〈7·4 남북공동성명〉이 발표된 이후 거의 50년이 지난 현재 남북 관계는 꽉 막혀 있다고 할 수 있다.

〈표 50〉 분야별 남북회담(1971~2022년, 단위: 회)

구분	'71~'01	'02	'03	'04	'05	'06	'07	'08	'09	'10	'11	'12	'13	'14	'15	'16	'17	'18	'19~'22	계
정치	197	4	5	2	10	5	13	-	-	-	-	-	1	2	3	-	-	19	-	261
군사	6	9	6	5	3	4	11	2	-	1	1	-	-	1	-	-	-	4	-	53
경제	11	14	17	13	11	8	21	3	4	3	-	-	22	3	1	-	-	4	-	135
인도	122	3	7	2	4	3	4	-	2	4	-	-	1	1	1	-	-	2	-	156
사회문화	34	2	1	1	6	3	6	1	-	-	-	-	-	1	-	-	-	7	-	62
합계	370	32	36	23	34	23	55	6	6	8	1	-	24	8	5	-	-	36	-	667

출처: 『2023 통일문제 이해』.

북한 기독교의 긍정적인 미래를 위해서는 남한의 기독교인들과 북한의 기독교인들과의 밀접한 교류가 이루어져야 한다. 또한 북한 기독교에 미치는 남한 기독교계의 태도도 아주 중요하다. 사실 그동안 남한 기독교계는 진보와 보수 진영으로 나뉘어져 통일과 남북 관계에 대해 서로 다른 입장을 보여왔고 지금도 이러한 논란은 지속되고 있다.

한국기독교교회협의회는 1988년 2월 "민족의 통일과 평화에 대한 한국기독교회 선언"88선언을 발표하였다. 여기서 발표된 남북 관계와 관련된 내용은 남북분단은 죄의 열매이며 반공이데올로기를 종교적 신념처럼 우상화하여 북한 동포들을 저주하기까지 한다고 지적하고 이념을 초월하여야 한다고 보았다. 이것은 진보주의적 관점이었다. 이에 대해 보수주의적 입장을 가진 한국기독교총연합회가 만들어지고 1996년 "한국 교회 통일 정책 선언문"을 발표하였다. 진보주의적 관점을 비판하고 통일을 폭력이 아닌 평화적인 방법으로 이루어져야 한다고 강조하며 북한은 기본권을 보장하고 남한은 북한을 지원한다는 것이었다. 진보 진영이 1995년을 한반도 통일의 희년으로 선포한 반면 보수 진영은 1990년대 중반에 통일이 임박했다고 보고 북한 교회 재건을 주장하였다.[10] 1990년대 중반 보수 진영이나 진보 진영의 교회들은 1980년대와 다른 양상의 통일운동을 보이기 시작하였고 '남북나눔운동'에 참여하였다. 보수 진영 교회도 1980년대의 방송선교와 성경책 보내기 등의 북한 복음화에 주력했다면 1990년대에는 대북 지원 등으로 다변화되었다. 이렇게 진보 진영과 보수 진영의 교회들이 서로 연합하게 된 것은 동구권의 변화에 따른 상황 변화 때문이었다. 2000년대에도 보수주의 교회를 중심으로 빵 공장 건립 등을 지원하였다.[11] 그러나 1990년대 중반 통일은 오지 않았고 2000년대도 조그련 등과의 교류와 대북 지원 등이 이루어졌으나 2010년대 이후 남북 관계가 롤러코스터처럼 우여곡절을 계속해 결국 어디로 튈지 모르는 럭비공이 되어 버렸다. 현재 2020년대에는 남북 관계가 거의 단절된 상태다.

이러한 상황에서 기독교인들이 어떤 역할을 해야 할지 새삼 돌이켜 봐야 할 것이다. 남북 관계와 관련하여 통일문제 전문가인 허문영 박사는 북한에 대해 목자적 입장을 취해야 한다는 이야기를 한 적이 있다. 허문영 박사에 따르면 북한 정권의 외교를 보면 김일성은 체제 확장의 '여우 Fox' 외교, 과도기에는 체제수호의 '고슴도치 Porcupine' 외교를 추진하였고 김정일은 체제 도약의 '비둘기 Dove' 외교로 발전하거나 또는 체제 강화의 '전갈 Scorpion' 외교로 몰락할 것이라는 이야기를 한 적이 있다. 그러면서 남한은 '목자 Pastor' 외교를 해

---

10) 박명수 2009, pp.120-135.
11) 전준봉 2016, pp.70-79.

야 한다고 주장한 바 있다.[12] 따라서 정부 차원에서 북한에 대해 목자적 입장에서 북한을 바라보는 것이 필요할 것이다. 정부는 교회 등 민간단체들이 북한 기독교 단체 등과 교류를 가질 수 있도록 민간단체에 대해서도 목자적 입장을 취하는 것이 바람직할 것이다. 기독교인들 역시 '목자'적 입장에서 북한 기독교의 발전이 이루어지고 북한에 기독교가 기반이 되어 복음 통일이 이루어지기를 노력하고 간절히 기도해야 할 것이다. '목자'적 입장에서 남북한 각계각층의 민간교류는 꼭 이루어져야 할 뿐만 아니라 그것도 활발하게 이루어지는 것이 바람직하다.

민간교류는 정치 군사적인 통일이 바로 이루어지기 어려운 상황에서 각 분야의 교류가 이루어지게 되면 사회문화적 또는 경제적 기능적인 통합이 이루어지고 이것이 정치 군사적인 영역으로 넘쳐흐를 수 있다는 파급효과 spill-over effect를 말하는 것이다. 비록 통합이 이루어지지 않더라도 정치 군사적인 긴장이나 충돌을 완화시켜 줄 수 있을 것이다. 역사신학자인 전준봉은 한국교회의 역할과 관련하여 민간교류는 계속되어야 한다고 주장하였다. 민간단체가 유사시 긴장을 완화시킬 수 있다는 차원에서다.

> 정부 차원에서의 대화가 막혔을지라도 교회를 비롯한 민간 차원의 대화는 허락하여 유사시 이를 활용할 수 있는 아량과 지혜가 필요함에도 불구하고 민간 차원의 대화를 막아버리는 것은 유사시 긴장을 완화시킬 수 있는 완충 작용 기능이 상실되었다는 점에서 위험하다고 할 수 있다.[13]

이러한 긴장 완화를 위한 노력은 요즘 더욱 절실할 것으로 보인

---

12) 허문영 2001.
13) 전준봉 2016, p.81.

다. 언론 보도에 따르면 김정은은 2023년 12월 30일 당 중앙위 제8기 제9차 전원회의에서 "북남관계는 더 이상 동족관계, 동질관계가 아닌 적대적인 두 국가 관계, 전쟁 중에 있는 두 교전국 관계로 완전히 고착됐다"라고 밝혔다. 아울러 "'전쟁'이라는 말은 우리에게 추상적인 개념이 아니라 현실적인 실체로 다가오고 있다"라고 강조했다.[14]

민간단체의 교류는 남북한 간에 긴장을 해소하고 복음 통일의 가능성을 높여준다고 볼 수 있다. 복음 통일을 주장하는 한안석 박사는 복음 통일에 여야가 없고 계층을 초월해야 한다고 말하고 있다.

> 한국교회는 민족 화해의 역할을 담당해야 한다. 한민족의 복음 평화통일 문제는 진보와 보수, 여당과 야당, 계층을 초월하여 더불어 온 국민이 힘을 모아 추진해야 할 숙원사업이요 마지막 지상과제인 것이다.[15]

북한 기독교의 미래에 가장 큰 영향을 미치는 것은 남북 관계의 변화일 것이다. 남북 관계는 때로는 우호적이었다가 때로는 대결 구도로 이어지는 롤러코스터처럼 종잡을 수 없다. 남북 관계가 럭비공처럼 어디로 튈지 예측 불가능한 상황이 지속되고는 있지만 이전에도 그래왔듯이 북한 기독교의 미래는 하나님의 지혜와 전능하신 능력으로 하나님의 섭리 가운데 동틀 무렵의 어두움에 불과할 것이며 결국 북한 기독교는 태양을 맞이할 것이다.

---

14) https://www.yna.co.kr/view/AKR20231231006452504?input=1195m.
15) 한안석 2020, p.302.

북한의 개혁 개방 시나리오와
북한 기독교의 미래

세계적인 흐름을 볼 때 북한은 내부적으로 개혁과 개방하기를 기대해 본다. 북한 체제가 개혁하지 않고 계속 스탈린적 체제를 고집하게 되면 북한 주민들은 고난의 행군을 계속할 수밖에 없을 것이며 이는 북한 체제의 파멸을 불러올 것이다. 북한 내부에서 개혁과 개방의 바람이 불어 개혁을 추진하게 되면 북한은 어떤 변화를 보일 것인가? 이에 따른 북한 기독교는 어떤 모습일까? 북한 정권의 개혁 시나리오에 따른 기독교의 미래를 살펴보자.

그동안 북한도 나름대로 변화를 시도하긴 했다. 북한은 경제적으로 2004년 포전담당제를 시범 실시하려 했고 2013년 분조관리제 안에서 포전담당책임제를 실시하고 2014년 사회주의 기업책임관리제를 통해 자율성을 인정하고 인센티브를 도입하였다. 계획경제를 중심으로 일부 시장경제를 허용하는 이원적 구조를 가지고 있다.[16] 김정일의 2001년 7·1조치 이후 김정은 시대 '우리식 경제관리방법'에 이르기까지 북한은 나름대로 변화를 시도하고 있다. 자유화, 사유화 및 법률 제도적 정책변화를 보면 아직 급속한 개혁은 아니지만 조금씩 변화하고 있다는 것을 볼 수 있다.

---

16) 『2023 북한 이해』, pp.17-19.

〈표 51〉 북한의 자유화, 사유화 및 법률·제도 개혁 관련 정책 변화

부문		김정일 시대		김정은 시대
		7·1 조치(2001년)	후속 조치	우리식 경제 관리 방법
자유화 관련 정책 변화	계획 시스템 해체	- 중앙계획대상 축소 - 하부 단위에 세부 계획 위임 - 배급제 폐지	- 물량지표 축소, 금액지표 확대 - 기업 자체 계획지표 확대 - 국가배급제 부활 시도(2005) - 인민경제계획법 개정(2010)	- 사회주의 기업 책임관리제 도입 - 독립채산제 및 경영 분권화 조치 확대
	가격 자유화	- 국정가격의 현실화 - 변동 국정가격제 시행 - 성과임금제 도입	- 시장가격, 국가지도 가격 등 가격 제정 방식 다양화 - 시장 통제(2006) - 화폐개혁: 시장가격 철폐 시도(2009)	- 사회주의 물자교류 시장을 통한 기업 간 시장가격 기준 거래 허용 - 임금 인상 조치
	무역 자유화	- 무역 관리체제 분권화 - 기업의 수출입권 부분 허용	- 신의주·금강산·개성특구 지정(2002) - 황금평·위화도특구(2011)	- 경제개발구법 제정 - 기업에 대한 무역 및 합영·합작권 부여
사유화 관련 정책 변화	농업 개혁	- 곡물수매가 인상(50배) - 국가수매량 축소 - 농장의 경영 자율성 확대 - 토지사용료 신설	- 분조관리제 시범 실시(2004) - 기업소 부업농제(2004) - 국가양곡전매제(2005)	- 분조관리제 시범 실시 및 확대 - 포전담당제 도입
	국유 기업 사유화	- 독립채산제 본격 실시 - 지배인 권한 강화 - 경영 자율성 확대	- 공장·기업소 운영 개선안 시행(2004) - 개선안 철회(2005) - 기업소법 제정(2010)	- 초과생산물에 대한 기업의 처분 권한 강화 - 기업 유보 이익의 활용 자율성 확대
	사적 경제 활동	- 국영상점 임대	- 종합시장 개설(2003) - 소규모 자영업 허용(2003) - 소규모 자영업 통제(2006)	- 개인이 상점, 식당, 운송 등의 분야에 투자하여 경영 가능
법률·제도 개혁 관련 정책 변화	시장 경제 법제 구축	- 외국인투자기업 파산법 제정(2000) - 개성공업지구법·금강산관광지구법 제정(2000)	- 사회주의적 생산관계 강조(2010년 개정 헌법) - 합영법, 외국인투자법 등 개정(2011)	- 경제개발구법 제정(2013)
	재정 개혁	- 지방정부의 재정 분권화 추진 - 국가기업이득금 도입	- 회계법 제정(2003) - 인민생활공채 발행(2003) - 시장사용료(2003), 부동산사용료 도입(2005)	- 개인소득세 부활 움직(2016)
	금융 개혁	- 환율 현실화(70배 인상)	- 중앙은행법 제정(2004) - 상업은행법 제정(2006)	- 협동화폐제 도입(2013) - 기업소 자체의 현금계좌 및 외화계좌 개설 허용

출처: 이해정 외(2016).

현재 이러한 조처들이 북한 전반적으로 개혁과 개방으로 이어지지 못하고 있지만 언젠가 개혁과 개방으로 이어지게 되면 적어도 중국의 개혁이나 베트남의 도이모이에서 보여준 것처럼 GDP가 급속하게 증가할 가능성이 있다. 중국과 베트남과 비교하면 북한의 개혁

〈표 52〉 개혁 관련 중국, 베트남, 북한의 변화 진전도 비교

부문		중국	베트남	북한
자유화 관련 정책 변화	계획 시스템 해체	- 탈계획화, 계획분권화 - 사회주의시장경제(2004년 개정헌법 제 15조)	- 계획지표 폐지 - 사회주의를 지향하는 시장경제질서(2001년 헌법 제15조)	- 중앙계획대상 축소 - 사회주의적 생산관계와 자립적 민족경제 강조 (2010년 헌법 제19조)
	가격 자유화	- 점진적 가격 자유화 - 식량배급제 폐지(1993년)	- 급진적 가격 자유화 - 식량배급제 폐지(1989년)	- 시장가격, 국가지도 가격, 합의제가격 등 다양화 시도
	무역 자유화	- 무역 분권화 완료 - WTO 가입(2001년)	- 무역 분권화 - WTO 가입(2007년)	- 무역관리체계의 분권화 - 특구 개발 추진
사유화 관련 정책 변화	농업 개혁	- 농가생산도급책임제 - 토지사용권 인정, 농지 매매 불가	- 농가계약제 - 토지사용권 인정, 농지 매매 불가	- 분조관리제 시범 실시 - 토지사용권 불인정
	국유기업 사유화	- 국유기업 경영도급제 - 대규모 국유기업의 주식회사화 - 파산법(1986년), 회사법(1993년) 제정	- 국유기업 보조금 철폐(1989년) - 주식회사화 추진 - 회사법(1990년), 파산법(1993년) 제정	- 독립채산제 강화 - 일부 이윤유보 허용 - 계획외 생산물 시장 판매 허용
	사적 경제 활동	- 사영기업의 성장 - 주택 소유 인정(1998년) - 토지 소유 불인정	- 사영기업의 발달 - 주택 소유 인정(2005년) - 토지 소유 불인정	- 일부 서비스, 유통 부문 개인영업 허용
법률·제도 개혁 관련 정책 변화	시장 경제 법제 구축	- 민법 제정(1986년) - 사유재산 불가침 명문화 (2004년 개정헌법) - 외국인 투자 개방 영역 대폭 확대	- 생산수단 사적 소유 인정(1992년 헌법) - 민법 제정(1995년) - 외국인 투자 대상 범위 확대	- 민법 제정(1990년) - 외국인 투자 관련 법제 정비
	재정 개혁	- 부가가치세 도입, 기업 소득세, 개인소득세법 제정(1994년) - 내외자 통일 기업소득 세법 제정(2007년)	- 개인소득세법 제정(1991년), 부가가치 세법 제정, 기업소득 세 도입(1997년) - 내외국회사 동일세율(2004년)	- 국가기업이득금, 시장사용료, 부동산사용료 등 부과 - 외국기업 및 외국인에 대한 세금 부과
	금융 개혁	- 은행 이원화(1984년) - 외환유보 및 이중환율제도 폐지→관리변동환율제도 도입(1994년) - 경상계정 자유태환(1996년)	- 은행 이원화(1988년) - 관리변동환율제도 도입(1999년) - 경상거래 자유태환(2005년)	- 상업은행법 제정(2006년)

출처: 이해정 외(2016).

은 아직 첫걸음마 단계라고 할 수 있다.

북한 내에서 개혁이 느리게나마 시작되고 있지만 북한은 핵문제 등으로 인한 유엔안보리의 대북 제재로 대외 개방이 어려운 데다가 개혁 개방을 뒷받침할 만한 논리적인 논의들이 이뤄지지 못하고 있어 당분간 활발한 개혁은 어려울 것으로 보인다.

앞서 지적했듯이 김일성이 1955년 "밥을 먹는데 바른 손으로 먹든 왼손으로 먹든 또는 숟가락으로 먹든 젓가락으로 먹든 상관할 바가 아닙니다"라고 한 이러한 논리는 중국의 덩샤오핑이 말했던 검은 고양이든, 하얀 고양이든 쥐만 잘 잡으면 된다는 '흑묘백묘黑猫白猫' 논리와 비슷한 논리이다. 물론 김일성이 말할 당시는 냉전이 시작이었던 때였던 데 반해 덩샤오핑이 말한 시기는 세계적으로 냉전이 퇴조할 때 한 말로 김일성의 이러한 언급이 개혁 개방에 적용되기는 어려웠다고 볼 수 있다. 그러나 1960년대에는 개혁이 불가능했다 하더라도 1980년대 이후 다른 사회주의국가에서처럼 맑스의 소외론 등을 이용하지 않더라도 김일성의 이 말을 인용하여 개혁 개방을 추진할 수 있었음에도 불구하고 북한의 제2, 제3 세습권력자들은 스탈린적 실패한 유토피아를 계속 꿈꾸고 있다고 볼 수 있다. 북한은 유연한 실용적인 노선을 채택하지 않고 지금까지도 경직적인 스탈린적 체제를 유지 고수함으로써 인민들은 배고픔을 피할 수 없게 된 것이다. 스탈린적 체제는 기본적으로 경공업보다는 중공업을 우선시하고 농업에서도 개인이나 가족의 이니셔티브를 인정하지 않고 집단농장 등을 위주로 하기 때문에 생산력 발전을 가져오지 못하는 한계를 가지고 있다. 개방보다는 자력갱생, 경공업보다는 중공업 중시 등을 주장하는 우를 범하고 있는 것이다. '자립적 민족경제를 건설하기 위해서는 경제건설에서 자력갱생의 원칙을 견지'해야 하고 '자립경제를 건설하자면 중공업을 우선적으로 발전'시켜야 한다는 논리가 계속 이어지고 있는 것이다.[17]

물론 북한은 과학기술에 치중하고 있고 경제·핵 병진정책을 추

---

17) 김정일 1982, pp.46-47.

구하면서 첨단 군사기술, 미사일, 위성 등에 관심을 가지고 투자하고 있다. 이는 군수용 첨단기술을 민수용으로 전환하여 경제를 발전시키는 스핀오프spin-off 전략을 1990년대 후반부터 추진하여 왔고 2017년부터는 국방과학과 일상적 과학기술 간의 칸막이가 사라졌고, 2019년에 들어서면서 '과학기술을 중심으로 한 경제발전 전략, 특히 군수 부문에서 보유하고 있던 첨단 과학기술을 민수로 적극 전환하여 기술혁신을 일으키는 전략'을 강화하고 있다고 볼 수 있다.[18]

> 현재 인류 문명에서 '과학기술'은 거의 절대적인 것이 되어가고 있다. '자연에 대한 체계적인 지식'이라는 추상적인 수준을 넘어, 경제 활동에서 핵심 요소가 되었고, 일상생활을 근본적으로 바꾸는 힘을 지니게 되었다. 그런 만큼 대부분의 나라에서는 과학기술을 중심에 놓고 정책과 미래 비전을 마련하고 있다. 북한도 역시 마찬가지다. 경제의 효율성을 위해, 또 군사력의 우위를 확보하기 위해 과학기술을 중시한다. 그런데 북한과 과학기술을 연결시키는 것에 대해 낯설어하는 것을 넘어, 의아해하는 사람들이 많다. 아마 북한은 시대에 뒤떨어진 곳이라는 인식을 갖고 있기 때문일 것이다. 일종의 '북맹(北盲)'현상이라 할 수 있다.[19]

중국이나 베트남에서처럼 농업 등의 분야를 시작으로 해서 개혁을 추진하는 방식이 아니라 첨단과학을 중심으로 변화를 추구하려는 북한의 전략이 사회 전반에 개혁을 가져올지는 미지수이지만 북한 지도부가 추진하는 자유화 및 사유화 조처들은 개혁의 방향으로 가고 있는 것으로 평가하기는 너무 빠르다고 생각할 수 있다.

북한에도 내부적으로는 개혁을 하려는 시도가 이루어지고 있어 이러한 개혁이 일어나게 되면 현재의 사회주의국가인 중국이나 베트남과 같은 변화를 보이게 될 것이다. 북한의 변화는 대체로 중국

---

18) 강호제 2019, pp.33-35.
19) 강호제 2019, p.32.

이나 베트남식으로 개혁 개방에 나서는 시나리오가 가능하다. 물론 그렇게 되면 '붉은 자본주의'로 나갈 가능성이 높다. 따라서 여기서는 북한이 개혁 개방을 하게 될 것인가의 내용보다는 중국이나 베트남에서의 개혁에 따라 기독교가 이들 국가에서 어떻게 변화되었나를 살펴보고자 한다.

지난 50년간 중국과 베트남 등 여전히 사회주의를 고수하고 있는 국가들에서 변화가 일어났다. 중공이 정권을 잡던 1949년 중국의 기독교인은 350만 명 즉, 인구의 0.5%였다. 문화대혁명 시기 기독교는 무자비한 탄압에 시달렸지만 개혁 개방 이후 1980년대 초에는 6,600만 명 즉, 인구의 5%로 증가하였다.[20] 베트남의 경우 1975년 사회주의로 통일되면서 종교가 탄압받자 작은 종교 집단들로 명맥을 유지해 왔으며 도이머이 정책 이후 다양한 종교들이 나타났다.

종교데이터아카이브협회ARDA에 따르면 2020년의 경우 크리스천이 자국 전체 인구에서 차지하는 비율은 중국은 7.37%, 베트남 9.17%였다. 여전히 사회주의를 고수하고 있는 중국과 베트남에서도 기독교가 서서히 움트고 있는 것이다. 비록 북한은 북한식 사회주의주체사상를 고수하고 있다는 점에서 중국이나 베트남식 사회주의와는 다르다. 그러나 장마당과 같은 내부요인이든 외부요인이든 개혁 개방이 이루어진다면 중국이나 베트남과 마찬가지로 복음의 씨앗이 발아할 미래를 예측해 본다.

물론 중국과 북한의 다른 점도 살펴볼 필요가 있다. 역사적으로 중국에서는 자유주의 크리스천들도 부패한 국민당에 실망하여 신중국을 건설하려는 공산주의자들을 지지하였다.[21] 반면에 북한에서

---

20) Marsh 2011, p.185.
21) Duan 2023, p.172.

는 강량욱 등 좌파 기독교인들은 김일성 정권을 지지한데 반해 자유주의 기독교인들은 북한 공산정권을 반대했다. 1949년 중국에 약 100만 명의 기독교新教 신자들이 있었다. 당시 크리스천 지도자들은 1950년 7월 28일 이른바 〈3자선언三自宣言〉 즉 자치自治, 자양自養, 자전自傳을 내세워 명맥을 유지하였다. 그러나 1958년 공산당 지배 9년이 지나면서 거의 모든 교회들이 문을 닫았으며 문화대혁명으로 더욱 심각한 박해를 받게 된다. 저장성의 핑양平陽은 모든 종교가 제거된 무신론자의 모델 지역model atheist district으로 선정되기도 하였다.[22] 4인방이 제거되고 덩샤오핑이 등장하면서 과거의 정책들이 비판받았으며 개혁 개방으로 기독교인들이 증가하였다.

1978년 신교 교회들이 열리고 1982년 3월 31일 중공 중앙은 〈중공중앙문건 19호〉로 알려진 〈국가의 사회주의 시기 종교 문제의 기본 관점과 기본정책에 관하여关于我国社会主义时期宗教问题的基本观点和基本政策〉를 발표하였다. 이 문건에서 맑스-레닌주의는 연속되었으나 종교가 '아편'이라는 문구는 삭제되었다.[23] 이렇게 되어 1980년대 프로테스탄트 신자가 급속하게 증가하게 된다. 1990년경에 약 6,000개의 교회가 설립되고 약 15,000개 회중 장소registered meeting points가 등록되었다.[24]

중국에서는 프로테스탄트 신자가 1950년대 초 70만 명에서 1995년 1,000만 명으로 증가했고 1980년대 몇몇 지방에서는 크리스천이 지방인구 중에서 차지하는 비율이 1~2%였다.

---

22) Hunter and Chan 1993, p.1.
23) Bays 2012, p.190.
24) Hunter and Chan 1993, p.3.

<표 53> 중국의 5대 종교 공식 통계

구분 \ 연도	가톨릭 신자 (백만 명)	신교 신자 (백만 명)	이슬람교 신자 (백만 명)	불교 신자	도교 신자 (백만 명)
1950년대 초	2.7	0.7	8.0	수천만 명	
1956	3.0	0.8			10.0
1982	3.0	3.0	10.0		
1991	3.5	4.5	17.0		
1995	4.0	10.0	18.0		

구분 \ 연도	성직자 (명)	성직자 (명)	성직자 (명)	승려, 비구 (명)	승려, 비구니 (명)
1982	3,400	5,900	20,000	27,000	2,600
1995	4,300	18,000	40,000	200,000	25,700

구분 \ 연도	성당과 회중 장소(개)	교회와 회중 장소(개)	모스크 (개)	불교사원 (개)	도교사원 (개)
1995	4,377	37,000	36,200	13,000	1,557

출처: Yang(2007).

2004년 중국 베이징대학이 실시한 중국사회가치관조사 中国社会价值观调查에서 18세 이상 3,267명의 응답자를 분석한 바에 따르면 종교를 믿는다고 응답한 사람이 11.4%였고 믿지 않는다고 응답한 사람이 88.6%였다. 모든 응답자 중 2.5%가 프로테스탄트를 믿었고 0.5%가 가톨릭 신자였다.[25] 2007년 중국공산당은 70여 개의 새로운 종교집단이 생겨났으며 1986년 이래 특히 1990년대에 전국적으로 새로운 종교집단들이 나타났다고 보고하였다.[26]

베트남에서는 어땠는지 살펴보자. 1975년 공산당에 의해 통일되면서 1986년까지 종교는 통제를 받았다.[27] 베트남에서는 1986년 도이머이 정책이 도입된 이후 종교가 다시 부흥하고 있다. 특히 경제적으로 1인당 GDP가 1995년 289달러, 2008년 1,024달러, 2016

---

25) Lu et al. 2008, pp.53-55.
26) Hoang 2017, p.3.
27) Hoang 2017, pp.40-41.

년 2,100달러로 급속하게 증가세를 보이면서 종교에 대해서도 통제가 느슨해졌다. 1986년 세 개의 종교만이 공식적으로 인정되었다. 1999년에는 인구의 19.4%에 달하는 1,470만 명이 종교 신자였다. 이들 중에는 불교 700만 명, 가톨릭 약 500만 명, 카오다이즘 Caodaism 약 85만 명, 호아하오 불교 Hòa Hảo Buddhism 약 1백만 명, 프로테스탄트 40만 명, 무슬림 6,300명이었다. 2014년 약 90%의 인구가 종교를 가지고 있다고 추정되기도 한다.[28]

그 후 종교적 공간 religious sphere이 넓어졌지만 문제가 없는 것은 아니었다. 신흥종교운동이 일어나면서 기존 종교들은 이들이 자신들의 종교적 자원들을 빼앗아 가고 있다고 불만을 토로하게 된다. 2013년 거의 40여 개의 공식 단체가 있었으며 이들은 13개의 공인된 종교에 소속된 조직들이었다. 프로테스탄트만 해도 9개 복음단체가 공인되었다. 2014년 복음 단체가 50개에 달하였다.[29] 베트남 정부는 1990년 "현 상황에서의 종교 문제에 관하여"라는 정치국의 결정을 통과시켰다. 이 결정은 "믿음과 종교는 국민에게 영적으로 필요한 것이다. 종교의 도덕적 가치는 새로운 사회 건설과 양립될 수 있는 많은 특성을 가지고 있다"라고 하였다.[30] 믿음과 종교가 허용되었지만 현재 신흥종교라는 이름으로 민속신앙이 자리 잡기도 하지만 사이비 종교가 나타나거나 미신 등 샤머니즘이 판칠 수 있다는 우려도 없지 않다.

중국이나 베트남에서 개혁 개방이 이루어지고 있지만 여전히 사회주의 체제를 고수하고 있어 '강제적 세속화'에서 완전히 벗어나지

---

28) Hoang 2017, p.7. 호아하오불교나 카오다이즘은 1920~1930년대 반서구적인 것을 주장하던 민속종교였다.
29) Hoang 2017, p.150.
30) Hoang 2017, p.154.

못하고 있다. 북한에 개혁 개방의 열풍이 일어나고 소득이 높아지게 되면 종교를 탄압하고 통제하더라도 점차 종교에 대한 적대적 입장에서 포용적 입장으로 변할 것이며 기독교에 대한 종교적 열풍이 중국이나 베트남처럼 불어닥칠 것으로 예상된다.

북한의 탈사회주의 시나리오와
북한 기독교의 미래

북한이 단순한 개혁 개방을 넘어 사회주의 체제에서 탈사회주의적인 권위주의 체제로 전환될 가능성이 있음을 대비해야 한다. 이는 러시아나 동구권에서처럼 사회주의가 붕괴되고 권위주의 체제로 가는 체제전환transition 시나리오에 해당한다. 물론 북한은 이들 국가들의 상황과 같지는 않겠지만 이들 국가들의 변화를 보면 어느 정도 북한의 현재를 파악하고 미래 상황을 예측해 볼 수 있을 것이다.

볼셰비키 혁명 전 소련에는 48,000개의 러시아정교회 성당이 있었다. 스탈린이 정권을 잡은 후 토지와 재산이 몰수당했으며 1930년부터 '반종교 카니발anti-religious carnival'이 자행되어 교회에 난입해 기물을 파괴하고 성당 물품을 도둑질했다. 신자 모임, 성경공부를 금지하는 조처들이 취해졌으며[31] 학교 선생의 50%가 성직자의 자녀들이었고 모든 교사의 30~40%는 종교 신자인데 이들은 무신론을 가르쳐야 했다.[32] 그나마 소련에서 페레스트로이카가 시행되면서부터 신을 믿는 사람들의 숫자가 증가하기 시작하여 1991년 34%, 1993년 46%, 1996년 47%로 증가했다.[33] 물론 과거의 동구권에서도 국가마

---

31) Marsh 2011, pp.60-61.
32) Marsh 2011, p.67.
33) Marsh 2011, p.119.

다 차이는 있다. 중동부 유럽에서의 탈사회주의는 서구와 유사한 민주주의 체제로 변화했지만 러시아나 중앙아시아의 탈사회주의국가들은 실질적으로 권위주의적 독재체제와 유사하다.[34] 경제적으로는 동구권 국가들이 전반적으로 경기 침체를 겪었다. 중국과 베트남은 지속적으로 1인당 GDP가 증가한 데 반해 대부분 국가들은 상당히 오랫동안 경제 침체를 겪었다. 1989년은 대체로 사회주의가 몰락한 때인데 이 시기 1인당 GDP를 100으로 했을 때 2010년에 사회주의 몰락 때의 수준을 회복한 국가가 있는 반면 회복하지 못한 국가들도 있다. 이에 반해 중국이나 베트남은 각각 6배, 3배 이상 증가하였다.

〈표 54〉 체제 전환 국가들의 1인당 GDP(1989~2010년, 1989년을 100으로 했을 때)

국가	1989	1990	1995	2000	2005	2010
라트비아	100	92.2	56.4	77.8	118.9	118.1
러시아	100	96.6	60.1	65.9	90.7	108.5
루마니아	100	94.2	86.6	82.1	112.3	131.1
몰도바	100	97.2	39.2	35.2	50.1	59.2
불가리아	100	92.5	84.1	87.5	120.6	141.2
슬로바키아	100	96.9	82.6	97.2	123.5	153.9
알바니아	100	89.5	82.4	109.8	139.7	175.3
에스토니아	100	92.9	71.6	100.7	151.5	151.6
우즈베키스탄	100	99.2	72.4	80.9	99.2	138.1
우크라이나	100	93.4	45.2	42.8	64.7	69.9
조지아	100	85.2	24.4	34.7	50.1	63.2
키르기스스탄	100	104.5	51	62.4	71.3	83.1
타지키스탄	100	96.9	33.8	31.7	49.1	63.5
투르크메니스탄	100	98.1	53.5	60.8	124.6	194.1
헝가리	100	97.5	86.9	101.6	126.2	126
중국	100	102.3	171.8	247.9	382.4	633.5
베트남	100	103.1	140.3	182	246.3	327.7
몽골	100	94.9	78.6	86.1	111.5	141.1

출처: Kumo(2020).

이러한 변화를 겪은 후기 공산주의 유럽의 경우 프로테스탄트 국가에서 더 세속화가 나타나고 있으며 가톨릭과 프로테스탄트의 혼

---

34) 김의혁 2022, p.42.

합국가, 동질적인 가톨릭 국가에서도 정도는 다르지만 세속화가 나타나고 있다. 반대로 정교의 모든 국가 즉, 루마니아, 불가리아, 러시아에서는 종교가 다시 강하게 활력을 찾고 있다. 리투아니아, 폴란드, 크로아티아와 같은 가톨릭 국가에서는 주변 지역에서 국가 형성nation-building이 가능했던 것은 제국주의에 대항하는 가톨릭의 활력 강화 덕분이었다. 따라서 공산주의 시기에는 공산주의에 대항해서 활력을 불어넣었던 것과 마찬가지로 공산주의가 물러난 시기에도 높은 활력을 보여주고 있다.[35]

탈사회주의가 어느 정도 진행된 1998년 동구권의 종교를 보면 신에 대한 믿음이 낮은 국가는 동독, 체코였다. 동독은 프로테스탄트가 25%인 국가이며 체코는 가톨릭이 54%인 국가였다. 신에 대한 믿음이 높은 국가는 폴란드, 크로아티아 등이었다. 이들 국가는 가톨릭 국가였다. 정교 국가인 루마니아, 불가리아는 신에 대한 믿음이 각각 75%, 60%였다.

프로테스탄트 국가들에서 세속화는 동독에서 높고 에스토니아 순이었다. 가톨릭 국가로서 프로테스탄트가 소수인 슬로바키아, 헝가리, 슬로베니아와 같은 국가에서는 세속화가 중간 정도였다. 반대로 가톨릭 국가로서 아주 동질적인 종교를 가진 폴란드, 크로아티아와 같은 국가들은 종교적 활력이 아주 높고, 세속화가 아주 낮았다. 정교 국가의 세속화 정도를 보면 루마니아와 불가리아의 정교는 세속화가 중간 정도이지만 러시아는 세속화되어 있다.

동구권은 공산주의에서 '강제적 세속화'를 거쳤지만 사회주의에서 벗어나면서 전반적으로 종교적 부흥이 일어났다고 볼 수 있다.

---

35) Spohn 2012, pp.38-40.

〈표 55〉 후기 공산주의 종교적 활력/세속화(1998년)

국가	종교인(%)	교회 방문 주당 횟수(회)	신에 대한 믿음(%)	종교 구조(%)		
동독	36	4	25	p25	c5	a51
에스토니아	25	11	51	p54	o41	
라트비아	59	15	80	c33	p36	o28
리투아니아	81	32	87	c93	p3	o28
체코	34	12	39	c84	p13	a20
폴란드	96	68	97	c98		
슬로바키아	77	50	83	c83	p15	
헝가리	57	18	68	c70	p29	
크로아티아	89	53	93	c98		
슬로베니아	70	31	65	c95	p13	
루마니아	85	15	75	o87	c5	p4
불가리아	87	(12)	60	o86	m13	a19
러시아	65	5	52	a19		

출처: Spohn(2012). c: 천주교, p: 기독교, o: 정교, m: 이슬람교, a: 무신론자.

북한에 탈사회주의 과정이 돌아오기를 간절히 기도한다. 만일 북한 땅에 탈사회주의 과정의 바람이 불어온다면 동방의 예루살렘이 평양에서 재현될 수 있을 것이라 생각한다. 우리 기독교인들은 북한 동포가 변화되기를 포기하지 말고 기도해야 한다. 따라서 복음적 평화통일 준비를 지속적으로 해야 할 것이다.

나가며

　대한민국은 전 세계에서 유일무이한 분단국가이다. 70여 년의 분단은 한민족임에도 불구하고 DMZ라는 철조망으로 가려진 지리적 차단뿐만 아니라 서로를 타문화권으로 인식할 정도로 마음의 장벽이 드려져 있다. 여기에 럭비공처럼 어디로 튈지 모르는 남북 관계, 그리고 종교의 자유가 없는 북한 사회주의 체제라는 두 개의 커다란 장애물까지 우리 앞에 덩그러니 놓여 있다.

　그래서 필자는 우리 기독교인들이 외부 조건에 휘둘리지 않고 북한 기독교의 밝은 미래를 위해 할 수 있는 역할이 무엇인지 깊은 고민을 하게 되었다. 미래를 알려면 어제와 오늘을 알아가는 것이 우선시되어야 하기 때문에 이번 기회에 북한 기독교 형성의 역사로부터 시작하여 북한에 '주체사상'이 깊이 뿌리를 내리게 된 오늘까지의 과정을 다시 한번 열심히 공부했다.

　북한 지역은 한반도에서도 가장 먼저 복음의 씨앗이 뿌려졌고 '조선의 예루살렘' 평양은 한반도 기독교의 부흥을 이끌었다. 일제의 탄압에도 당당히 맞섰고 8·15 광복 직후 한반도 교회 재건의 선봉자 역시 북한이었다. 김일성 정권의 가혹한 탄압에도 순교로 맞서 싸웠으며 꿋꿋이 그루터기로 남아 그리스도의 명맥을 이어가고 있다. 1972년 평양신학교 재건으로부터 1983년 성경의 출간, 1988년에는 봉수교회가 건립되는 획기적인 변화가 북한에서 일어났다. 그리고 동구권의 몰락과 사회주의국가들의 개혁으로 북한에서도 어느 정도 종교의 자유가 일어나기를 기대했건만 '주체사상'의 벽은 너무나 견고했다. 1990년대 식량난으로 많은 탈북민들이 발생했음에도 줄곧 종교에 대한 배타적인 원칙을 고수하고 있다. 국제기구와 남한 정부 그리고 기독교 단체의 엄청난 경제지원은 받아들이면서 종교 자유라고 대외적으로 표방하고는 있지만 기독교에 대해 고삐를 조였다 풀었다 하면서 기독교를 체제 안정에 필요한 도구로만 활용할 뿐이다. 그래도 젊은 세대인 김정은의 등장으로 북한 기독교의 활약을 기대했건만 '세계 최악의 기독교 박해자' 중의 한 명으로 해마다 이름을 올리고 있다.

그렇다면 북한 기독교의 밝은 미래를 위해 우리 기독교인들은 어떤 자세로 임해야 할 것인가? 야곱과 에서가 만난 후에 문제가 해결되었듯이 남북한의 정치적 갈등으로 교류가 막힐 때에도 보수와 진보 정권을 넘어 역사적 관점에서 NGO로서 민간교류는 끊임없이 물 흐르듯 열려야 한다. 또한, 남북한 기독교 단체와 사역자들 간의 협력이 무엇보다도 중요하다. 그러나 남북 관계가 거의 단절되어 왕래와 교류가 불가능해진 요즘 같은 상황에서 우리 기독교인들은 국제 종교단체와의 협력을 통해 이들을 매개체로 남북한 기독교인들의 종교적인 교류를 시도해야 한다. 보다 중요한 것은 선교사와 성경

둘 중 하나만 있어도 교회가 세워지게 된다는 참본의 말대로 우리는 성경의 보급과 선교사 양성에 무게를 두어야 할 것이다.

특히, 탈북민을 포함한 다양한 특수 인력의 특징에 맞는 교육 프로그램을 개발하여 이들이 마중물 역할을 할 수 있도록 선교사로 양성하는 게 급선무다. 그리고 이전과 달리 북한에서도 신흥자본층이 급부상하고 있으며 북한 주민의 약 70%가 장마당에 의존하고 있는 급변하는 북한 내부 상황을 수시로 모니터링함과 동시에 북한 주민들 다수가 무신론자거나 불신자이며 이들 또한 오랫동안 주체사상의 늪에 빠져 있었다는 객관적인 사실에 입각하여 북한을 이해하고 접근하여야 한다.

무엇보다 인도적 지원이 지속적으로 이루어지도록 노력해야 한다. 직접 지원이 어렵다면 국제기구와 제3국을 통한 방안을 모색해야 한다. 북한의 열악한 의료체계, 기아와 빈곤은 이념이 아닌 하나님의 사랑으로 접근해야 한다. 과거 김일성은 "목사들이 아무리 《하느님》을 찾아도 《하느님》은 밥 한이랑 준 일이 없고 오직 인민의 정권만이 땅을 줄 수 있었으며"라고 이야기했는데 지금은 《목사》들이 먹을 것, 입을 것, 치료 약을 주고 인민정권은 빈곤을 주고 자유를 박탈한다는 점, 하나님은 죽음의 광야에서 이스라엘인들이 생존할 수 있도록 '만나'를 내려주시었듯이 하나님은 자기의 백성 누구도 굶지 않게 한다는 것을 북한 주민들에게 인식시켜야 할 것이다. 동틀 무렵 칠흑 같은 어둠은 오래가지 못할 것이다.

오늘도 함께 예배를 드렸던 북한 주민들의 모습이 눈앞에 아른거린다. 또박또박 하나님의 말씀을 읽어내리는 그 목소리, 찬송가를 부르는 데서 오는 강렬한 전율, 그러나 이런 그들과 이제 더는 함께 할 수 없을지도 모른다는 데서 오는 무기력함. 그래서 필자는 오늘도 북한 기독교의 밝은 미래를 위해 간절하게 눈물 나는 기도를 하고 또 하고 있다. 우리는 언제면 하나가 될까? 복음 통일을 맞이하는 하나님의 은총의 시간이 속히 오기를 간절히 기도드린다.

참고문헌

강석진. 2020. 『북한교회사: 해방 이후 북한 지하교회의 역사를 쓰다』. 서울: 쿰란출판사.
강양욱. 1992. "강양욱 목사 기자회견(1972)." 김흥수 편, 『해방후 북한교회사: 연구·증언·자료』. pp.507-508. 서울: 다산글방.
강원돈. 1992. "일제하 사회주의 운동과 한국기독교: 3·1운동 이후 1930년대 중반까지." 김흥수 편, 『일제하 한국기독교와 사회주의』, pp.25-57. 서울: 한국기독교역사연구소.
강호제. 2019. "북한의 미래비전, 과학기술." 〈통일시대〉, 156: 32-35.
국사편찬위원회. 2006. 『화폐와 경제 활동의 이중주』. 서울: 두산동아.
권진관. 1992. "1920-30년대 급진주의 시대에 있어서의 민중과 교회." 김흥수 편, 『일제하 한국기독교와 사회주의』, pp.7-23. 서울: 한국기독교역사연구소.
김국후. 2008. 『평양의 소련군정』. 서울: 한울아카데미.
김기달. 1993. "해방후 북한 지역의 기독교회사 연구." 〈신학과 목회〉, 7: 27-81.
김명구. 2018. 『한국기독교사 1: 1945년까지』. 서울: 예영커뮤니케이션.
김명배. 2019. "해방 후 북한인민정권의 종교정책과 기독교계의 대응유형에 관한 연구: 1945년부터 1947년까지." 〈숭실사학〉, 42: 355-374.
김병로. 2002. 『북한 종교정책의 변화와 종교 실태』. 서울: 통일연구원.
김병로. 2011. "북한 종교인 가족의 존재 양식에 관한 고찰: 기독교를 중심으로." 〈통일정책연구〉, 20(1): 157-184.
김병로·윤현기·이원영·천지혁. 2020. 『그루터기: 북한 종교인 가족의 삶과 신앙의 궤적을 찾아서』. 서울: 박영사.
김승호. 2015. "통일 후 효과적인 북한선교를 위한 전략연구: 북한이탈주민을 통한 북한복음화 전략." 〈개혁논총〉, 36: 239-270.
김양선. 1956. 『한국기독교해방10년사』. 서울: 대한예수교장로회 총회 종교교육부.
김영석. 2003. "북한선교의 복음적 원칙과 선교전략." 〈복음과 실천신학〉, 5: 291-300.
김영호. 2015. "타문화권 선교로 접근해야 할 북한선교." 〈선교신학〉, 38: 75-112.
김은수. 2008. "한국교회 해외 선교정책." 〈한국기독교와 역사〉, 28: 5-37.
김은홍. 2006. "통일 패러다임에서의 북한선교전략: '선교로서의 비즈니스' 제안." 〈한국개혁신학〉, 20: 99-132.
김의혁. 2017. "북한이주주민을 향한 환대의 선교." 〈선교신학〉, 47: 146-173.
김의혁. 2022. "현재와 미래의 북한교회 유형과 한국교회의 과제." 〈기독교와 통일〉, 13(1): 37-70.
김일성. 1963. 『김일성 선집 1』. 평양: 조선로동당 출판사.
김일성. 1979. 『김일성 저작집 2(1946.1-1946.12)』. 평양: 조선로동당 출판사.
김일성. 1979. 『김일성 저작집 3(1947.1-1947.12)』. 동경: 조선로동당 출판사.
김일성. 1980. 『김일성 저작집 7(1952.1-1953.7)』. 평양: 조선로동당 출판사.
김일성. 1980. 『김일성 저작집 8(1953.8-1954.6)』. 평양: 조선로동당 출판사.
김일성. 1980. 『김일성 저작집 9(1954.7-1955.12)』. 평양: 조선로동당 출판사.

김일성. 1982. 『김일성 저작집 18(1964.1-1964.12)』. 평양: 조선로동당 출판사.
김일성. 1983. 『김일성 저작집 21(1967.1-1967-12)』. 평양: 조선로동당 출판사.
김일성. 1983. 『김일성 저작집 22(1968.1-1968.9)』. 평양: 조선로동당 출판사.
김일성. 1984. 『김일성 저작집 28(1983.1-1973.12)』. 평양: 조선로동당 출판사.
김일성. 1992. 『김일성 전집 2(1945.8-1945.12)』. 평양: 조선로동당 출판사.
김일성. 1992. 『세기와 더불어 1』. 평양: 조선로동당출판사.
김일성. 1992. 『세기와 더불어 2』. 평양: 조선로동당출판사.
김일성. 2010. 『김일성 전집 92(1992.1-1992.12)』. 평양: 조선로동당 출판사.
김정은. 2012. 『김정일애국주의를 구현하여 부강조국건설을 다그치자』. 평양: 조선로동당출판사.
김정일. 1982. 『주체사상에 대하여』. 평양: 조선로동당출판사.
김정일. 1997. 『김정일 선집 12(1991.8-1992.1)』. 평양: 조선로동당출판사.
김정일. 2000. 『김정일 선집 14(1995-1999)』. 평양: 조선로동당출판사.
김창준. 1992. "전조선정당사회단체 대표자 연석회의 김창준 연설문(1948)." 김흥수 편, 『해방 후 북한교회사: 연구·증언·자료』, pp.494-495. 서울: 다산글방.
김한성. 2023. "작고 가난하고 미약한 교회의 타문화권 선교." 〈선교신학〉, 69: 208-242.
김흥수. 1992. "해방 이후 북한 지역의 기독교: 1945.8~1950.6." 김흥수 편, 『해방후 북한교회사: 연구·증언·자료』, pp.13-51. 서울: 다산글방.
김흥수·류대영. 2002a. "북한 주요 종교의 현황과 남북 종교교류의 가능성에 대한 연구." 〈한국기독교와 역사〉, 16: 123-180.
김흥수·류대영. 2002b. 『북한종교의 새로운 이해』. 서울: 다산글방.
남덕우. 2015. "북한선교의 전략적 실천 방안." 〈신학과 실천〉, 43: 623-649.
남북하나재단. 2022. 『2021 북한이탈주민 사회통합조사』. 서울: 남북하나재단.
마금석. 2020. "북한의 종교관과 종교정책 변화에 관한 연구." 〈평화와 종교〉, 10: 103-127.
민경배. 1993. 『한국기독교회사』. 서울: 연세대학교 출판부.
박명수. 2009. "반공, 통일, 그리고 북한선교 : 한국기독교교회협의회(NCCK)와 한국기독교총연합회(CCK)의 비교연구." 〈성결교회와 신학〉, 21: 119-145.
박상진. 2012. "한국 초기 기독교학교의 쇠퇴에 관한 연구: 장로교계통의 소학교를 중심으로." 〈신앙과 학문〉, 17(1): 69-96.
박성범. 2011. "북한의 기독교 복음화 선교를 위한 한국교회의 역할과 방안 고찰." 〈개혁논총〉, 19: 281-303.
박영환. 2013. "창세기로 읽는 북한선교." 한국기독교통일연구소 편, 『성경으로 읽는 북한선교』, pp.13-63. 서울: 올리브나무.
박영환. 2018. 『북한선교의 이해와 사역』. 서울: 올리브나무.
박영환. 2022. "선교쟁점으로 풀어가는 순환론적 선교이해와 접근." 〈복음과 선교〉, 57: 11-48.
백미순. 2019a. "기독교 NGO를 통한 북한선교 전략 연구." 〈선교신학〉, 54: 107-141.
백미순. 2019b. "북한 수령형상 음악의 종교성과 선교적 시사점: 기독교적 특성을 중심으로." 〈선교신학〉, 56: 253-287.
변진흥. 1988. "북한 '침묵의 교회'와 공산주의: 북한의 소비에트화 시기(1945.8~1950.6)를 중심으로." 〈교회사연구〉, 6: 421-472.
사와 마사히코(澤正彦). 1992. "해방 이후 북한 지역의 기독교, 1945.8~1950.6." 김흥수 편,

『해방후 북한교회사: 연구, 중언, 자료』, pp.13-51. 서울: 다산글방.
서울대학교 평화통일연구원. 2020. 『북한사회변동 2020』. 서울: 서울대학교 평화통일연구원.
송인호. 2019. "북한의 '당의 유일적 영도체제 확립의 10대 원칙'에 대한 고찰." 〈법학논총〉, 43(1): 145-176.
쉬띄꼬프(전현수 편저). 2004. 『쉬띄꼬프 일기: 1946-1948』. 과천: 국사편찬위원회
신평길. 1995. "노동당의 반종교정책 전개과정." 〈북한〉, 7: 55-63.
심의용. 2021. "김창준의 기독교, 민족주의 그리고 사회주의." 〈대동철학〉, 97: 155-178.
안교성. 2013. "한국선교 30년의 명암." 〈한국기독교와 역사〉, 38: 89-118.
안유림. 2008. "일제의 기독교 통제정책과 〈포교규칙〉." 〈한국기독교와 역사〉, 29: 35-68.
양병희. 2006. 『북한 교회 어제와 오늘』. 서울: 제네시스21.
옥성득. 2018. "'조선의 예루살렘 평양' 담론의 실상." 〈기독교사상〉, 717: 9-18.
옥성득. 2020. 『한국 기독교 형성사: 한국 종교와 개신교의 만남, 1876-1910』. 서울: 새물결플러스.
유석렬. 2017. "북한의 변화, '아래로부터': 북한선교적 관점에서." 〈북한학보〉, 42(2): 5-25.
윤은주. 2012. "북한선교패러다임에 따른 북한인권 접근 방식에 관한 연구." 〈복음과 실천신학〉, 26: 139-171.
이광순. 1997. "통일과 북한선교." 〈장신논단〉, 13: 321-344.
이덕주. 2015. "민족사로 교회사 읽기: '조선의 예루살렘' 평양 남산현교회를 중심으로." 〈신학과 세계〉, 84: 304-387.
이반석. 2015. 『북한지하교회 순교사』. 서울: 문광서원.
이순형·최연실·진미정. 2015. 『북한이탈주민의 종교경험』. 서울: 서울대학교출판문화원.
이원옥. 2015. "개혁신앙을 실현시키기 위한 북한선교 전략." 〈개혁논총〉, 36: 335-370.
이일수. 2012. "바울의 상황화 신학을 통한 북한선교 전략." 〈기독교와 통일〉, 6: 143-161.
이종민. 2022. "경제: 소득과 지출." 김유연 외, 『북한사회변동 2012-2020』, pp.90-128. 서울: 서울대학교평화연구원.
이찬석. 2016. "북한선교를 위한 '주체사상'과 '유물론적 신학'의 대화." 〈신학과 실천〉, 51: 585-609.
이찬욱. 2023. "사회주의국가 Business As Mission 기업 사례들을 통한 북한선교 방안 고찰." 〈선교신학〉, 69: 304-335.
이해정 외. 2016. 『통일경제의 현재와 미래』. 서울: 현대경제연구원.
임재환·공기인·이은성·정성준. 2022. "근거이론을 통한 북한이탈주민의 회심에 관한 연구." 〈복음과 선교〉, 57: 153-197.
임종구. 2022. "한국장로교회 초기 직분론 고찰: 1891년~1934년까지의 헌법 변천을 중심으로." 〈갱신과 부흥〉, 30: 261-292.
임창호. 2013. "한국교회 북한선교의 현황과 한계, 그리고 기독교교육적 접근의 새로운 모색." 〈기독교교육논총〉, 33: 267-297.
임창호. 2020. "교육선교로서의 북한선교에 관한 연구." 〈기독교교육논총〉, 64: 21-50.
임희모. 2005. "통일정책과 북한선교정책의 변천 연구." 〈선교와 신학〉, 15: 41-70.
장금현. 2018. "월남 기독교인의 남한 정착과정 연구: 이북신도대표회를 중심으로." 〈대학과 선교〉, 37: 97-142.
전경배. 2016. "교회음악, 선교적 기능의 가능성." 〈성경과 신학〉, 79: 313-335.

전봉준. 2017. "해방직후 한국교회의 정치화 문제."〈역사신학논총〉, 30: 216-250.
전순영. 2022. "한국 개신교계 대북 민간교류협력의 방향성 제안: SDGs 이행을 중심으로."
〈평화통일논총〉, 1(1): 69-98.
전준봉. 2016. "한국교회의 통일운동과 평화통일을 위한 교회의 역할: 1990년대 이후를 중심으로."〈성경과 신학〉, 79: 57-89.
정교진. 2017. "북한 주체사상의 기독교적 신앙체계에 관한 연구: 율법-복음의 관계와 주체사상체계 변화의 등가성 및 선교 공략점 제시."〈복음과 선교〉, 38: 271-309.
정하철. 1959. "우리는 왜 종교를 반대하는가." 김흥수(편), 1992, 『해방후 북한교회사: 연구·증언·자료』, pp. 344-360. 서울: 다산글방.
조선중앙통신사. 1980. 『조선중앙년감 1950』. 평양: 평양종합인쇄공장.
조성훈. 1999. "1946년 11월 북한의 인민위원회 선거 연구."〈한국민족운동사연구〉, 22: 439-475.
조수진. 2021. "미디어를 활용한 북한선교방안 모색: 대북라디오선교방송을 중심으로."〈장신논단〉, 53(5): 355-379.
조은식. 2014. "조선그리스도교연맹과 지하교인에 대한 고찰."〈신학과 선교〉, 45: 243-276.
주승현. 2023. "북한사회 5M의 변화에 따른 북한선교의 새로운 모색."〈복음과 선교〉, 63: 221-256.
최명국. 2004. "북한 교회 커뮤니케이션의 구조적 성격: 지배체제 및 종교정책 변화를 중심으로."〈사회이론〉, 25: 185-210.
태영호. 2018. 『3층 서기실의 암호: 태영호 증언』. 서울: 기파랑.
통일교육원. 2023. 『2023 북한 이해』. 서울: 국립통일교육원 연구개발과.
통일교육원. 2023. 『2023 통일문제 이해』. 서울: 국립통일교육원 연구개발과.
통일부 통일교육원. 2000. 『북한 이해 2000』. 서울: 통일부 통일교육원.
통일부. 1999. 『북한 개요 2000』. 서울: 통일부 정보분석국.
통일연구원. 2009. 『2009 북한 개요』. 서울: 통일연구원.
통일연구원. 2022. 『북한인권백서 2022』. 서울: 통일연구원.
한국기독교사회문제연구원. 1982. 『한국교회100년 종합연구 보고서』. 민주화운동기념사업회.
한안석. 2020. 『복음통일과 한국교회의 역할』. 서울: 영성네트워크.
허문영. 2001. 『북한외교의 특징과 변화 가능성』. 서울: 통일연구원.
허성엽. 2015. "남북관계에서 본 북한 선교정책 전망: 한국교회의 북한선교 방향성 고찰."〈선교신학〉, 39: 391-425.
현승수·김신규·박만준. 2022. 『체제전환국 국가·종교 관계와 북한에 대한 함의』. 서울: 통일연구원.
홍기영. 2008. "통전적 모델을 통한 효과적인 북한선교전략."〈선교신학〉, 18: 1-16.
황장엽. 1999. 『나는 역사의 진리를 보았다: 황장엽 회고록』. 서울: 한울.
황종하. 2020. "한국교회의 효과적인 다문화 목회 전략."〈선교신학〉, 58: 412-450.

韓國情報 第43號 電文, 臺灣中央研究院近代史研究所.
梶村秀樹. 1966. "北朝鮮における農業協同化運動(1953〜58年)についての一考察[북한에서의 농업협동화운동(1953〜58년)에 대한 일고찰]."〈朝鮮學報〉 39-40: 279-322.
朝鮮總督府. 1921. 『朝鮮の統治と基督教[조선의 통치와 기독교]』. 京城: 朝鮮印刷株式會社.

朝鮮總督府. 1926-1928年 各年號. 『朝鮮ニ於ケル宗教及享祀一覽』. 京城: 朝鮮印刷株式會社.
朝鮮總督府. 1929-1939年 各年號. 『朝鮮に於ける宗教及享祀要覽』. 京城: 朝鮮印刷株式會社.
朝鮮總督府. 1940-1941年 各年號. 『朝鮮の宗教及享祀要覽』. 京城: 朝鮮印刷株式會社.

Anderson, Benedict R. 1991. *Imagined Communities: Reflections on the Origin and Spread of Nationalism*. London: Verso.
Armstrong, Charles A. 2003. *The North Korean Revolution, 1945-1950*. Ithaca: Cornell University Press.
Baker, Donald. 2006. "Sibling Rivalry in Twentieth-Century Korea: Comparative Growth Rates of Catholic and Protestant Communities." In Robert E. Buswell. Jr. and Timothy S. Lee, *Christianity in Korea*, pp.283-308. Honolulu: University of Hawai'i Press.
Bays, Daniel H. 2012. *A New History of Christianity in China*. Chichester: Wiley-Blackwell.
Boer, Roland. 2019. *Red Theology: On the Christian Communist Tradition*. Leiden: Brill.
Bosch, David. 2011. *Transforming Mission: Paradigm Shifts in Theology of Mission*. New York: Orbis.
Chambon, Michel. 2020. *Making Christ Present in China: Actor-Network Theory and the Anthropology of Christianity*. Cham: Palgrave MacMillan.
Clark, Allen. 1909. "Financial Items of Interest." In Presbyterian Church in the U.S.A Korea Mission, *Quarto Centennial Papers read before the Korean Mission of the Presbyterian Church in the USA at Annual Meeting in Pyeng Yang, August 27, 1909*, pp.126-135. Pyeng Yang: Presbyterian Church in the U.S.A.
Cumings, Bruce. 1981. *The Origins of the Korean War: Liberation and the Emergence of Separate Regimes 1945-1947*. Princeton : Princeton University Press.
Datema, Dave. 2016. "Unreached Defining "Unreached": A Short History." *International Journal of Frontier Missiology* 33(2): 45-71.
Duan, Qi. 2023. *The Indigenization of Christianity in China III 1927–2000*. London: Routledge.
Frank, Rüdiger. 2021. "Political Economy and Ideologu under Kim Jong Un." In Adrian Buzo, ed., *Routledge Handbook of Contemporary North Korea*, pp.56-74. New York: Routledge.
French, Paul. 2014. *North Korea: State of Paranoia*. London: Zed Books.
Gárdonyi, Máté. 2021. "The Roots of Anti-Christianity in Western Culture." In Lóránd Ujházi, Zoltán Boér, József Kaló and Ferenc Petruska, eds., *Budapest Report on Christian Persecution*, pp.49-60. Vac: Mondat.
Grayson, James H. 2006. "A Quarter-Millennium of Christianity in Korea." In Robert E. Buswell Jr. and Timothy S. Lee, ed., *Christianity in Korea*, pp.7-25. Honolulu: University of Hawai'i Press.
Gutzlaff, Charles. 1834. *Journal of Three Voyages along the Coast of China in 1831, 1832, and 1833 with Notices of Siam, Corea, and the Loo-choo Islands*. London: Frederick Westley and A. H. Davis.
Hoang, Chung Van. 2017. *New Religions and State's Response to Religious Diversification in*

Contemporary Vietnam: Tensions from the Reinvention of the Sacred. Cham: Springer.
Hunter, Alan and Kimkwong Chan. 1993. *Protestantism in Contemporary China*. Cambridge: Cambridge University Press.
Ion, A. Hamish. 1993. *The Cross and the Rising Sun: The British Protestant Missionary Movement in Japan, Korea, and Taiwan, 1865-1945*. Waterloo: Wilfrid Laurier University Press.
Johnson, Todd M. and Brian J. Grim, eds. 2022. *World Religion Database*. Leiden/Boston: Brill.
Keum, Jooseop. 2019. "Church, Minjung and State: The Revival of Protestant Christianity in North Korea." *SUBBTO* 64(1): 53-72.
Kumo, Kazuhiro. 2020. "Economic Transition and Poverty: Changes in the Determinants of Poverty. In Ichiro Iwasaki, ed., *The Economics of Transition: Developing and Reforming Emerging Economies*, pp.119-144. New York: Routledge.
Kim, Cheehyung Harrison. 2018. *Heroes and Toilers: Work as Life in Postwar North Korea, 1953-1961*. New York: Columbia University Press.
Kim, Il Sung. 1945. *Kim Il Sung Works, June 1930-December 1945*. Pyongyang: Foreign languages Publishing House.
Kim, Nak Nyeon. 2022. "National Income." In Myung Soo Cha, Nak Nyeon Kim, Ki-Joo Park, Yitaek Park, eds., *Historical Statistics of Korea*, pp.723-836. Singapore: Springer.
Kim, Robert S. 2017. *American Pyongyang: The American Christian Community of the North Korean Capital, 1895-1942*. S.I: s.n.
Lankov, Andrei N. 2001. "The Demise of Non-Communist Parties in North Korea(1945-1960)." *Journal of Cold War Studies* 3(1): 103-125.
Lankov, Andrei. 2002. *From Stalin to Kim Il Sung: The Formation of North Korea 1945-1960*. London: Hurst.
Lankov, Andrei. 2021. "Masters of Survival: North Korean Leadership in a Hostile World." In Adrian Buzo, ed., *Routledge Handbook of Contemporary North Korea*, pp.42-55. New York: Routledge.
Lenin, V. I. 1954. *Socialism and Religion*. Moscow: Foreign Languages Publishing House.
Lu, Xiaowen. Richard O'Leary and Yaojun Li. 2008. "Who are the Believers in Religion in China?" in Abby Day, ed., *Religion and the Individual: Belief, Practice, Identity*, pp.47-61. Aldershot: Ashgate.
M'Leod, John. 1818. *Voyage of His Majesty's Ship Alceste, along the Coast of Corea to Island of Lewchew with an Account of her Subsequent Shipwreck*. London: John Murray.
Marsh, Christopher. 2011. *Religion and the State in Russia and China: Suppression, Survival and Revival*. London: Continuum.
Marten, Michael. 2011. "Re-imagining 'Metropole' and 'Periphery' in Mission History." In Hilde Nielssen, Inger Marie Okkenhaug and Karina Hestad Skeie, eds., *Protestant Missions and Local Encounters in the Nineteenth and Twentieth Centuries unto the Ends of the World*, pp. 293-315. London: Brill.
Marx, Karl. 1844. *Critique of Hegel's Philosophy of Right*. Oxford University Press.
Moffett, Samuel A. 1909. "Evangelistic Work." In *Presbyterian Church in the U.S.A Korea*

Mission, Quarto Centennial Papers read before the Korean Mission of the Presbyterian Church in the USA at Annual Meeting in Pyeng Yang, August 27, 1909, pp.14-29. Pyeng Yang: Presbyterian Church in the U.S.A.

Morisy, Ann. 2004. *Journeying Out: A New Approach to Christian Mission*. London: Continium.

Open Doors International/ World Watch Research. 2022. *North Korea: Full Country Dossier*.

Palmer, Spencer J. 1986. *Korea and Christianity: The Problem of Identification with Tradition*. Seoul: Seoul Computer Press.

Park, Huyn Ok. 2005. *Two Dreams in One Bed: Empire, Social Life, and the Origins of the North Korean Revolution in Manchuria*. Durham: Duke University Press.

Presbyterian Church in the U.S.A Korea Mission. 1909. *Quarto Centennial Papers read before the Korean Mission of the Presbyterian Church in the USA at Annual Meeting in Pyeng Yang, August 27, 1909*. Pyeng Yang: Presbyterian Church in the U.S.A.

Ryu, Dae Young. 2006. "Fresh Wineskins for New Wine: A New Perspective on North Korean Christianity." *Journal of Church and State* 48: 659-675.

Salát, Gergely. 2019. "Christian persecution in North Korea." In Kaló József, Petruska Ferenc and Ujházi Lóránd, eds., *Budapest Report on Christian Persecution*, pp.109-126. Vac: Mondat.

Scalapino, Robert A and Chong-sik Lee. 1972. *Communism in Korea, Part 1: The Movement*. Berkeley: University of California Press.

Schwekendiek, Daniel. 2011. *A Socioeconomic History of North Korea*. Jefferson: MaFarland.

Simons, Greg and David Westerlund. 2015. "Comparative Conclusions and Wider Implications." In Greg Simons and David Westerlund, eds., *Religion, Politics and Nation-building in Post-communist Countries*, pp.199-212. Farnham: Ashgate.

Soltau, T. Stanley. 1932. *Korea: The Hermit Nation and its Response to Christianity*. Toronto: World Dominion Press.

Spohn, Willfried. 2012. "Europeanisation, Multiple Modernities and Religion: The Reconstruction of Collective Identities in Post-Communist Central and Eastern Europe" in Gert Pickel and Kornelia Sammet, eds., *Transformations of Religiosity: Religion and Religiosity in Eastern Europe 1989-2010*, pp.29-50. Leipzig: Springer VS.

Stark, Rodney and Xinhua Wang. 2015. *A Star in the East: The Rise of Christianity in China*. Conshohocken: Templeton Press.

Szalontai, Balázs. 2021. "The Evolution of the North Korean Socio-Political System, 1945-1994." In Adrian Buzo, ed., *Routledge Handbook of Contemporary North Korea*, pp.11-41. New York: Routledge.

Wasson, Alfred W. 1934. *Church Growth in Korea*. New York: International Missionary Council.

Yang, Fenggang. 2007. "Oligopoly Dynamics: Official Religions in China." In James A. Beckford and N. J. Demerath III, ed., *The SAGE Handbook of the Sociology of Religion*, pp. 635-653. London: Sage.

⟨ 데이터베이스 및 인터넷 자료 ⟩

"북조선 화폐개혁의 준비 및 시행 결과보고서." http://waks.aks.ac.kr.
"북조선 화폐개혁의 총결보고." http://waks.aks.ac.kr.
"정당 및 사회단체 중앙위원들의 합동총회 결과에 관한 조회보고." http://waks.aks.ac.kr.
"평양대부흥운동." http://www.1907revival.com/news/articleView.html?idxno=10047.
교회용어사전 https://terms.naver.com.
배한동. 2020. "북한의 수령 우상화는 종식되기 어렵다." ⟨경북매일⟩ http://www.kbmaeil.com.
이상규. 2011a. "평양장로회 신학교 설립." ⟨국민일보⟩ http://news.kmib.co.kr/article/view.asp?arcid=0005389797&code=23111612&sid1=ser.
이상규. 2011b. "초기 선교정책: 선교지 분담 정책." ⟨국민일보⟩ https://news.kmib.co.kr/article/view.asp?arcid=0005088636&code=23111612.
최재건. 2021. "네비우스 선교정책." http://www.cjk42.com/99.
크리스천투데이 https://www.christiantoday.co.kr/news/253199.
통일부 북한정보포털 https://nkinfo.unikorea.go.kr.
하경택. 2009. "순교적 신앙과 삶." http://www.pckworld.com/article.php?aid=4218393665.
한국민족문화백과대사전 https://encykorea.aks.ac.kr/Article/E0071281.
陈怡. 2005. "基督教在朝鲜盛行 平壤被誉为'远东耶路撒冷'[조선에 기독교가 널리 퍼져 평양은 '극동의 예루살렘'으로 알려져]." ⟨环球⟩. http://news.sohu.com/20050810/n226623597.shtml.
"中朝教育交流简况." http://kp.china-embassy.gov.cn/zcgx/jyjl1/jyjljk/.

Cha, Victor and Lisa Collins. 2018. "The Markets: Private Economy and Capitalism in North Korea?" https://beyondparallel.csis.org/markets-private-economy-capitalism-north-korea/.
International Christian Concern. 2022. Persecutor Awards of the Year 2022. www.persecution.org/reports.
Association of Religion Data Archives (ARDA) https://www.thearda.com.
Joshua Project https://www.frontierventures.org/ministries/joshua-project.
KOSIS https://kosis.kr/index/index.do
Moffett Korea Collection https://commons.ptsem.edu/moffett.
https://ko.wikipedia.org/wiki/.
http://news.kmib.co.kr/article/view.asp?arcid=0924097833&code=23111322&cp=nv.
https://terms.naver.com/entry.naver?docId=4390827&cid=42192&categoryId=59988.
https://www.bbc.com/korean/news-47037942.
https://www.christiantoday.co.kr/news/253199.
https://www.newsjesus.net/news/articleView.html?idxno=3761.
http://www.unilaw.go.kr/bbs/selectBoardArticle.do.
https://www.yna.co.kr/view/AKR20231231006452504?input=1195m.

표 색인

〈표 1〉 미선교 추산 방법과 미선교 민족 수(2015년) ·· 22
〈표 2〉 1911년 교파별 교회당, 강의소, 기타 집회소 및 선교사 수 ······················· 41
〈표 3〉 교회, 교인 및 주일학교 통계(1884~1909년, 단위: 개소, 명) ···················· 48
〈표 4〉 기독교 학교 및 학생 통계(1884~1909년, 단위: 개소, 명) ························ 50
〈표 5〉 의료 통계(1884~1909년, 단위: 개소, 명, 미국 금화) ································ 54
〈표 6〉 입교인 순 증가율(1897~1909년) ··· 61
〈표 7〉 입교인의 숫자(1886~1909년, 단위: 명) ·· 61
〈표 8〉 1905~1912년 장로교 종합 교육 통계(단위: 명) ·· 63
〈표 9〉 3·1운동 체포자의 종교 교파별 분류(단위: 명) ·· 65
〈표 10〉 조선 농민의 궁핍화 과정(1913~1932년, 단위: 천 호) ····························· 68
〈표 11〉 출간 내역 및 수익(1930년 보고, 단위: 권) ·· 72
〈표 12〉 북한 화폐 교환의 예측과 실제(1947년, 단위: 명, 원) ····························· 85
〈표 13〉 농업협동화(1953년 말~1958년 말) ··· 87
〈표 14〉 6·25 전쟁 전후 기독교 피해 상황 ··· 98
〈표 15〉 남한으로의 인구 유입(1945년 10월~1947년 12월) ·································· 99
〈표 16〉 주민성분 조사사업 및 주민통제 조치 ·· 104
〈표 17〉 북한에서의 과거 성분 분류 ·· 105
〈표 18〉 1956년 선거에서 직종별 당 후보 추천 ··· 106
〈표 19〉 2000년대 초 봉수교회 ··· 118
〈표 20〉 2000년대 초 칠골교회 ··· 123
〈표 21〉 북한 헌법 종교 관련 조문 채택 및 개정 현황 ··································· 126
〈표 22〉 종교 관련 용어 해석 변화 비교 ·· 128
〈표 23〉 1990년대 북한 식량 부족량 및 외부 도입량(단위: 만 톤) ·················· 129
〈표 24〉 남한의 대북 지원(1995~2020년, 단위: 만 불) ······································· 130
〈표 25〉 국제사회의 지원 창구별 대북 지원(단위: 달러) ·································· 131
〈표 26〉 종교계 북한 방문자(2009~2018년) ··· 133
〈표 27〉 정부의 대북 지원(단위: 억 원) ··· 134
〈표 28〉 당대표대회의 지도 이념 및 당원 수, 당세포 수 ································ 138
〈표 29〉 북한 헌법에서 이데올로기 및 종교 관련 조문 채택 및 개정 현황 ····· 139
〈표 30〉 십계명과 '당의 유일사상체계확립의 10대 원칙(1974년)' 비교 ········· 146
〈표 31〉 로동당 중앙위원회의 파벌 구성(1946~1961년, 단위: 명) ···················· 157
〈표 32〉 북한 종교 실태(2020년) ··· 185
〈표 33〉 조선기독교도연맹(조선그리스도교연맹)이 보고한 북한 성도 수(단위: 명) ··· 186
〈표 34〉 기간별 희생된 성도들의 직분(1945~2006년, 단위: 명) ························ 187
〈표 35〉 기간별 북한 성도들이 그리스도를 영접한 방법(1945~2006년, 단위: 명) ··· 188
〈표 36〉 기간별 체포 원인(1945~2006년, 단위: 명) ·· 189

표 번호	제목	쪽
〈표 37〉	기간별 체포 원인(1953~2006년, 단위: 명)	190
〈표 38〉	연도별 핍박 건수(1953~1972년, 단위: 명)	195
〈표 39〉	기간별 핍박받은 성도들의 지역 분포(1953~2006년, 단위: 명)	196
〈표 40〉	성도들의 체포 원인(1972.4.15.~1988.9.14, 단위: 명)	200
〈표 41〉	체포된 성도들의 유형(1972.4.15.~1988.9.14, 단위: 명)	200
〈표 42〉	기간별 핍박받은 성도들의 지역 분포(1953~2006년, 단위: 명)	204
〈표 43〉	북한과 남한, 세계적으로 존재하는 종교 유형 및 종교인 비율(2020년)	243
〈표 44〉	북한이탈주민의 사회단체 활동(2020~2021년, 단위: %)	253
〈표 45〉	2019년 북한 노동소득 분포율(단위: %)	262
〈표 46〉	해럴드 라스웰의 SMCRE 커뮤니케이션 모델과 대북방송의 이해	273
〈표 47〉	BAM 기업들의 정착 성공 요인 36가지	278
〈표 48〉	북한 기독교의 시대 구분	286
〈표 49〉	남북한 통일방안의 변천 과정	291
〈표 50〉	분야별 남북회담(1971~2022년, 단위: 회)	296
〈표 51〉	북한의 자유화, 사유화 및 법률·제도 개혁 관련 정책 변화	301
〈표 52〉	개혁 관련 중국, 베트남, 북한의 변화 진전도 비교	302
〈표 53〉	중국의 5대 종교 공식 통계	307
〈표 54〉	체제 전환 국가들의 1인당 GDP(1989~2010년, 1989년을 100으로 했을 때)	311
〈표 55〉	후기 공산주의 종교적 활력/세속화(1998년)	313

그림 색인

〈그림 1〉 한반도 장로교와 감리교의 교세 증감표(1895~1930년, 단위: 명) ·················· 27
〈그림 2〉 남북한의 예수교장로회와 감리교의 신자 비교(1925~1941년, 단위: 명) ················ 70
〈그림 3〉 북한 지역의 장로교와 감리교 교인 숫자(1925~1941년, 단위: 명) ················ 71
〈그림 4〉 남북한의 예수교장로회와 감리교의 기독교 교회당(포교소 및 강의소 포함)(1916~1943년, 단위: 개) ·················· 71
〈그림 5〉 일제강점기 남과 북의 1인당 GDP(1911~1943년, 단위: 2010년 가격으로 1만 원) ·········· 72
〈그림 6〉 북한의 식량 수급량 추이(단위: 만 톤) ·················· 129
〈그림 7〉 북한과 남한의 합계출산율(1950~2022년, 단위: 명) ·················· 246